永井史男
岡本正明 編著
小林　盾

シリーズ
転換期の国際政治 11

東南アジアにおける
地方ガバナンスの計量分析

タイ, フィリピン,
インドネシアの
地方エリート
サーベイから

晃洋書房

目　　次

序 章　東南アジア自治体エリートサーベイ
──研究の射程とその可能性──　　　　　　　　　　1

は じ め に　　（1）

1　データと調査手法　　（2）

2　問いと分析　　（6）

3　各章の紹介　　（19）

お わ り に　　（23）

第 1 章　東南アジアにおける地方政治研究と政治王国論　　27

は じ め に　　（27）

1　フィリピン地方政治と研究の変遷　　（28）

2　インドネシア地方政治と研究の変遷　　（32）

3　タイの地方政治概観　　（36）

4　政治王国と地方首長研究　　（37）

お わ り に　　（42）

第 2 章　地方分権化後の自治体における政策決定過程　　49

は じ め に　　（49）

1　地方分権化前のタイ，インドネシア，フィリピンの政治　　（50）

2　民主化に向けた政治環境の変化　　（52）

3　タ　　　イ　　（54）
　　──住民参加による行政の監視──

4　インドネシア　　（57）
　　──エリート支配に抗する住民参加──

5　フィリピン　（61）
　　——住民参加の定着と政治エリートの対応——

お わ り に　（63）

第Ⅰ部　自治体エリートと地方自治

第3章　タイの自治体首長の社会的背景
　　——「地方行政」と「地方自治」の連続と非連続を問う——　　71

は じ め に　（71）
1　制度的背景　（72）
2　タイ自治体首長の出身背景　（75）
3　タイ自治体首長のネットワークと行動様式　（79）
お わ り に　（82）

第4章　フィリピン地方自治における開発評議会の効果
　　——住民参加制度は自治体のパフォーマンスにいかなる影響を与えるのか——　　89

は じ め に　（89）
1　地方開発評議会（LDC）の問題点　（90）
2　分析のためのデータ　（93）
3　LDC の運営実態　（94）
4　LDC と地方自治体のパフォーマンス　（97）
5　LDC と自治体の政策志向　（101）
お わ り に　（103）

第5章　インドネシアのジャワの非政治的官僚の政治化　109

は じ め に　（109）
1　地方官僚とは？　（110）
2　正副首長の社会的背景の変容と持続　（112）

3　政治化した地方官僚たち　（114）
4　2011年時点での官房長のプロフィール　（115）
5　官房長の政治化　（119）
6　非政治化志向の官房長の政治化の行方　（122）
お わ り に　（122）

第Ⅱ部　ネットワーク，住民参加，地方自治

第6章　タイにおける自治体パフォーマンスの要因分析
——首長の属性，ネットワーク，自治体の種類と設置年——　127

は じ め に　（127）
1　タイの地方自治制度　（128）
2　タイの地方分権　（133）
3　独 立 変 数　（135）
4　従属変数：パフォーマンス　（139）
5　二項ロジスティック回帰分析モデルと分析結果　（142）
お わ り に　（149）

第7章　フィリピン地方自治体の官僚組織の影響力
——自治体パフォーマンスとの関係性——　153

は じ め に　（153）
1　フィリピン地方自治と自治体官僚制　（154）
2　自治体のパフォーマンスと行政上の要因の検討　（156）
3　分析の結果と概要　（162）
お わ り に　（168）

第8章　フィリピンの社会関係資本
——首長の社会関係資本は自治体パフォーマンスを向上させるのか——　173

は じ め に　（173）

1　首長の社会関係資本の豊かさ　（174）

2　フィリピン地方自治体エリートサーベイ調査　（176）

3　分　析　結　果　（179）

4　異なる社会関係資本，異なる自治体パフォーマンス　（182）

お　わ　り　に　（183）

第9章　インドネシアにおける地方自治体間の財政移転
──州からの補助金獲得のポリティクス──　　187

は　じ　め　に　（187）

1　インドネシアの財政移転　（188）

2　州から県市への補助金　（190）

3　データ分析　（194）

4　県市のロビー活動と州議会議員の影響の現状　（200）

お　わ　り　に　（201）

第10章　インドネシア地方自治体における政治的リーダーシップ，地方官僚制，及び自治体パフォーマンス
　　205

は　じ　め　に　（205）

1　インドネシアにおける地方政府のパフォーマンス　（207）

2　インドネシアにおけるマルチレベル・ガバナンス　（209）

3　地方政府のパフォーマンス評価　（210）

4　地方政府における政治的要因：独立変数　（212）

5　回　帰　分　析　（216）

お　わ　り　に　（222）

あ　と　が　き　（225）

人　名　索　引　（231）

事　項　索　引　（232）

序 章

東南アジア自治体エリートサーベイ
――研究の射程とその可能性――

永井史男・岡本正明・小林盾

はじめに

　東南アジアの主要民主主義国であるフィリピン，インドネシア，タイでは，1990年代から2000年代にかけて，権威主義体制の崩壊に伴って民主化が進むとともに，地方分権が進められた．その後各国では，地方分権に対して逆行するような現象に見舞われつつも，地方自治は概ね定着したとみることができる．また，インドネシアやフィリピンでは，地方自治体の首長経験者が大統領に就任するなど，首長としての経験が国政政治家として評価されるようになった．

　地方分権は世界的な現象でもある．冷戦終結後に民主化した旧ソ連・東欧諸国や，アフリカ，ラテンアメリカなどの発展途上国でも進められた[1]．旧東欧では，欧州連合への加盟条件として，民主化（地方行政を含む），法の支配，少数民族の保護などが求められた．アフリカでも，世界銀行や国連開発計画（UNDP）などの国際機関が開発援助付与の見返りとして構造調整を求めるパッケージの中に，中央集権の弊害を是正し，政策の効率性や効果を高めるため，地方分権の推進や地方自治体を核として住民参加型の開発計画の策定を求めるようになった．日本の国際協力機構（JICA）も，東南アジア諸国を対象とする援助案件の中に，地方自治の能力向上に関するさまざまな取り組みを行っている［JICA 2006］．本章を執筆する筆者2名（永井，岡本）も，JICAのプロジェクトで実際にタイやインドネシアに赴任し，地方自治体の能力向上に関わるプロジェクトの企画・立案や実施に関わったことがある［平山・永井・木全 2016］．

　このように地方分権は特に冷戦終結以降今日に至るまで世界的な大きなトレンドであり，それに関する研究も数多く行われてきているが，そうした研究は

各国を対象とするものが多く，比較が行われるとしても，OECD に加盟する先進国を対象にした各国横断的な比較に留まっており，各国内の個々の自治体を取り上げた系統的な比較分析は不十分な状況にある．また，各国の地方分権や地方自治を対象にした一国研究においても，地方選挙や地方財政などについての量的分析はあるものの，自治体エリートの認識や行動，官僚を対象にした系統的な研究は皆無といって過言ではない．世界銀行が特定の自治体を対象にして地方分権や地方自治を対象にした評価もあるが，選ばれた自治体がどの程度の代表性をもっているのかは明らかでないことが少なくない.[2)]

　地方分権は本当に民主主義を促進するといえるのだろうか？　自治体エリートは住民にとって近い存在になったのだろうか？　地方分権が進むことによって，住民へのサービスの質は本当に向上するのだろうか？　もしそうだとすれば，それは一体どのような要因に規定されるのだろうか？　さらに，世界銀行など国際機関が推奨する Good Governance（よい統治）の考え方は広く受け入れられているのだろうか．これらの問いを考察する前提として，首長や地方議員を選ぶ選挙が自由かつ公正でなければならず，自治体に権限や財源が必要なことは言うまでもない．しかし，何が自治体にとって重要な政策であるのかは，自治体が立地する場所の産業構造や都市化の程度，貧困の度合いといった経済的，社会的環境はもとより，政治家や官僚の質，住民を始めとするステークホルダーとの関係によっても左右されるであろう．つまり，地方自治体による政策の効率性や効果を考えるには，さまざまな要素を検討する必要がある．

　そこで以下では，次節でデータと調査手法について述べた後，以上のような問題設定に基づいて 5 つの問いをたて，サーベイ調査で得られたデータから見える東南アジア主要 3 カ国の地方自治ガバナンスの大きな見取り図を提示したい．

1　データと調査手法

自治体サーベイ調査の経緯と概要

　本研究は2009年に採択が決まった日本学術振興会科学研究費基盤研究（A）（海外学術，平成21年度〜25年度）「東南アジア自治体サーヴェイ研究——タイ，インドネシア，フィリピンの比較」（研究代表者：永井史男）を獲得したことによって実施したものである．しかし，この研究に先立って，タイの自治体を対象に

日本貿易振興機構アジア経済研究所がタイ国立タマサート大学政治学部に委託して実施した研究プロジェクトがあり，本研究はその経験と知見を踏まえたうえで実施された．そこで，この調査研究について少し触れておこう．

2006年6〜8月にかけてタイで実施された自治体対象の調査は，当初はいくつかの自治体を抽出して首長と事務方トップの助役を対象に実施する予定であった．しかし，タマサート大学独自の判断で，タイの自治体すべてを対象に郵送法で行うことになり，入力作業もタマサート大学の教員が担当することになった．質問票の策定は，本書の著者である永井と船津も深く関わり，タイ国内で2005年9月から2006年3月にかけて繰り返しプリテストを実施した［船津編 2008］．

この調査は，質問票を郵送法で送付したにもかかわらず，回収率が35%に及ぶ成功を収めた．その一方，調査会社に委託して行ったものではなかったためデータ入力上のさまざまの問題があった．とはいえ，悉皆調査で自治体エリートからこれだけの質問票が回収できた前例はなく，自治体を対象にした研究の可能性を感じさせるものであった[3]．

そこで2008年秋にタイだけでなくインドネシア，フィリピンも対象に含め科学研究費の申請を行い，翌年春に採択された．2009年から2011年にかけて，国内で研究会を実施して3カ国の地方自治や地方分権の現状を理解するとともに，現地調査を行って研究のカウンターパートの発掘や調査実施会社への接触を行った．その結果，2011年の冬から2012年の春にかけてフィリピンとインドネシア（ジャワ島）で，2013年1月から2014年6月にかけてタイにおいて，質問票に基づく自治体エリートサーベイ調査を行った．その概要は表1の通りである．

この科学研究費に基づく研究と同時に，日本貿易振興機構アジア経済研究所の所内研究会が2009年度と2010年度に立ちあがり，タイ，フィリピン，インドネシア，マレーシアの地方自治ガバナンスに関する共同研究を行った．その成果は，船津・永井編［2013］としてまとめられた．また，京都大学東南アジア研究所（現東南アジア地域研究研究所）からも同時期に財政的支援を賜った．さらに2013〜2016年度にかけて，科学研究費基盤研究（B）「東南アジア自治体サーヴェイ分析——タイ，フィリピン，インドネシアの比較」の交付を受けて，データ・クリーニング，単純集計の検討，調査結果の現地報告会などを行った．そして2017年度と2018年度に再び日本貿易振興機構アジア経済研究所

表1　東南アジア自治体サーベイ調査の概要

国及び時期	フィリピン (2011-12)	インドネシア (2011-12)	タイ (2013-14)	タイ (2006)
方法	面接法	面接法及び郵送法	面接法及び郵送法	郵送法
対象者	首長，計画開発調整官	官房長及び県知事・市長	首長及び助役	首長及び助役
サンプル	300自治体（無作為抽出）	（官房長）ジャワ島内のすべての県市（県知事・市長）インドネシア全国の県市	無作為抽出（テーサバーン500カ所，タムボン自治体500カ所）	バンコク都を除くすべての自治体
協力機関	Social Weather Stations（SWS）	Indonesia Survey Institute（LSI）	タイ・ニールセン社及びタマサート大学	タマサート大学

（注）参考のため，2006年タイ自治体サーベイの概要も表に含めた．
（出所）筆者作成．

の所内研究プロジェクトとして共同研究を続けている[4]．

東南アジア 3 カ国の自治体の特徴と収集データ

　個人を対象にした社会調査と異なり，地方自治体という政治組織を対象にした研究には独特の難しさが付きまとう．自治体エリートを対象とするエリートサーベイの場合，データをとること自体容易ではない．面談アポを入れるのもたいへんであり，首尾よくアポを入れても，先方の都合で一方的にキャンセルされることも少なくない．自治体の選択も難しい問題である．インドネシアのような大きな島嶼国で全国的な調査をするには経費が高騰する．同じことは，フィリピンについても，程度の差はあれ妥当する．タイは比較的まとまりのある国だが，それでも農村部や山岳地帯での調査には陸上交通に費用がかかる．

　さらに，住民に一番近い自治体といっても，タイ，フィリピン，インドネシアでは規模と数が異なり，その違いを考慮しながら比較可能な共通質問項目を考えるのは容易ではない（表2）．基礎自治体を例にとると，インドネシア，フィリピン，タイの平均人口の比率は57対 7 対 1 と大きく異なる（但し，フィリピンについては基層的自治体であるバランガイではなく，市町を基礎自治体とする）．以上のような事情を考慮すると，フィリピンとインドネシアの質問票が2006年タイ調査の質問票をモデルにするとはいえ，各国の事情にある程度配慮した質問票にならざるをえない．

表 2　3 カ国の地方自治比較

	インドネシア	フィリピン	タイ
人口	2 億6257万4708人	1 億0098万1437人	6772万 2 千人
	（2017年）	（2013年 8 月 1 日）	
面積	191万930km²	30万 km²	51万3120km²
層の数	2 層	3 層	2 層
各層の自治体数	34州［2017年］	81州［2018年 9 月30日時点］	76県自治体［2017年12月30日時点］
	416県・98市	高度都市化市・独立構成都市・構成市（145カ所）1489町	2441市（テーサバーン）5333タムボン自治体
	－	4 万2028バランガイ	－
基礎自治体の平均人口	50万894人	2359人（バランガイ）	8711人（テーサバーンとタムボン自治体）
その他	ジャカルタ特別州（第 1 層）	ムスリム・ミンダナオ自治区	特別自治体（バンコク都，パッタヤー特別市）

（出所）内務大臣決定（インドネシア），内務自治省（フィリピン），内務省地方自治振興局ホームページ（2019 年 2 月15日アクセス）より筆者作成.

　実際，3 カ国の収集サンプル数は，各国の事情の違いを反映して大きなバラツキが出た.
　もっとも成功を収めたのはフィリピンである. フィリピンでは現地の世論調査機関である Social Weather Stations（SWS）に調査を依頼したが，SWS が通常行うようなルソン島，ビサヤ諸島，ミンダナオ島という 3 つの地域区分の中で自治体数を割り振る方法をとらず，自治体を北から南に配列し，人口に基づいて等間隔に自治体を選ぶ無作為抽出法を採用した. この結果，大きな規模をもつ自治体が選ばれる確率が高まり，約1600自治体の中で300自治体しか対象に入れなかった（但し，ムスリム・ミンダナオ地域は除く）にもかかわらず，人口で言えばフィリピン全体の約 7 割をカバーする代表性の高いサンプルが選ばれた. フィリピンでは首長と計画開発調整官に対して面接調査を行って調査票の回収を行ったが，100％の回収率を達成した［Kobayashi, Nishimura, Kikuchi et al. 2013］.
　インドネシアでは経費の点から全島での調査を断念し，ジャワ島内に絞った. 加えて，自治体首長への面談が困難という見通しのもと，面接対象者を官僚トップである官房長に絞った. 調査は Lembaga Survei Indonesia（Indonesia Sur-

vey Institute; LSI）に実施を依頼した．その結果，官房長についてはジャワ島内112自治体のうち103自治体からデータが得られた．県知事と市長には郵送法で全国に質問票を送り，ファックスや電話による催促も行ったが，内務自治省から得た連絡先電話番号が不通であったり，通じても首長自身に辿り着くまで何人もの人物を介さねばならず，回収率は1割程度に留まった［岡本・砂原・籠谷ほか 2014: 79］.

　タイについては回収状況が全体的に芳しくない．タイでもフィリピンと同様に7800カ所に及ぶ自治体を北から南に並べ，人口に応じた無作為抽出をテーサバーンとタムボン自治体それぞれについて行い，首長と自治体職員トップである助役に対して面談または郵送で調査を行った．調査は Nielsen Thailand 社に依頼した．しかし，テーサバーンでは500カ所のうち209カ所（45.2%），タムボン自治体では500カ所のうち253カ所（54.8%）という低い回答率に留まった［永井・籠谷・船津 2017: 82］.

2　問いと分析

　「はじめに」でも触れたように，本節では5つの問いを提示し，それに対してサーベイ調査で得られたデータを紹介したい.

地方自治の担い手

問1　自治体エリート（首長と官僚トップ）は一体どのような人たちなのか？

　東南アジア3カ国で1990年代以降に民主化と地方分権が始まる前，地方自治体の長は中央政府によって任命された官僚であることが少なくなかった．また，民主化や地方分権が進んだ後も，官僚出身者や伝統的地方名望家が首長になることが少なくなく，依然としてオリガークによる支配が続いているという意見が少なくない（本書第1章参照）．民主化や地方分権化を考える手始めとして，自治体エリートはそもそもどのような人たちで，広い社会階層から選出されたといえるのか，確認しておくことは意味があるだろう.

　図3～図5はタイ，インドネシア，フィリピン各国の首長の前職をそれぞれ聞いたものである．インドネシアについては全国の基礎自治体長に郵送法で質問票を配布したが回収率が低かったので別の調査からまとめたものだが，タイ

とフィリピンについては本人から直接聞いた回答である．質問の仕方が多少異なるので単純にタイとフィリピンを比較することはできないが，首長就任前にもっとも長く従事していた職業でみると，タイもフィリピンも民間のビジネス経験があるものがそれぞれ4割程度いることが分かる．また特にタイで印象的なのは，約3割が農業と答えている点である．タイにおける農業人口の多さを考えればこの数字はその割合に劣るとはいえ，農村部の自治体でも地方自治が根付きつつある証左と言えるだろう[5]．

表3　タイ（基礎自治体の首長になる前にもっとも長く従事していた職業）

	度数	割合
ビジネス・オーナー	183	39.6
民間企業従業員	21	4.5
農業	141	30.5
教師／先生	38	8.2
軍人または警察官	13	2.8
その他文民公務員	9	1.9
その他	26	5.6
無職	7	1.5
無回答	24	5.2

（出所）2013/4タイ自治体サーベイデータ．

表4　インドネシア・ジャワ島の県知事・市長，副県知事・副市長の前職

	県知事・市長		副知事・副市長	
	2010-2011	2016-2017	2010-2011	2016-2017
官僚	35	19	32	30
政治家	48	56	43	53
実業家	20	21	14	13
軍・警察	4	4	2	2
その他（教員・講師，医師，弁護士，宗教指導者，活動家）	5	10	21	14
元正副首長の妻	0	3	0	1
合計	112	113	112	113

（出所）筆者（岡本）作成．

表 5　フィリピン（①　首長に就任する前の職業，該当するものすべて．②　そのうち最も長期に従事していたもの）

	①（N =300）		②（N =300）	
	度数	割合	度数	割合
1．企業オーナー	186	62.0	121	40.3
2．企業従業員	59	19.7	22	7.3
3．弁護士	25	8.3	11	3.7
4．弁護士以外の専門職	43	14.3	22	7.3
5．警察官・軍人	18	6.0	10	3.3
6．その他の公務員	57	19.0	29	9.7
7．公選職	104	34.7	57	19.0
8．NGO 職員	11	3.7	1	0.3
9．慈善活動家	12	4.0	3	1.0
10．地主	79	26.3	23	7.7
11．不明	0	0.0	1	0.3

（出所）フィリピン自治体サーベイデータ．

　インドネシアで興味深いのは，元官僚の占める比率が高い点である．もっとも2010〜2011年と2016〜2017年で比べると，元官僚の占める割合は減っており，この趨勢は今後も続くかもしれない（本書第5章参照）．また，実業家出身の首長は両時期とも2割程度いる．インドネシアで特徴的なのは，政治家経験のあるものが多いことであろう．

　本研究ではまた，官僚トップについても詳しい調査を行っている．従来の研究では政治職である首長の社会的属性や政治的ネットワークに関心が向かうことが多く，官僚についてはあまり考慮されてこなかった．しかし，自治体レベルでの政策実施やパフォーマンスを考えるうえで，官僚機構のトップに立つ人間の経歴は無視できない（本書第5章及び7章参照）．また，信頼できる公開データが乏しい東南アジアの自治体を対象にする調査では，事務方から得られる情報自体がたいへん価値をもつ．そこで，タイでは助役，フィリピンでは計画開発調整官，そしてインドネシアでは官房長に対してもそれぞれ調査を行った．

　タイについては，タムボン自治体が1995〜1997年にかけて創設されたときに大学を卒業したばかりの若い職員を助役として大幅に採用したこともあり，年齢構成がやや若い（表6）．表には示していないが，調査時点（2013年）で自治体助役としての勤務期間の平均値は154カ月（約12.8年），もっとも多いグルー

表6　自治体助役の平均年齢（タイ）

年齢	度数	割合
20-29	7	1.6
30-39	80	18.3
40-49	212	48.5
50-59	136	31.1
60-69	2	0.5
合計	437	100.0

（出所）2013/4タイ自治体サーベイデータ.

表7　自治体に採用される前の職業（フィリピン）

	度数	割合
民間企業経験者	72	24.0
政府（中央政府，州政府，自治体含む）経験者	68	22.7
無職・学生	27	9.0
教職（大学・小中高）	12	4.0
一次雇用者	7	2.3
その他	114	38.0

（出所）フィリピン自治体サーベイデータ.

プは200カ月（16.7年）であり，この事実と符合する．年配者で助役を務めているものは，テーサバーンの中でも比較的大規模なところにいるものが少なくなく，その中には内務官僚などから志願して自治体職員に異動したものも含まれる（本書第6章参照）．内務省は自治体執行部や議員，職員の能力向上の一環として，自治体予算による奨学金制度の設置を認めている．奨学金予算を計上している自治体の割合は63.9％と約3分の2に上っており，そのうち職員については1自治体あたり平均3.1件（2010年度），2.8件（2011年），2.6件（2012年）となっている（2013/4タイ自治体サーベイデータより算出．1個人が複数の奨学金を取得する可能性を考慮し，件数で聞いている）．この数字には助役以外の数字も含まれているが，助役の高学歴化に一定程度貢献していると考えてよいであろう．

　インドネシアについても官房長の学歴は高く，大卒が18.4％，修士卒が75.7％も含まれており，博士卒も少数ながらいる．ただし，修士課程は公務員になってから社会人学生として学位を取ることが多い．前職については，圧倒的に県・市の公務員と答えた者が多く（84.5％），中央政府の公務員や州政府の

公務員はごく僅かであった（それぞれ6.8%と3.9%）．年齢でいえば51〜55歳が57.3%を占め，ついで56〜60歳の28.2%と続く．スハルト体制期に自治体官僚としてキャリアを積んだものたちが，民主化後も引き続き県・市に勤務し続けたことが推測できる．インドネシアの官房長は退職後に自治体首長に立候補するケースも少なくなく，首長にとって官房長は潜在的な政治的ライバルである（本書第5章）[6]．

　フィリピンの計画開発調整官については，インドネシアと異なり大卒者が75.7%と約4分の3を占め，修士号取得者は23.3%にとどまった（本書第7章）．自治体に採用される前の職業について聞いたところ，**表7**にあるように民間企業経験者が多く，インドネシアの官房長と比べると多様なバックグラウンドをもっている．また，計画開発調整官としてのキャリアや年齢について聞いたところ，タイ同様さまざまで，1980年代に配属されたものが22%，1990年代に配属されたものも37.3%に及んだ．年齢も多様で，最も割合の多いのは46〜50歳（27.0%）で，ついで51〜55歳（23.7%），中には30歳に満たない計画開発調整官もいた．

　以上のことから，自治体官僚については3カ国とも高学歴であるが，官僚トップの年齢や経歴は国や自治体の種類によってバリエーションが異なることが分かるだろう．

地方自治の自律性について

問2　地方選挙は十分に競争的といえるのか？

　地方自治が根付いたかどうかをはかる重要なメルクマールとして，住民が実際に地方選挙で投票しているかどうかである．投票率があまりに低すぎると明らかに住民が地方自治に関心を持っていないということになるだろうし，逆にあまりに高いと，買票や強制・脅迫など，別の要因が介在しているのではないかと疑いの目をかけられる．

　タイについては，助役への質問票の中で，候補者数，投票率などを尋ねた．これを見ると，立候補者の平均が3名から4名，投票率の平均値は67.7%となっており，低すぎもせず，高すぎもしない数字である．

　インドネシアとフィリピンの質問票には同じような質問が含まれていないが，フィリピンでは3年に1度，下院議員，上院議員（半数）の選挙に合わせ

て地方首長と地方議員の統一選挙が行われる．1つの投票用紙にすべての候補者名が印刷されており，自治体首長だけを抜き取った投票率は選挙管理委員会の公表データでも不明である．2013年に実施された選挙の場合，国全体での投票率は82.4％であった．ただし，フィリピンの選挙制度では，有権者登録を済ませることが必要なため，フィリピン国民であっても投票していない住民が一定程度いることは注意すべきであろう．また，自治体の候補者名は投票用紙の一番下に来るため，空欄のままになっていることも少なくないようである．首長選挙の競争率についてみると，2016年5月9日に行われた選挙では，候補者と当選者に関する選挙管理委員会のデータによると，4158名の市長・町長候補者に対して当選者は1634名（競争率は2.54倍），3万3737名の市議会・町議会議員候補者に対して当選者は1万3540名（競争率は2.49倍）であった．タイでの地方選挙に比べるとフィリピンの地方選挙の方が競争は穏やかだが，投票率は高いと考えられる．

問3　地方政府は特定の家族によって私物化されていないか？

　東南アジア3カ国いずれでも，しばしば「政治王国」（Political Dynasty）の存在が指摘される（本書第1章参照）．日本でも，田中角栄元首相のおひざ元であった新潟3区をはじめ，特に自民党はじめ保守系議員の中で世襲議員と言われる選挙区についてマスコミなどで呼ばれることがある［堤 2019］．しかし，そうした事例があるとしても，それが一般的かどうか十分裏付けがあるわけではなく，まして「私物化」されているといえるかどうかは検討を要する．もし一部の政治家一族が地方自治体首長を独占的に務めているとすれば，上で触れた競争的選挙の実施は困難であろう．

　質問票で直接聞いたのはフィリピンだけである．祖父母や両親でこれまで公選職についたものがいるかどうか聞いたところ，300名の首長のうち過半数の169名（56.3％）が「いる」と回答している．ただしこの質問の中には，配偶者が含まれていないので，実際の割合は10ポイントほど高くなると推測される．

　ところがこうした事実にもかかわらず，実際の選挙で親族ネットワークがどの程度役立つかについては，首長自身の主観的な認識ではあまり強いものではない．**表8**が示すように，地方選挙で勝つために効果的な支援先として家族と親族を上位2つに入れたのは，わずか2.7％にしか過ぎなかった．フィリピンではしばしば地方の政治王国が否定的に捉えられることがあるが，再検討を要

表 8　下記に挙げた人物の中で誰の支援が地方選挙で勝つために最も効果的ですか（2つまで選択可）

	度数	割合
NGO, PO	117	39.0
バランガイ長	188	62.7
知事	54	18.0
下院議員	44	14.7
上院議員	0	0.0
大統領	11	3.7
その他	8	2.7
一般住民	76	25.3
政治的支援組織	10	3.3
家族・親族	8	2.7
なし	2	0.7
無回答	3	1.0

（出所）フィリピン自治体サーベイデータ.

するように思われる（第5章）.

　フィリピンと質問形式は異なるが，タイでは当選にあたっての「夫，妻，親戚，友人など個人的なネットワーク」の影響力について自治体首長に聞いている.「かなり影響がある」要因としては，「候補者の人柄に対する人々の認知度」が最も高い（95.2%）が，「個人的なネットワーク」は「候補者の政策」より若干低い75.5%と，4人中3人が回答しており，その重要性はそれなりにあるようである（第2章表2-3も参照）.タイとフィリピンとのこうした違いは，タイの自治体のほうがフィリピンの自治体に比べて農村的性格を有することと，自治体の規模が小さいことと関係しているかもしれない[7].

　タイの首長向け質問票では，過去6年に遡って首長の名前を記入してもらっている.姓が同じ場合には同じ親族であると仮定できるので，それを手掛かりに政治家一族支配についての分析が可能である（本書第3章参照）.

　回収率は低かったが，インドネシアでもタイの調査票とよく似た質問を行った.インドネシアでは首長に対する質問票はジャワ島ではなく全国に配布したためあくまで参考値に過ぎない（回答数は79）が，地方首長選で「かなり影響がある」要因のうちもっとも高い数値は「個人の人気度」（67.09%）で，ついで「個人的ネットワーク」（53.16%）が高く，「ビジョン・ミッション・プログラ

ム」（50.63%）や「政党支持」（45.57%）よりも高かった．質問内容が互いに異なるうえ，質問はあくまで選挙における影響について聞いているので即断はできないが，3カ国の結果を見る限り，政治家一族の支配がしばしば言われるフィリピンにおいて数値が低く，タイやインドネシアにおいて個人的ネットワークが重視されている．とはいえ，この個人的ネットワークには親族・家族以外の友人も含むものなので，慎重な解釈が必要であろう．

地方政府の政策ネットワーク

問4　地方自治体はどのようなネットワークを実際にもっているのか？

　知識，人材，財源を得るためには，自治体エリートがさまざまなネットワークをもっている必要があるだろう．アイデアの取得や政策の実施にあたっても，自治体内のさまざまなステークホルダーとの関係が重要であろう（本書第Ⅱ部の諸論文参照）．

　質問票には自治体エリートがもつネットワークに関してさまざまな質問が含まれている．3カ国いずれでも，業務のため面会する接触頻度について聞いた．タイとフィリピンでは首長に対して，インドネシアでは官房長に対して聞いている．

　表9〜表12から読み取れるのは，タイでは，カムナン・村長[8]，保健所職員や学校の先生といった同一地域に住む中央政府の現場関係者に面会する頻度がたいへん高い点である．タイでは中央政府の出先機関としての地方行政と，地方自治体が並存するという特異な構造をしているため，その特徴を反映している．フィリピンで特徴的なのは，一般住民との接触頻度がたいへん高く，ついでバランガイ長や地方議員となっている点である．タイと比較すると，地方行政官との接触頻度が極端に低い．インドネシアでは官房長が答えているため，議会議員，周辺の県知事・市長，郡長など公職者と会う比率が圧倒的に高い．この傾向は，携帯電話を通した接触についても当てはまる．

　なお，参考のため**表13**にあるように，全国の首長から回収した結果を挙げたが，首長がもっとも接触頻度が高いのは郡長であり，ついで自分の県・市の議員，村長という順序である．住民との接触については，回答のあったインドネシア首長の約44%が1週間に数回「オープンハウス」を催していると回答しており，1月に1・2回という解答も24%に上っている．町や村を訪れての住民

表9　過去1年の間で，どの行政当局の個人が基礎自治体の活動に関する協議のために基礎自治体の事務所に来ましたか？（タイ，度数，N＝462）

	訪問頻度						
	週に1回以上	月に数回	月に1回	2，3カ月に1回	年に1，2回	1度もない	無回答
1．学校の教師／先生	11	31.6	22.9	22.5	9.5	0.6	1.7
2．保健省の職員	11	35.1	25.1	18	8	0.6	2.2
3．自分の自治体の地方議会議員	47.8	37.4	8.2	3.5	1.1	0.4	1.5
4．ビジネスマン	4.5	13.2	11.9	27.3	24.7	14.1	4.3
5．他の基礎自治体の首長	4.1	13.2	21.4	29.7	22.1	7.6	1.9
6．他の基礎自治体の助役	4.3	10	15.2	29	27.1	12.3	2.2
7．カムナン，村長	22.9	43.3	16.5	8.2	5	2.4	1.7
8．NGOメンバー	3	14.5	18	22.5	21.9	15.4	4.8
9．住民グループ（主婦グループ，婦人会，老人会など）	16.7	43.3	21.2	10.8	5.8	0.6	1.5
10．地方自治振興局の職員	2.2	12.1	17.7	24.5	25.3	16.2	1.9
11．郡長，副郡長	3.9	13.2	20.8	30.3	23.8	6.3	1.7
12．県知事，副知事，県次官	0.9	3.9	7.1	12.6	32.9	40	2.6
13．下院議員	1.1	5.2	10.4	22.9	30.7	28.1	1.5
14．社会開発人間安全保障省の職員	1.3	6.9	16	27.5	34	13	1.3
15．コミュニティ開発局の職員	2.4	14.3	24	31.2	21.6	5	1.5

（出所）2013/4タイ自治体サーベイデータ.

との意見交換も1週間に数回と回答する首長が47.5％にのぼっており，1月に1・2度と回答した首長も42.5％に上っている．インドネシアの自治体は規模が大きく住民も多いため，必然的に接触できるのはごく一部の住民に限られるが，首長たちが住民の声に耳を傾けようとしていることはいえそうである．SNSや電話を通しての接触についても同様の質問を聞いているが，傾向はほぼ似ている．

　さらに質問票では，予算が足りないときに誰に頼るのか聞いた（但し，インド

表10 下のリストに挙げた人々とはどの程度の頻度で会いますか？（1つのみ選択）
（フィリピン，度数，N＝300）

	週数回		週1回		月2・3回		月1回		年数回		なし		その他		無回答	
	度数	割合	度数	割合	度数	割合	度数	割合	度数	割合	度数	割合	度数	割合	度数	割合
1. バランガイ長	139	46.3	42	14.0	41	13.7	59	19.7	18	6.0	0	0.0	0	0.0	1	0.3
2. 地方議員	123	41.0	103	34.3	29	9.7	27	9.0	16	5.3	0	0.0	0	0.0	2	0.7
3. NGOのメンバー	53	17.7	34	11.3	55	18.3	77	25.7	75	25.0	3	1.0	1	0.3	2	0.7
4. 地元POのメンバー	49	16.3	38	12.7	54	18.0	80	26.7	73	24.3	4	1.3	1	0.3	1	0.3
5. ロータリークラブなどの市民団体のメンバー	28	9.3	24	8.0	37	12.3	64	21.3	89	29.7	55	18.3	1	0.3	2	0.7
6. 民間企業関係者	45	15.0	25	8.3	43	14.3	72	24.0	97	32.3	16	5.3	1	0.3	1	0.3
7. NGO，市民団体，地元POメンバー以外の一般住民	181	60.3	24	8.0	25	8.3	23	7.7	44	14.7	2	0.7	0	0.0	1	0.3

（出所）フィリピン自治体サーベイデータ.

表11 昨年，あなたは，下のリストに挙げた人々とどの程度の頻度で会いましたか
（フィリピン，度数，N=300）

	非該当		月1回以上		月1回		年数回		年1回		なし		無回答・不明	
	度数	割合	度数	割合	度数	割合	度数	割合	度数	割合	度数	割合	度数	割合
1．知事（首都圏外の自治体のみへの質問）	18[*1]	6.0	97	32.3	64	21.3	83	27.7	8	2.7	27	9.0	3	1.0
2．地元選出の下院議員	0	0.0	113	37.7	50	16.7	91	30.3	9	3.0	34	11.3	3	1.0
3．政党リストによって選出された下院議員	0	0.0	20	6.7	29	9.7	81	27.0	66	22.0	100	33.3	4	1.3
4．上院議員	0	0.0	10	3.3	13	4.3	99	33.0	85	28.3	88	29.3	5	1.7
5．中央省庁の次官	1[*2]	0.3	8	2.7	15	5.0	102	34.0	87	29.0	84	28.0	3	1.0
6．中央省庁の長官	1[*2]	0.3	8	2.7	17	5.7	103	34.3	86	28.7	82	27.3	3	1.0
7．大統領	1[*2]	0.3	0	0.0	3	1.0	63	21.0	83	27.7	147	49.0	3	1.0

（注）*1 州の管轄に含まれない自治体（マニラ首都圏等）の場合は，本項目は該当しない．
　　　*2 すべての自治体は，制度上，大統領や中央省庁の長官・次官に接触可能であるが，ここでは「非該当」との回答をそのまま反映させた．
（出所）フィリピン自治体サーベイデータ．

ネシアについては，官房長版で「中央政府から予算配分増額のためにどこにアクセスするか」としか聞いていない）．タイでは上位自治体である県自治体と下院議員に連絡を取る比率がたいへん高く，フィリピンでは下院議員，州知事となっており，第3に民間セクターが入っているのが目を惹く．インドネシアでも地元選出議員が入っているが，2位に省庁高官ルートが入っているのが興味深い．

　以上のことからわかるのは，3カ国いずれでも予算が足りないときに地元選出議員に頼る点では共通するが，それ以外のルートでは3カ国で異なるということである．

表12　あなたは，官房長としての任務を遂行するために，下記に記した高官や人物とどの程度の頻度で直接，会いますか．（インドネシア，度数，N＝103）

	一度もなし	1年に1-2回	1年に数回	1月に1回	月に数回	無回答
1．大臣	21.4	32	43.7	1.9	1	0
2．省庁高官（総局長，局長）	7.8	22.3	59.2	5.8	4.9	0
3．国会議員	14.6	41.7	41.7	1	0	1
4．州議会議員	9.7	29.1	48.5	4.9	7.8	0
5．県・市議会議員	0	1	11.7	9.7	76.7	1
6．州知事	5.8	10.7	57.3	13.6	12.6	0
7．州高官（官房，局長）	1.9	2.9	50.5	24.3	20.4	0
8．周辺の県知事・市長，高官	1	5.8	26.2	4.9	61.2	1
9．郡長	1	0	5.8	17.5	74.8	1
10．村長	1	8.7	25.2	20.4	43.7	1
11．ドナー	27.2	53.4	14.6	2.9	1	1
12．実業家/実業家連合	7.8	22.3	45.6	11.7	11.7	1
13．NGO/大衆組織活動家	3.9	8.7	40.8	11.7	34	1
14．その他	1.9	1	14.6	1.9	11.7	68.9

（出所）インドネシア自治体サーベイデータ．

表13　あなたは，首長としての任務を遂行するために，下記に記した高官や人物とどの程度の頻度で直接，会いますか．（インドネシア，度数，N＝79）

	1度もなし	1年に1-2回	1年に数回	1月に1回	月に数回	無回答
1．大臣	7.5	27.5	57.5	1.25	1.25	5
2．省庁高官	3.75	12.5	75	2.5	3.75	2.5
3．国会議員	10	23.75	61.25	1.25	1.25	2.5
4．州議会議員	7.5	18.75	56.25	5	8.75	3.75
5．自県・市の議員	0	0	20	17.5	61.25	1.25
6．州知事	0	2.5	62.5	12.5	21.25	1.25
7．州高官	0	12.5	61.25	6.25	18.75	1.25
8．郡長	0	0	0	12.5	86.25	1.25
9．村長	0	1.25	23.75	12.5	47.5	15
10．ドナー	23.75	46.25	25	0	2.5	2.5
11．ビジネス	2.5	31.25	50	3.75	11.25	1.25
12．NGOなど	1.25	18.75	52.5	7.5	18.75	1.25

（出所）インドネシア自治体サーベイデータ．

政策の実施について

問5 Good Governance についての認識

最後に，世界銀行をはじめとする国際機関で重視されている Good Governance（よい統治）は，自治体の現場でどのように認識されているのか聞いてみた．現場の自治体エリートが政策を実施する際，どのような価値を重視しているのかに関わる問題である．

問いの性格上，市長や県知事からの回答が得られなかったインドネシアを除き，タイとフィリピンの首長の認識を聞いてみた．質問文はほぼ同じである．効率性と住民の満足度のどちらを優先するか聞いたところ，タイでは効率性を重視するのが86.8%と圧倒的に高かったのに対し，フィリピンではプロジェクトの効率的実施よりも住民の満足度を優先する回答が若干上回った（59.7%）．農村的性格の強いタイの自治体の方が効率性を重視するというのは意外な結果だが，フィリピンの自治体に比べて予算の制約が大きいため，このような結果が出たのかもしれない．逆にフィリピンの自治体首長にとっては，両方の価値が同程度に重要であるということが分かる．

ただし，第4章で西村が明らかにしているように，住民参加が直接的に自治体のパフォーマンスに影響を及ぼすかといえばそうではなく，さまざまな要因との組み合わせで考える必要がある．タイにおいても，首長の上からのリーダーシップを選好する自治体のパフォーマンスがよいかといえば，必ずしもそうではなく，話しは単純ではない（第6章参照）．第8章で小林と大﨑が明らかにしているように，首長の社会関係資本といっても，住民との関係と政治家との関係で異なる可能性がある．

単純集計結果から分かる各国地方自治の特徴

以上のように見ると，3カ国で異なった地方自治，民主主義の特徴が浮かび上がる．

第1に，民主化と地方分権化は，住民による地方民主主義と中央政府からの地方の自律性という観点でみたとき，自律性をもたらしたと評価できるであろう．ここでの自律性とは，首長が中央政府ではなく有権者である住民の意向を踏まえて政治を行おうとしているかどうかである．地方民主主義と中央政府からの自律性は国によって異なるが，単純集計結果から分かることは，地方の首

長は住民のニーズや需要に対してたいへん注意を払っている姿である.

　第2に, 地方首長の社会的背景が3カ国で異なる点である. 3カ国にはビジネス経験のある地方首長が, 比率に違いはあるが, 一定程度存在する. 社会的背景の違いも顕著に現われている. たとえばタイの地方首長の多くは農業出身者である. インドネシア首長の約3分の1は元官僚である. こうした違いは社会経済的状況の違いや権威主義体制の経験の違いを反映しているように思われる.

　さらに第3に, 地方自治制度の特徴や自治体規模の違いにより, 各国の自治体ネットワークが異なる. タイの場合, 1自治体あたりの人口と財政規模が小さいため, 住民目線にたった地方の細かいニーズに応えていることがわかる. タイの自治体エリートは保健所や学校教師などの中央政府出先機関官僚, カムナンや村長などとも協働することが求められている. フィリピンの自治体も住民の満足度を大切にしていることがわかる. フィリピンの自治体は地域住民やバランガイ長, 地方議会議員と直接的関係をもつ傾向にある一方, 官僚機構にさほど依存していない. インドネシアでは自治体や予算の規模が大きいため, 首長も政策決定や実施, 予算獲得において官僚に頼らざるをえない. こうしたことは, 地方自治体が特定の家族によって支配されるという像からは程遠く, さまざまなネットワークの中で切り盛りしていることがわかる. タイ以外については, 中央政府の縛りから離れて, 地方が自律性を享受していることが伺える.

3　各章の紹介

地方政治と政策過程

　第1章と第2章は, 総論に続いて本書全体に通底する論点を取り上げたものである.

　第1章 (岡本正明) は, 東南アジアのなかでも地方政治研究の蓄積が比較的多いフィリピン, インドネシア, タイを取り上げ, 植民地期以降のフィリピン, インドネシア, 近代化以降のタイの地方政治の変遷を取り上げながら, 先行研究レビューをしている. そのうえで, この3カ国の地方政治研究で取り上げられることの多い政治王国研究の焦点を当て, 各国の政治状況の違いもあって政治王国の定義が異なり, また, 研究者によっても異なることを指摘する.

フィリピンの研究では量的に政治王国を把握する試みも始まっており，将来的には，政治王国を比較可能な形で定義することでインドネシアやタイも視野に入れた比較政治王国研究をする余地が十分にあり，実証的に政治王国の類型化を行うことが可能であることを指摘している．

第2章（西村謙一）は，東南アジア諸国の中で最も本格的な地方分権化を経験したタイ，インドネシア，フィリピンにおける自治体の政策決定過程を概観している．この3カ国の地方分権化の過程はそれぞれ異なるが，いずれにも共通するのは，自治体首長の権限が強化されるとともに，自治体の政策過程への住民参加が制度化されたことである．西村は，これら3カ国における自治体の政策過程の様相について，先行研究も参考にしつつ検討を加えた．その結果明らかになったことは，第1に，政治的，経済的エリートの地方政治行政に対する支配は根強く続いていること，第2に，3カ国ではいずれも自治体の政策過程への住民参加が一定程度進展し，住民の自治体行政への影響力は増しつつあること，そして第3に，自治体官僚制の重要性も無視することはできない点である．以上の相反する傾向の存在について西村は，今後の自治体の政策過程のあり方について，注意深く観察を続けなければならないと締めくくっている．

アクターとしての自治体エリート

第3章から第5章は「Ⅰ　自治体エリートと地方自治」と題して，自治体首長や事務方トップ（タイの助役，インドネシアの官房長，フィリピンの計画開発調整官）といったアクターを扱ったものである．

第3章（船津鶴代）は，タイ農村部の分権化において「地方行政体」を維持しつつ「地方自治体」を並立させる二層制がとられた点に着目し，対立的とされる制度の間にみられる連続と非連続についてサーベイデータを分析した．データから，自治体首長の約6割が地方行政の経験者から選出され，両制度の担い手は相互の行き来も頻繁であるという連続性がみられた．他方，新たな「行政」ネットワークを構築する自治体の試みには非連続性もみられ，実証的分析の重要性を示唆している．

第4章（西村謙一）は，フィリピンの地方自治体の開発計画策定に重要な役割を担っている開発評議会に焦点を当てて，評議会の運営状況を確認すると共に，評議会を通じた住民参加が自治体のパフォーマンスに与えている影響を明らかにしている．フィリピン自治体サーベイで得られたデータによれば，2011

年時点ではほとんどの自治体が開発評議会を運営し，評議会議員の事業提案を受けていることが明らかになった．また，評議会の開催頻度が自治体パフォーマンスに影響を与えている一方で，評議会における NGO・PO の議席占有率はパフォーマンスの向上に貢献しているわけでも，自治体職員の政策志向に影響を及ぼしているわけでもないことが明らかになった．さらに，従来は否定的に評価されていた首長の NGO・PO 代表選出過程への関与は，自治体パフォーマンスを向上させていることも明らかとなった．

第5章（岡本正明・籠谷和弘）は，2011年のエリートサーベイデータなどの資料を用いて，民主化・分権化後のインドネシア・ジャワ島内の県・市のトップ官僚である地方官房長の思想と行動を明らかにしている．ジャワ島内の県知事，市長は，スハルト権威主義体制期の当初は軍出身者が多く，後半には官僚出身者が目立ち始めた．民主化・分権化で首長公選制が導入された後も比較的多くの官僚出身者が正副首長であることが分かった．2011年時点で官房長であったもののなかから，2019年1月までに正副首長候補になろうとしたものを絞り込み，彼らの2011年のエリートサーベイでの回答を検討したところ，地方行政機構の政治化に反発し，自らのイニシアティブで中央の官僚機構とネットワークを構築している官房長たちが政治化していた．逆説的にも非政治的官僚こそが政治化していることを本章は明らかにしている．

ネットワーク，住民参加とパフォーマンス，補助金獲得

第6章～第10章の5本の論文は，「Ⅱ　ネットワーク，住民参加，地方自治」と題して，自治体のパフォーマンスや財政資源確保について外部とのネットワークや住民参加がどのように関係しているのかを扱ったものである．

第6章（永井史男・籠谷和弘）は，タイの地方自治体のパフォーマンスがどのような要素で決定されるのかを，2回の自治体サーベイを比較しながら，自治体賞の受賞歴を従属変数に論じている．独立変数として注目するのは，自治体の外部とのネットワーク（県知事や郡長，カムナン・村長，小中学校教師や保健所職員，社会開発人間安全保障省職員），首長の経歴（政治職と職歴）や政策決定の志向性，助役の経験度，自治体の種類（テーサバーンかタムボン自治体）と設立年である．ここでのモデルは，地方名望家や中央政府の地方出先機関の官僚職員，他の自治体首長や助役，住民組織との接触が多く，首長に実業家経験や政治職の経験があり，リーダーシップを重視し，助役のキャリア経験も長いうえ，設置

年が古い自治体の方が，自治体賞を受賞しやすいというものである．第1回サーベイではモデルの説明力は弱いものの適合していることが示された．一方第2回サーベイでは，テーサバーンについてはモデルが適合しておらず，タムボン自治体についてはモデルがある程度適合していることが判明した．自治体の種類によってモデルの適合性が異なることは，自治体間格差が分権にもかかわらず，構造的に残っていることを示唆している．

第7章（菊地端夫）では，これまでの研究が関心をあまり寄せてこなかったフィリピン地方自治体における官僚制とパフォーマンスに焦点を当て，自治体の行政上のトップである計画開発調整官へのサーベイ調査，また内務自治省が公表している自治体のパフォーマンス指標であるLGPMSを用いて，官僚制組織が自治体のパフォーマンスに与える影響を実証的に明らかにしている．分析の結果，計画開発調整官という自治体官僚のトップが有する他の政府機関とのネットワークや自治体内のNGOやPOといった市民社会セクターとの関係，さらには自治体の包括的な開発計画や公共投資プログラムを司る計画開発調整官自身の政策志向が，自治体のさまざまなパフォーマンスを規定する要因の1つであることが分かった．地方分権改革から20年を経て，地方「行政」や地方の官僚制もまた，地方分権改革の成否にかかわる要素の1つになりつつあることを示唆している．

第8章（小林盾・大﨑裕子）では，フィリピンにおいて自治体首長のネットワークが自治体パフォーマンスを向上させるのかを検討している．社会関係資本概念を用いて，「住民との接触」と「政治家との接触」との間で，自治体パフォーマンスが異なると予想している．2011年フィリピン自治体エリートサーベイ調査で300市町をランダムサンプリングしてデータ収集し分析した結果，住民との接触が社会政策分野を，中央政府との接触が行政管理分野を，それぞれ有意に促進した．以上から，たしかに自治体首長のネットワークは，自治体パフォーマンスを向上させたと主張する．ただし，ネットワークの種類によって効果が異なり，異なるソーシャル・キャピタルは異なるパフォーマンスを促進したことを示唆している．

第9章（籠谷和弘・長谷川拓也）では，インドネシアの地方自治において県市よりも注目度が低い州に着目し，州から県市への補助金配分に影響を与える要因について分析を行った．自治体間の財政移転においては，財政力均等化が目的の1つとして指摘されることが多く，インドネシアでの州から県市への補助

金においてもそれは例外ではない．しかし計量分析の結果，州の補助金は財政力格差を実現するよりは，むしろ格差を拡大するような配分がなされていることがわかった．また県市官房長による州政府や州議会議員とのネットワークの利用が，州からの補助金獲得に寄与している可能性が示された．さらに，現在の状況を捕捉するために行ったインタビュー調査の結果，州議会議員に割り当てられる非公式的な「議員予算枠」が定着していることが示された．財政力格差だけでなく県市官僚のネットワーク資源によって，補助金配分格差が拡大する可能性がある．

　第10章（砂原庸介・岡本正明）では，インドネシア・ジャワ島の官房長へのサーベイ調査を通じて，地方自治体のパフォーマンスとそれに対する政治的要因との関係を説明している．主要な分析に当たっては，調査の1年前から地方自治体が獲得したグッドガバナンス・公衆衛生・教育にかかわる賞の数を良いパフォーマンスの尺度として使用し，官房長のサーベイに対する回答から，自治体の長の政治的リーダーシップとコミュニケーションスタイルに関連する独立変数を構築した．そのうえで，このような独立変数を用いて賞の数を説明する回帰分析を行った．その結果，グッドガバナンスのような地方政府全体のパフォーマンスを考慮する場合に強力な政治的リーダーシップが重要になる傾向が存在する一方で，公衆衛生や教育のように官僚組織での調整を必要とする分野では官僚の自律性が大きな役割を果たすことが示唆された．

おわりに

　自治体エリートサーベイは今後の研究に対して大きな可能性を感じさせるものである．地方自治サーベイを通して我々は，草の根レベルでの地方民主主義の定着や実施がいかなるものか，単なる個別インタビューや公文書ではなかなか得られない情報や解釈を得ることができる．自治体エリートは統治する側と統治される側との間の相互作用を映し出す鏡であり，統治する側が地方社会からの変化するニーズや要求にどのように適応しているかを生き生きと感じとることができる．

　地方自治関係者の日々の行動パターンを計量的な情報に変換することを通して，我々は地方ガバナンスについてのより具体的なイメージを得ることができる．地方自治体は驚くほど広いネットワークをもっている．地方自治体は住民

によって注視されている．地方自治体が特定の家族によって支配されているという通念とは異なり，地方政治指導者はさまざまのステークホルダーの支持を必要としており，彼らの家族だけに頼っているわけではないのである．このように，変数を作り，さまざまな要素を組み合わせることによって，地方ガバナンスに関する通念を覆すようなさまざまな可能性が開けている．

もとより，本書の中で展開される10個の論文は計量的手法に基づく東南アジア地方ガバナンス研究のごくごく初歩的な試みであり，方法論的に多くの課題が横たわっている．計量的な地方自治研究や社会関係資本研究が盛んな先進国研究の知見からすれば，多くの欠陥が見られるであろう．各方面からの忌憚のない批判を仰ぐ次第である．

付記
本章は永井が下書き草稿を作成し，岡本と小林が修正を加えたうえで，まとめられた．

注
1）アフリカの地方分権については，Olowu and Wunsch［2004］，Kauzya［2007］，JICA［2007］を参照．ラテンアメリカについては Cabrero［2007］参照．国際機関の分権化に対する考え方については，Cheema［2013］と Manor［2013］が短いがそれぞれ参考になる．世界の地方分権の状況については，UCLG［2008］及び OECD［2016］を参照．
2）ただし，インドネシアの地方自治体のパフォーマンスを分析した von Luebke［2009］は例外的である．彼は，いくつかの変数に着目して地理的にも多様な8カ所の基礎自治体を選択し，数多くのステークホルダーにインタビューを実施したうえで分析を行っている．分析の方法論については，von Luebke［2014］が参考になる．
3）本書の著者である永井，船津，籠谷の3名で，2007〜2008年にかけてデータ・クリーニングを行ったうえで，Nagai, Nakharin and Funatsu eds.［2008］の編集を行った．
4）この間の研究の背景と経緯の詳細については，永井・船津［2018］を参照．
5）2006年にタイで行った第1回サーベイでは，農民と答えた首長は37.8％に上った．また，2013/4年サーベイでは前首長の職業についても聞いているが，ビジネス・オーナーが37.7％，農業が33.1％となっており，農民出身者が占める率が次第に減っていることが分かる．
6）フィリピンやタイではそうしたケースは非常に少ないが，2006年タイ自治体サーベイで助役に対して，将来首長として立候補したいかと尋ねたところ，約10％のものが「はい」と回答している．
7）産業別就業人口割合を第1次産業，第2次産業そして第3次産業でみると，フィリピンはそれぞれ26.9％，25.7％及び47.4％であるのに対し，タイのそれは33.2％，39.0％，27.8％となっている（矢野恒太記念会編『世界国勢図会』2018年より）．
8）カムナン・村長は，タイの地方行政末端単位であるタムボン（行政区）と村の長のこ

とである．彼らは住民によって選出されるが，内務省地方行政局から手当てや制服を支給され，準公務員として福利厚生も受けられる．中央政府の代理人として政府の決定事項を住民に伝えたり，コミュニティ内の治安維持や準司法的手続き，住民登録業務なども行う．詳細は第6章参照．

◆参考文献◆

邦文献

岡本正明・砂原庸介・籠谷和弘・ワフユ プラスティアワン・永井史男［2014］「インドネシア地方自治体エリートサーヴェイ調査」『法学雑誌』（大阪市立大学）60(2)，pp. 740-779.

堤英敬［2019］「政治家の生活を覗いてみよう——政治家と有権者，政治家と政党——」，永井史男・水島治郎・品田裕編『政治学入門』ミネルヴァ書房，pp. 62-88.

独立行政法人国際協力機構（JICA）［2006］『特定テーマ評価「地方行政能力向上～インドネシアを事例として～」報告書』.

————［2007］『アフリカにおける地方分権化とサービス・デリバリー——地域住民に届く行政サービスのために——』.

永井史男・船津鶴代［2018］「東南アジアの地方自治サーヴェイ研究——背景と経緯——」，船津鶴代・籠谷和弘・永井史男編『東南アジアの自治体サーベイ——比較のための解題とデータ作成——』（調査研究報告書）独立行政法人日本貿易振興機構アジア経済研究所，pp. 1-14.

永井史男・籠谷和弘・船津鶴代［2017］「〈資料〉タイ地方自治体エリートサーヴェイ調査」『法学雑誌』（大阪市立大学）63(4)，pp. 78-104.

西村謙一・菊地端夫・小林盾・永井史男［2015］「資料：フィリピン地方自治体エリートサーヴェイ調査(1)」『法学雑誌』（大阪市立大学）61(3)，pp. 715-758，123-133.

————［2016］「資料：フィリピン地方自治体エリートサーヴェイ調査（2完）」『法学雑誌』（大阪市立大学）62(1)，pp. 123-133.

平山修一・永井史男・木全洋一郎［2016］『地方からの国づくり——自治体間協力にかけた日本とタイの15年間の挑戦——』（JICAプロジェクトヒストリーシリーズ）佐伯印刷.

船津鶴代編［2008］『タイ地方自治体調査の集計表 Preliminary Results: The Survey of Local Administrative Organizations in Thailand』日本貿易振興機構アジア経済研究所調査研究報告書.

船津鶴代・永井史男編［2012］『変わりゆく東南アジアの地方自治』（アジ研選書28），日本貿易振興機構アジア経済研究所.

外国語文献

Cabrero, E. ［2007］"Government Decentralization and Decentralized Governance in Latin America: the Silent Revolution of the Local Level?," in G.Shabbir Cheema and Dennis A. Rondinelli eds., *Decentralizing governance : emerging concepts and practices*, Washington, D. C. : Brookings Institution Press, pp. 156-169.

Cheema, G. S. [2013] "Introduction," in G. Shabbir Cheema ed., *Democratic local governance: reforms and innovations in Asia*, United Nations University Press, pp. 1-12.

Kauzya, J.-M. [2007] "Political Decentralization in Africa: Experiences of Uganda, Rwanda, and South Africa," in G. Shabbir Cheema and Dennis A. Rondinelli eds., *Decentralizing governance: emerging concepts and practices*, Washington, D.C. : Brookings Institution Press , pp. 75-91.

Kobayashi, J., Nishimura, K., Kikuchi, M and Matammu, M. [2013] "Efforts for 100% Response Rate: Local Government Survey in the Philippines as a Case," 『成蹊大学文学部紀要』 48, pp. 233-240.

Manor, J. [2013] "Promoting local governance through decentralization policies and program-mes," in G. Shabbir Cheema ed., *Democratic local governance: reforms and innovations in Asia*, United Nations University Press, pp. 13-34.

Nagai, F., Nakharin M. and Funatsu, T. eds. [2008] *Local Government in Thailand — Analysis of the Local Administrative Organization Survey—*, (Joint Research Program Series No.147) IDE-JETRO.

OECD (Organization for Economic Cooperation and Development) [2016] Subnational government around the world.

Olowu, D. and Wunsch, J. S. (with contributions by Joseph Ayee) et al. [2004] *Local governance in Africa : the challenges of democratic decentralization*, Lynne Rienner Publishers.

UCLG (United Cities and Local Governments) [2008] Decentralization and local democracy in the world: first global report by United Cities and Local Governments (https://archive. org/details/bub_gb_8m2CQeX4EuwC/page/n5, 2019年4月4日閲覧).

von Luebke, C. [2009] "The Political Economy of Local Governance: Findings from an Indonesian Field Study," *Bulletin of Indonesian Economic Studies.* 45(2). pp. 201-230.

———— [2014] "Grounding Governance Research in Southeast Asia: A Framework for Controlled Multimethod Policy Analysis," in Mikko Huatari et al., *Methodology and Research Practice in Southeast Asian Studies*, Palgravemacmillan, pp. 213-232.

第1章

東南アジアにおける地方政治研究と政治王国論

岡本正明

はじめに

　植民地国家であれ，国民国家であれ，国境で区切られた領域を面的に支配する近代国家において，どのような形で地方を統治するのかは，その国家の命運を左右する．地方政府の層の数，地方首長の選び方（政治），自治体の公務員の任用と昇任（降格）ルール（人事），自治体の事務権限，自治体予算の規模と内訳，こういった点が重要な課題となってくる．当然，各国ごとに，また，時代ごとに，こうした点に関して違いがあり，中央地方関係，地方分権化の様態は多様性があり，多国間比較が困難とされてきた［Malesky and Hutchinson 2016］．

　研究の量からすると，集権的であるよりも分権的な中央地方関係，また，権威主義体制，社会主義体制よりも民主主義体制の地方政治研究の方が目立つ．とりわけ，地方首長が公選であれば，地方政治が可視化されやすくなるので地方政治研究が多くなる．東南アジアの場合，植民地時代から町長から大統領まで公選制を取り入れたフィリピンにおいて圧倒的に地方政治研究が多い．ついで，50年代に民主主義体制を取り，さらに98年以後，再び民主主義体制を取り入れたインドネシアでも地方政治研究が増えてきている．タイについては，80年代以降，徐々に民主化が進むにつれて，地方政治研究が増え始めた[1]．

　地方政治研究もまた国政研究同様，多様なアプローチがあるが，フィリピン，インドネシア，タイの地方政治研究では，ある地方で政治的に影響力を持つ政治家一族（Political Family），そして，彼らが地方政治を牛耳って作り上げた政治王国（Political Dynasty）についての関心が強い．政治家一族間の政治対立に着目した一族政治（Clan Politics）論，こうした地方政治の有力者とその支持者

に着目したパトロン・クライアント関係論，オリガーク（oligarch）による地方の政治経済の支配に着目した寡頭制（oligarchy）論，国家リソースの収奪による権力の獲得・維持に力点をおいたボシズム（bossism）論などが取り上げられてきた．

　本章では，政治王国の誕生の有無に主たる関心を置いて，フィリピン，インドネシア，タイの地方政治の変遷，それに伴う地方政治研究の変遷を見ていき，最後に，政治王国の量的比較研究の可能性について考えることにしたい．

1　フィリピン地方政治と研究の変遷

植民地時代から議会制民主主義の時代

　フィリピンは16世紀後半から19世紀末にかけてスペインによる植民地支配下にあった．その間，スペインにとってフィリピンはそれほど重要ではなかったこともあり，効率的に資源を搾取するために官僚制を整えるということもなく，現地のエリートたちに地方の統治を委ねた．こうしたエリートたちは，大土地所有や交易からの利益を蓄えることに成功した．

　20世紀初頭にアメリカの植民地支配に入ったフィリピンでは民主主義が導入された．1901年に市長・町長直接選挙，1902年からは州知事直接選挙，1907年からは下院議員選挙，1935年には大統領直接選挙，そして，1939年には上院議員選挙を始めた［Sidel 1999: 16-17］．スペイン統治時代の地方エリート，さらには新興地方エリートたちが公職を握ることに成功した．いわゆるオリガークと呼ばれるものたちで，カトリック教会所有地の接収・払下げの機会も利用して大地主になったものも多い．彼らは，地元選出の上院議員や下院議員，場合によっては大統領に上り詰めることに成功した．さらに，オリガークの一族が州知事や市長・町長ポストも握っていった．大地主であれば，土地という自律的な経済基盤を持ち，小作人たちを票田にすることができたため，政治家一族（political family）が長期的に一地方の政治経済的権力を掌握する政治王国（political dynasty）が生まれた．1946年の独立後もこのオリガークによる地方支配の構造は変わらなかった．国民党と自由党の間で曲がりなりにも二大政党制が成立したが，結局のところ，政党はオリガークの権益拡大の道具でしかなく，イデオロギー政党からはほど遠かった．

　行政については集権的であり，首長が大きな権限を持っていたわけではな

く，地方での公共事業の大半は中央政府が握っていた［片山 1991: 126］．これは，いわゆるポークバレル資金であり，大統領と国会議員との個別折衝によって配分されるもので，アメリカ植民地時代の1922年に始まる．独立後の1950年には個々の国会議員が公共事業を選定できるようになり，1955年からは下院議員が各種コミュニティ事業を，上院議員が全国レベルの公共事業を選定できるようになった．また，下院議員は，地方の警察軍（The Philippine Constabulary）司令官や第一審裁判所裁判官，土地局の地方官などの任命権を持っていた．警察権力と司法権力を掌握することで賭博や密売などの違法ビジネスにも関与することができた．したがって，オリガークたちにとっては下院議員，上院議員，さらには閣僚，大統領となり，国家のリソースを獲得して地元にばらまくことが決定的に重要となり，いったん国政レベルの公職を握ると，長期的な地方の支配につながることも多かった．

　市長・町長や州知事も地方警察の人事権や徴税権をもち，司法機関の地方支部に影響力を行使できたことから，賭博などの違法ビジネスに関与することも多く，ポストに伴う利権はあった．しかも，地方自治拡大要求が高まり，少しずつ地方自治体に権限委譲が進んだことで市長・町長ポスト獲得に伴う利権が増えた．そのため，首長ポスト争いは激しかった．国政レベルにまで影響力を持つ政治家一族の場合，その子弟や親族が州知事ポスト，そして複数の市長・町長ポストを掌握する事例もあった．また，州レベルや国政レベルの政治家とネットワークを有していれば，市・町を拠点とする政治家一族でも市長・町長ポストを長期的に握ることができた．こうした植民地時代からの一貫した地方政治の有力者による地方支配については，60年代には，パトロン・クライアント関係を重視するランデ［Lande 1965］の研究や民主主義体制下でのエリート支配の継続性を強調するダンテ［Dante 1965］の研究が生まれた．オリガークによる地方と中央の政治経済の掌握は，場合によっては暴力の行使も伴っており，市民の平等な政治参加からはほど遠いだけでなく，彼らがレントシーキングに奔走するために経済も停滞していた．70年代に入ると，暴力の行使，政治家による私兵団の活用，有権者への物資的利益供与といった側面が目立ち始め，パトロン・クライアント関係に依拠した分析枠組みを否定する研究も生まれた［Quimpo 2005: 234-236］．

権威主義体制の時代から民主化へ

マルコス（Ferdinand Marcos, 1917-1989）の台頭はフィリピンの地方政治の変容を生んだ．弁護士出身の政治家であるマルコスは，オリガークが中央地方政界を牛耳っている寡頭支配に異議申し立てを行って1965年に大統領当選を果たした．1972年には彼は戒厳令を敷いて両院を停止するだけでなく，地方議会も停止し，首長選挙も停止した．マルコスはタイやインドネシアのように行政ルートを通じて政策の実現を目指した．そのため，オリガークのなかには，国家リソース獲得の機会，公的ポスト獲得の機会を失うことで弱体化したものも現れた．しかし，少なくとも国政レベルでは1978年には早くも一院制の翼賛議会「国民議会」が設置されただけでなく，同議員にはポークバレルが与えられ，マルコスに忠誠を誓ったオリガークはマルコスのクローニー（取り巻き）として権力を拡大することに成功している．このマルコス時代には，地方政治が停滞したことから地方政治研究も目立ったものが生まれていない．

1986年にマルコス政権が崩壊して民主化が始まった．そうすると両院制が復活して，上院下院議員のポークバレルも復活し，マルコス政権以前から影響力を持っていたオリガークが国政でも地方政界でも軒並み復権を果たした．結果として，地方政治研究も活況を呈し始めた．

80年代後半に入り，*Bringing the State Back In*（Scocpol and Evans 1985）を筆頭とする国家論が政治学で有力になるにつれ，地方政治研究においても国家，あるいは，地方政府がオリガークの権力基盤確立の上で不可欠だとする研究が出始めた．ミグダル（Joel S. Migdal）が1988年に，第三世界においては，家族，一族，派閥といった社会的単位が強い影響力をもっており，国家を乗っ取っているという「強い社会，弱い国家」論を展開すると，フィリピンはその典型例として扱われるようになった［Migdal 1988］．

マッコイ（Alfred W. McCoy）が編著者である *Anarchies of Families*［1993］は，本格的に（政治的）家族をフィリピン政治分析の単位としてとりあげ，各地で連綿と続く一族支配を紹介し，彼らがレントシーカーとなって国家の経済成長を阻害しているという議論を展開し，フィリピン国家の弱さを指摘した．1999年には，サイデル（John T. Sidel）は，セブ地方とカビテ地方を事例として，オリガークが中央や地方の政治職を掌握することで国家と地方政府のリソースを獲得し，暴力装置も手中に収めていることこそが，オリガークの権力維持の鍵であるというボシズム論を展開した［Sidel 1999］．2001年には，アビナレス

（Patricio N. Abinales）がミンダナオ地方を事例として，国家論を重視しつつ，国家と社会を二分化して論じる既存研究を批判して，オリガークは国家と地域社会の媒介者であるという議論を展開した［Abinales 2001］．サイデルにせよ，アビナレスにせよ，植民地国家の時代に官僚制の発達したマレーシア，シンガポール，インドネシアと違い，アメリカ植民地時代に政治家に地方統治を委ねた点が，フィリピンにおいて「すべての政治は地方にある」（All Politics is Local）という言葉を生むほど，地方のオリガークの政治的重要性に繋がったとする視点が強調された．

さらなる民主化と多元化の可能性

　現代フィリピンの民主主義体制がマルコス権威主義体制以前の民主主義時代と異なるのは，民主化の一環で1991年に地方政府法（共和国法7160号）が施行されたことである．その結果，地方自治体に権限が移譲されるだけでなく，市民社会の代表と目される NGO が地方行政に関与できるようになった．地方首長が利用できるリソースが増し，重要となった．既存の政治家一族の権力基盤の強化につながるのではなく，都市部などでは中間層にも支えられて，新たなタイプの首長も現れ始めた．ポピュリスト的アピールを打ち出したり，パトロネージに依拠しない選挙マシーンを作り上げたりする新興政治家，さらには，政治家一族出身でありながら，外資の誘致政策などを積極的に展開する改革志向の政治家が首長になり始めてもいる．オリガークによる地方支配が継続・強化されているという研究［Tadem and Tadem 2016］がある一方で，民主化，さらには市民参加も視野に入れた分権化が始まることで，地方首長そのものが独立のアクターとして種々のイニシアティブを発揮する余地が出てきたこともあり，新しいタイプの首長に焦点を当てたような研究も出始めている．川中の研究は，ナガ市長をとりあげた．グッド・ガバナンスの実現に努めて有権者の支持を集めながら，中央地方政界でのネットワークを持ち，政治マシーンを作り上げて有権者を取り込んで選挙での勝利を確実にしていき長期支配を樹立する姿を描いている［Kawanaka 2002］．一方，日下はイロコス・ノルテ州を事例として，地方のオリガークが国家資源や農業資源を独占して権力基盤を確立するのではなく，むしろ，グローバル化のなかでマニラや海外の資本を誘致することで権力基盤を確保する「ビジネス・フレンドリー」な地方首長に変貌していく姿を描いている［日下 2013］．東出はジェネラル・サントス市を事例に，市民参

加と政策やイデオロギーを武器として台頭した新興政治家の存在を指摘している［東出 2017］.

2　インドネシア地方政治と研究の変遷[2)]

植民地時代から独立へ

　オランダによる蘭領東インド（現インドネシア）の植民地統治は，アメリカによるフィリピンの植民地統治とは大きく異なっている．地方貴族を政治家ではなく，官僚に仕立て上げていった．17世紀，オランダは蘭領東インドに植民地支配の第一歩を踏み出した．以後，オランダは植民地支配を面的にも質的にも拡大していき，20世紀に入って漸く現インドネシアの全領域を支配するようになる．オランダが直接支配をしたジャワなどの地域で，原住民が就任し得たポストは県知事を筆頭に，副県知事，郡長と続いた．そうしたポストに就いたのは，マタラム王国，パジャジャラン王国，チレボン王国，バンテン王国といった（旧）王国の王を祖先とすると言われる貴族たちである．

　19世紀後半からオランダはジャワを中心に蘭領東インドの面的統治を本格化し始めた．そうなると，効率的管理・収奪のために官僚制の整備が不可欠となる．オランダ人だけで官吏を充填するとなれば，きわめてコスト高の官僚制となることから，原住民の側からも近代的統治のノウハウを心得た官吏の供給が必要となってくる．官吏養成学校を設けて，貴族である県知事の子弟たちを主な学生たちとして受け入れて官僚に仕立てていった．蘭領東インドでは，植民地国家の屋台骨ともいえる内務行政機構は単に実務的なマシーンであり，実務能力だけが行政官の就任・昇進を決定する訳ではなく，貴族の出自という権威が常に基準として存在するシステムとなった．最終的な権力・暴力が宗主国オランダにあれば，通常は県知事を頂点とする貴族の伝統的権威に原住民馴致を委ねておけば事足りた．

　このオランダの官僚制の整備は，ジャワ島内では村落レベルにまで及んだ．中国人によるアヘン請負業がこうした官僚制の整備と共に拡大していった．そして，やくざ者，つまり，ジャワでジャゴ，ジャガバヤ，ジャラワと呼ばれているものたちが，この官僚制とアヘン請負業を裏で支えた．村長は植民地行政の最末端の単位になり，その社会的性格も名望家的なものから官吏的なものへと変貌を遂げた．

こうした蘭領東インド，とりわけジャワの地方統治は明らかにフィリピンの地方統治とは異なっている．経済アクターとしての華人，暴力アクターとしてのジャゴとの関係を作りながら，伝統的権威として地方貴族たちは県知事を頂点とする官僚機構に君臨していたが，フィリピンのオリガークのような自律的経済基盤があるわけではなく，最終的には植民地国家に依存する存在であった．それゆえ，現在にまで続くようなオリガークとはなり得なかった．地方政治家の出自の連続性が見られないことから，インドネシア地方政治の先行研究では植民地期から現在までを一貫して論じるようなものは存在しない．植民地期原住民（地方）官僚については，サザーランド［Sutherland 1973］やオン・ホッカム［Ong Hok Ham 1978］の研究がある．ベンダ［Benda 1966］は蘭領東インドの国家を末端まで官僚制が整備されたことに着目して官僚国家（Beambten Staat）と呼び，アンダーソン［Anderson 1983］はスハルト権威主義体制を蘭領時代の官僚国家体制と比較して論じた．

日本軍政，独立，そして議会制民主主義へ

1942年から始まる日本軍政も基本的にはこの地方統治スタイルを踏襲した．1945年，第2次世界大戦終了後，再植民地化を目論むオランダとの独立闘争を経て1949年インドネシアは国際法的な意味で独立を果たした．新たに誕生した国民国家インドネシアは議会制民主主義を採用し，既存の官僚機構とその人材をほぼそのまま利用した．一部の左翼系政治家からは，地方貴族が要職を占める官僚機構は封建制の残滓であるとして解体を求める声もあったが，初代大統領スカルノ（Sukarno, 1901-1970）や副大統領ハッタ（Mohammad Hatta, 1902-1980）たちは，国家機構の早急な再建のために官僚機構の解体は行わなかった［Anderson 1972］．結果として，地方行政官が生き残った事例を岡本［2000］は西ジャワを事例に検討している．

議会制民主主義体制のもとで政党政治家の影響力が増し，政党関係者が首長ポストに就き始めた．さらに，50年代後半になると，州知事，県知事，市長とは別に地方議会が選出する地方首長が誕生し，政党政治家がそのポストに就き始めた．彼らは官僚養成学校を出た貴族たちとは社会的出自が異なっており，地方貴族エリート官僚が県知事や市長として地方統治をするスタイルが崩壊の危機に陥った．しかし，60年代半ばに国軍幹部のスハルトが権威主義体制を開始すると，軍人が州知事，県知事，市長といった地方首長ポストを独占し始

め，地方官僚たちはそれをサポートする地方統治スタイルが生まれた.

このダイナミックな変動期については，レッグ［Legge 1961］が1950年代の中央地方関係を書き，政治家による地方行政の掌握の試みとその後の軍と行政官の同盟については，フィース［Feith 1962］，レフ［Lev 1966］，ウォーカー［Walker 1967］，エマーソン［Emmerson 1972］，ロカモラ［Rocamora 1974］が描いている.

スハルト体制下では，地方議会が推薦した3名の首長（州知事，県知事・市長）候補から中央政府が選択して任命した．一見すると民主主義的性格をもつ選出方法であるが，中央政府が望む候補が確実に選ばれる仕組みであったから，ほぼ任命制であったと言える．1980年代後半までは軍人が首長ポストの大半を握っていた．1990年代に入ると，内務大臣ルディニのもとで地方首長をふたたび地元の文民官僚が握り始めていくが，スハルトを頂点とする集権的体制が貫かれていた点は変わらない.

2度（2004-2009年，2014-2019年）にわたって副大統領となったユスフ・カラ (Jusuf Kalla, 1942-) の場合，南スラウェシ州にビジネスの基盤を築いてスハルト時代に政権与党ゴルカルを通じて中央政界にも進出を果たした．フィリピンに見られる政治家一族のような特徴を持つが，先行研究に依拠する限り，こうした一族はそれほど目立たなかった．その一因は，地方首長が中央の意向の貫徹に関心が強く，政治家一族が地方首長ポストを長期的に握ることで政治経済的影響力を維持・強化することができなかったからである．加えて，警察機構も集権的であり，フィリピンのオリガークのように警察を簡単には私兵化できなかったし，国軍も末端の村落まで展開していた．プライベートな暴力集団も広域暴力団的に集権的に統制される傾向が強く，政治家一族が必ずしも地方で暴力を独占できなかった．例外的には，西ジャワ地方の一部であったバンテン地方では，私兵集団を抱えるアクターがスハルト期にインフォーマルに政治経済的権力を握ることに成功している［岡本 2015］.

スハルト政権に入ると，地方政治は目立たなくなり研究も少ない．スハルト体制がどうして地方の安定をもたらしたのかについて，西スマトラ州と南スラウェシ州を事例に歴史的に分析したアマルの研究［Amal 1992］は数少ない成果である．また，深尾［1999］の研究は，スハルト体制末期になって地方首長選で政治対立が激化しはじめたリアウ州の事例を分析している.

インドネシアの場合，現在までに複数の政治体制を経験しており，フィリピンと違って地方エリートの（性質の）一貫性を見出すことができないために，

政治家一族や政治王国という視点で連続性を指摘することは難しい．ただし，マゲンダ［Magenda 1989］は，植民地時代からスハルト体制期までの長いタイムスパンで，東カリマンタン州，西ヌサ・トゥンガラ州，南スラウェシ州の地方貴族の政治変容への適応・非適応を描いている．

民主化・分権化へ

1998年にスハルト体制が崩壊して民主化・分権化が始まると，地方行政・政治は大きく変わった．地方自治が事務権限，人事権，予算において拡大した．地方首長について言えば，1999年から2004年までの地方議会による選出を経て，2005年からは公選制になった．それに伴い州知事，県知事・市長の権力が増し，そのポストをめぐる政治闘争が激化した．インドネシアがフィリピンと異なるのは，2008年に政党推薦なしで立候補が可能になっても，正副首長候補は政党の支持を求める傾向が強い点である．ある政党の推薦が，その政党支持者の支持獲得につながる保証はないが，有力政党であれば，村落レベルにまで支部があり，支持母体があることが魅力的だからである．また，第5章にあるように，官僚出身者が正副首長になるケースが多い点もフィリピンと異なる．

民主化・分権化後の地方首長たちは，多くの場合，国政レベルで言われる寡頭的支配を続けており，金権政治が顕著であり，場合によっては暴力の行使もみられる．2005年から現在までの間に地方首長公選が2回，3回と行われてきたことで，フィリピンのような政治王国の形成も見られ始めている．バンテン州や南スラウェシ州では元首長の妻や子弟などが首長職を引き継ぎ，また，地方議会議員や国会議員にもなるケースが生まれ始めている．

民主化，そして分権化が始まると，一気に地方政治研究が増えた．ロビソンとハディース［Robison and Hadiz 2004］が，スハルト体制期のエリートが民主化に適応して政治経済的権力を維持しているとするオリガーキー論を展開したが，地方政治研究でもこのオリガーキー論の影響が強い．金権政治が横行し，さらに暴力アクターが地方で政治経済的に台頭してきたという指摘をする事例研究が目立つ［たとえば，Okamoto and Rozaki eds. 2006; Hadiz 2010；森下 2015; Abdur and Sulistiyanto 2016］．2005年から始まった地方首長公選制についての研究も多い［たとえば，Erb eds. 2009］．さらには，これまでのオリガーキー論とは異なり，ジャワにおける3名の女性首長のリーダーシップを分析した Kurniwati［2015］の研究，ポピュリスト志向や改革志向の地方首長の台頭についての研究［Okamoto 2009; Hamid 2014]なども出てきている．地方分権改革後に，県知事・市長のリーダーシップが，地方政府のパフォーマンスに違いを生み出すことを強調したのがフォン・リュプケ［von Luebke 2009］の研究である．この研究では，西スマトラやジャワにおける複数の地方政府に注目して，県知事・市長のリーダーシップが強いと認められる地方政府が高いパフォーマンスを上げていることを主張する．

　地方首長公選が2回，3回と行われるなかで，フィリピン研究で盛んな政治王国研究も出てきており，バンテン州や南スラウェシ州の政治王国が典型例である［Buehler 2013］．ただし，中カリマンタン州の県知事を事例として，インドネシアにおける政治王国の樹立と維持の難しさを指摘した研究もある［Aspinall and As'ad 2016］．

3　タイの地方政治概観

　タイについては，他の東南アジア諸国が植民地支配下に入った頃，国王のもとで近代化が進められ，時期的にはフィリピンやインドネシアと同じ頃に近代国家が導入された．その意味で，フィリピンやインドネシアの地方政治と比較は可能である．とりわけ，中央集権的な官僚主導の統治スタイルを取ったという点では，タイと蘭領東インドは似ている．しかし，タイの地方政治研究は1980年代になるまでそれほど数がなく，とりわけ20世紀前半の地方政治についてはあまり研究がないため，長いタイムスパンでフィリピンやインドネシアと比較することは困難である．フィリピンやインドネシアと違い，タイでは1932年立憲革命以降，軍事クーデタとその後の民政移管が繰り返し発生し，地方政治家の活動を阻害したことも大きな要因である［Prajak 2016］．また，タイでは地域社会の伝統的名望家が村長という形で地方行政の末端に位置づけられたため，地方政治の自立的特徴が顕在化しなかったことも重要な要因であろう．

　個別の研究については20世紀初頭の地方政治・行政についても存在する．たとえば，藤井［2011］の研究は19世紀末から20世紀初頭のタイ東北部における国家の浸透を描き，ジョンストンの研究［Johnston 1985］は，20世紀初頭の地方政治・行政におけるナクレーン（nakleng）と呼ばれるインフォーマル・リーダーの重要性について指摘しており，水谷［2005］の研究は1930年代，40年代の地方レベルでの治安の悪さ，それに対する国家（警察）の対応についての優

れた研究である．その後，1973年の学生運動により民主化が重要性を持ち，その関係で地方自治の強化が主張され始めた．さらに，1980年代以降，経済成長の恩恵が地方にも広がり始め，プレーム政権（1980-1988年）下で，1981年に陸軍司令官を退役したあとも首相を続けたプレームが下院議員選挙や地方選挙を行うようになった（半分の民主主義）．その結果，少しずつ地方政治研究が出てきた．極めて早い段階で市レベルの地方選挙分析を先駆的に行った村嶋［1984］の研究，地方実業家の影響力（itthipon）の拡大を指摘した玉田［1987a; 1987b］の研究が嚆矢的研究である．その後，欧米ではアンダーソン［Anderson 1990］がタイにおける政治的殺人について触れ，地方経済の成長に伴う地方政治の活性化について指摘している．

　1988年に本格的な政党内閣であるチャートチャーイ政権が成立すると，地方出身の国政政治家の果たす役割がますます重要になった．これに伴い，1990年代以降，地方政治研究も増え始めた．国政にも影響力を持つ地方政治家，その一族に関する研究，政治的暴力に関する研究，さらに地方社会で影響力をもつチャオポー研究などである［Ockey 1992; 2004; ヴィエンラット 2000; 2001; McVey ed. 2001; Arghiros 2001; 遠藤 2001; Achakorn 2007; Viengrat 2008; Nishizaki 2008; 2011］．タイにおける政治王国の台頭は1970年代以降の新しい現象にすぎないという点を指摘したプラジャークの研究［Prajak 2016］はタイと欧米の先行研究もまとめており便利である．また，タイの地方行政と地方分権については，永井の一連の研究［たとえば，永井 2001; 2006; 2008a; 2008b; 2012］が極めて有益である．また，地方分権化に伴い，新たに誕生した農村部の基礎自治体のインパクトについては，船津［2012］の研究が有用である．

4　政治王国と地方首長研究

政治王国の定義の曖昧さ

　どの地方政治研究においても，政治王国研究は重要なテーマである．しかし，政治王国の意味合いは各国ごとに異なり，比較は難しい．タイではそもそも，頻発する軍事クーデタが政治王国の成長を阻害しただけでなく，選挙制度の変更や2006年クーデタ以降のイデオロギー対立が政治王国を無意味にしたともいえる．タイで政治王国批判がそれほど行われていないように見えるのは，首都バンコクの王室ネットワークにつながるエリートの間では，そもそも地方

出身の政治家に対する反発がきわめて強く，そのエリートが強い影響力を持つ憲法裁判所が政党の解党や政治家の市民権剥奪という厳しい措置を取ってきたことから，地方政治そのものへの否定的なイメージが目立つからであろう．一方，フィリピンとインドネシアでは，タイほど政治家や政党に対する反発は強くない．とはいえ，政治王国の存在については批判が強く，法律で政治王国の誕生を阻止する試みが行われてきた．

　そこで，こうした批判における政治王国の定義を見てみよう．フィリピンでは，民主化後に制定された1987年憲法が大統領の再選を禁じ，2期務めた副大統領，上院議員は少なくとも次の一期は出馬できないと定め，地方首長・議員は3選までとした．

　さらに，第2条第26項において，「国家は公的サービスへの平等なアクセスを保証し，政治王国を禁止し，そのための法律を制定することができる」と規定している．その後，この規定を踏まえた反政治王国法案が国会に上程されてきた．たとえば，2016年に始まった第17期国会に上院議員フランク・ドリロン（Frank Drilon）が提出した反政治王国法案での政治王国の定義は次のようなものである．

　　　政治王国が存在すると言えるのは，公選ポストに就く現職の人物と同じ市か州において次のものが公選ポストに就いているか，そのポストの選挙に立候補している場合である．次のものとは，公選ポストに就く現職の配偶者，現職と二親等以内にある親族である．また，現職の人物が国政の政治家であれば，配偶者や先の規定で言う親族が同じ州内で出馬することは認められない（rappler. com 2016/7.23）．

　上院・下院議員をハブとして，どの公選職に親族がいても政治王国が成立することから，この定義に当てはまるアクターが多い上院・下院において，2019年3月現在に至るまで法案は成立していない．

　一方，インドネシアでは地方首長公選が始まると，政治王国の誕生が指摘，批判されはじめた．そこで，首長公選に関する2015年第8号法は，第7条f項において「州知事候補，副州知事候補，県知事候補，副県知事候補，市長候補，副市長候補となるインドネシア国民は現職と利益相反しないものである必要がある」と規定した．その注釈は次のとおりである．

現職と利益相反しないものとは，現職と血縁関係，姻戚関係にないか，または，三親等に当たらないもののことであり，父親，母親，義理の父親，叔父叔母，兄弟姉妹，義理の兄弟姉妹，娘息子，嫁，娘婿以外のものである．ただし，1つ前の任期であれば利益相反しない

　同法案は成立したが，憲法裁判所がこの条項を人権違反であるとして破棄した．政治職全てについて政治王国が問題視されたフィリピンと違い，インドネシアでは地方首長による政治王国の樹立が問題視されたのは，インドネシアのNGO や研究者がメディアなどでもっぱら地方首長による政治王国とその汚職を問題視したからである．

フィリピンの政治王国の実態[3]

　続いて，フィリピンにおける政治王国研究をみていこう．GMA News Research によれば，2013年7月1日に中間選挙で選出された1万8000人が任官した．全80州で政治家一族が存在しており，国会議員の74％，在職している23人の上院議員のうち19人が政治家一族からだとしている．さらに，州知事の85％，町長の84％が政治家一族に属すとした［Tadem and Tadem 2016: 329］．彼らのうち，2016年に任期が終わるまでに20年から40年の期間に渡って，1つのポストを継続して握ってきた政治家一族は55存在する．そのうち，30年以上に渡って継続して町長ポストを握っている政治家一族は5つである[4]．しかし，アメリカ植民地時代から継続して町長ポストを握っている政治家一族がいるわけではない（GMA News Research 2013/7/5）．また，2013年現在でマギンダナオ州では1つの政治家一族が20の政治職を握っており，リザル州では1つの政治家一族が17の政治職を握っているという報告もあり，中央ビザヤ州のセブ市，北サンボアンガ州，サンボアンガ・シブガイ州，ラウニオン州には最低でも10の政治職を握る政治家一族がいるという（GMA News Research 2013/3/9）．

　この GMA の政治家一族の定義では，選挙や任命によりかつて政府ポストに就いた親戚が1人いるか，又は，現在，政府ポストに就いている親族が少なくとも1人はいる政治家を政治家一族の構成員とみなしており，先の法案の政治王国の定義よりも広い政治家一族の定義である．

　実は，誰を政治家一族の構成員と考えるのか，ある地域で政治王国は存在しているのかを客観的に定義することはそれほど簡単ではない．国会議員を軸と

して政治王国の影響力を調べたコロネル（Coronel）らは，次のように定義している．国会議員の両親，子供，配偶者，兄弟姉妹，義理の両親，祖父母が（現職の，あるいは，前職の）中央か地方の政治家である場合に政治王国が存在するとした．この定義に基づき，政治王国に属する国会議員の割合が，1982年の62％から2003年に72％に増加したと指摘している［Tusalem and Pe-Aquirre 2013: 363］．

　政治王国の存在を量的に把握するだけでなく，その地方統治への影響を分析する試みもある．その場合，より厳密な政治王国の定義が必要となってくる．2012年のメンドーサ（Mendoza）らの研究［Mendoza et al. 2012］は，第15期（2010-2013年）の国会議員による政治王国を分析した．同一名字のものを親族と捉えて，政治家一族の存在する州は貧困率が高く，1人あたりの所得が低く，人間開発指数が低いという指摘をした．さらに，同様の政治王国の定義で，メンドーサらは，ルソン地方を除いて，政治家一族の割合が高い州ほど貧困率が高い州であるという指摘をした［Mendoza, Beja, Venida et al. 2016］．トゥサレムとプ・アキレ［Tusalem and Pe-Aquirre 2013］は，国会議員が州か国政の政治職に第1，2親等のもの，配偶者，姻族を持てば政治王国が存在するとみなした．その上で，政治家一族の存在する州では国内歳入割当が多くなるが，公共財（インフラ開発，犯罪防止，完全雇用）の提供は乏しいという指摘をした．

　フィリピン研究では，量的に政治王国を考える場合，国会議員が上院議員や他の国会議員，地方首長と親族関係にあるのかどうかという視点しかない．今後，市・町レベルでの量的研究をすることで，政治家一族が市長，町長職を握っている自治体とそうではない自治体において，中央からのポークバレルの多寡の違いがあるのか，ガバナンスの良し悪しの違いがあるのかを比較していくことは意義がある．また，アメリカ統治時代からフィリピンの首長選挙では，インドネシアの首長公選制と異なり，首長と副首長は別々に公選される．そのことが政治王国成立に持つ意味を検討する必要もあろう．

タイの場合

　タイで政治王国を議論する場合に，地方出身の政治家一族を念頭においている．しかし，タイの政治王国をテーマにした研究はスパンブリー県やチョンブリー県，ブリーラム県などを対象にした事例研究を除くと，統計的分析はさほど多くない［Ockay 2015; Prajak 2016; Suthitorn and Wichuda 2016］．これらの研究は，主

として下院議員の当選者の家族に国政政治家がいたかどうかを基準に政治王国の有無を判断しており，自治体の首長や議員を考察しておらず，家族の定義も十分ではない．

　以上のような問題をもちつつも，タイの政治王国が1970年代になってから勃興し始めたという点では一定の合意がある．クリエンサック首相（在任：1977-80年），プレーム首相はいずれも軍人出身であり選挙を経なかったが，定期的に総選挙を行ったことから，「半分の民主主義」体制として知られ，この間に地方出身の下院議員が当選を重ねていた．1979年から1996年までタイではいわゆるブロック投票制が採用され，1選挙区から原則3名の当選者を出すことができた．有権者は議員定数分投票することができたことから，候補者はチームを組んで選挙運動を行うことが多かった．このことが，政治家一族の政治参入を促した．

　しかし，タクシン首相（在任：2001-6年）の登場と2006年9月の軍事クーデタは，政治王国に複雑な影響をもたらした．1つは，反タクシンの立場を取ると，古い政治王国出身者でさえ落選する候補者が出てきたことである．もう1つは，選挙管理委員会によって市民権を剥奪された親タクシンの政治家は，本人の配偶者やきょうだい，あるいは子どもや甥・姪を政治家として擁立するケースが増えたことである．スティトーンとウィチュダー［Suthitorn and Wichuda 2016］は，2011年総選挙で当選した下院議員で，家族に1933年総選挙以来下院議員に当選したものが42％いると算出し，インド（29％），日本（33％），フィリピン（37％），メキシコ（40％）よりも高いと指摘している．しかし，この分析は政治王国の定義が曖昧なうえ，政治王国出身者の政治的地位が不安定であることへの関心が薄い．

政治王国の各国比較研究の可能性

　インドネシアの場合，そもそも，政治王国の存在が指摘されたのは2005年の地方首長公選が始まって以降であり，事例研究が少しずつ増えてきつつある段階である．2013年には，内務大臣が57の政治王国が存在するとした．現職の首長・副首長が同一州内，県・市内で元首長・副首長の（義理の）父親か夫がいれば政治王国が存在するとしている．第5章の**表5-2**にあるように，ジャカルタ州を除くジャワ島内の県・市では，前県正副知事・市長と親族関係（息子，娘，妻，従兄弟）にある正副県知事・市長の組み合わせは，2010-2011年時点で

112組のうち11組であり，2016-2017年になると113組中22組に増えている．イ
ンドネシアではもっぱら正副首長による政治王国がテーマになっているが，
フィリピンのように国会議員や地方議員も含めて政治王国を考えることも必要
である．タイの場合も，事例研究・統計的研究は十分とはいえず，自治体首長
や地方議員，さらには草の根レベルで地方行政を長年支えてきたカムナン・村
長まで視野に入れた統計的分析は未開拓の研究分野である．政治王国は定義次
第の面があるだけでなく，選挙制度（の変更）が政治王国のあり方を左右する．
タイで自治体首長や地方議員を視野において政治王国を分析する場合には，
2003年末の自治体首長直接公選導入が国政政治家の政治行動に大きな影響を及
ぼした可能性があるが，そうした研究はまだ不十分である．本書の船津鶴代の
分析（第3章）は，その嚆矢となる先駆的分析といえるだろう．

おわりに

　ここまで，フィリピン，インドネシア，タイの地方政治について研究動向を
踏まえつつ，地方首長に着目して分析してきた．植民地国家の時代には，イン
ドネシアでは国家に依存して自律性の低い原住民官僚が地方政治・行政の中心
であり，植民地支配を免れたタイでも中央派遣の官僚が地方政治・行政の中心
であった．一方，フィリピンでは例外的に地主などの寡頭エリートが政治家と
して地方レベルで政治経済的権力基盤を持ち，いわゆる政治王国づくりが始
まった．第2次世界大戦後の一時的な民主化時代の後，インドネシアやタイで
は軍による権威主義体制のもとで，国家に依存した官僚が地方の政治経済の中
心となり，政治王国は生まれにくかった．フィリピンでもマルコスが権威主義
体制を樹立して政治王国の弱体化を目指したが，80年代半ばには再び民主化が
始まり，政治王国の復権が起きた．タイでも80年代半ばになると経済成長の波
が地方にまで及び，民主化への移行が始まると，国政に進出した政治家が地方
レベルで王国を築く傾向が顕著になり，インドネシアでも97年の経済危機後の
民主化・分権化により政治王国の台頭が目立ち始めた．

　フィリピン，インドネシア，タイの3カ国においては，経済自由化，民主
化・分権化が政治王国の台頭を招き，政治王国研究の隆盛につながったことが
わかる．ただし，各国ごと，あるいは，研究者ごとに政治王国の定義は異なっ
ている．量的に比較して各国の政治王国の特徴を比べようとすれば，統一的な

定義を使う必要がある．仮に，各国の政治王国研究を共通の土台で分析することができれば，政治王国と自治体のパフォーマンスの関係の比較が可能である．また，親族ネットワークの広がりの国別の違いが明らかとなり，フィリピンでは上院・下院の政治家がハブ，インドネシアでは地方首長がハブとして，タイでは下院議員がハブとして政治王国が構築されているという直感的結論を実証的に検証できる．現地の研究者とともにこうした研究をする必要性は高いし，今なら可能であろう．

付記

　本章は，船津鶴代・籠谷和弘・永井史男編『東南アジアの地方自治サーヴェイ——比較のための解題とデータ作成——』日本貿易振興機構アジア経済研究所（2018年）所収の「第3章　解題：東南アジアにおける地方首長と政治王国論」に大幅に加筆修正を加えたものである．

謝辞

　タイの地方政治研究の動向については，永井史男氏からご教示を賜った．心より感謝申し上げます．

注

1）フィリピン，タイ，インドネシアの地方政治研究の変遷の全体的なレビューは，永井［2017］が参考になる．
2）植民地時代の統治については，岡本［2000］に多くを依拠している．
3）国会議員による政治王国の詳細な研究については，トレンテらの研究［Guitierrez, Torrente and Narca 1992］などもある．
4）マルコス政権崩壊後に大統領に就任したコラソン・アキノの時代である1986年から1988年は市長・町長，州知事は大統領任命の時代であり，このデータでは含めていない．

◆参考文献◆

邦文献

遠藤元［2001］「タイ地方都市における政治グループの支配メカニズム——チエンマイ市の事例——」『アジア経済』42(5)，pp. 37-63.
岡本正明［2000］「革命期を生き抜いた植民地期原住民行政官吏（パンレ・プラジャ）：インドネシア・西ジャワ州の場合」『東南アジア研究』38(2)，pp. 203-225.
————［2015］『暴力と適応の政治学——インドネシア民主化と地方政治の安定——』京都大学学術出版会.
片山裕［2001］「フィリピンにおける地方分権について」『「地方行政と地方分権」報告書』

国際協力事業団国際協力総合研修所，pp. 109-132.

日下渉［2013］「「ビジネス・フレンドリー」なエリート支配──イロコス・ノルテ州における地方政治の変容と継続──」，藤井勝・髙井康弘・小林和美編著『東アジア「地方的世界」の社会学』晃洋書房．

砂原庸介［2017］「インドネシア地方自治体における政治的リーダーシップ，地方官僚制，及び自治体パフォーマンス」，永井史男編『東南アジアの自治体エリートサーヴェイ分析：タイ，インドネシア，フィリピンの比較』（科学研究費補助金（基盤研究 B）研究成果報告書，pp. 118-133.

玉田芳史［1987a］「タイの地方における実業家と官僚──実業家のイッティポン（itthiphon，影響力）─1─」『法學論叢』121(1)，pp. 78-97.

─────［1987b］「タイの地方における実業家と官僚──実業家のイッティポン（itthiphon，影響力）─2完─」『法學論叢』121(4)，pp. 101-122.

永井史男［2001］「途上国の地方分権化の現状把握──タイに関するケーススタディー──」『「地方行政と地方分権」報告書』国際協力事業団国際協力総合研修所，pp. 47-108.

─────［2006］「タイの民主化と地方分権化──タムボン自治体創設の制度論的説明──」，玉田芳史・木村幹編『民主化とナショナリズムの現地点』ミネルヴァ書房，pp. 103-124.

─────［2008a］「地方分権改革──『合理化なき近代化の帰結──』，玉田芳史・船津鶴代編『タイの政治・行政改革──1991-2006年──』日本貿易振興機構アジア経済研究所，pp. 117-158.

─────［2008b］「政党，選挙，地方政治──タイ国の地方分権化との関連において──」，竹中千春・高橋伸夫・山本信人編『現代アジア研究2　市民社会』慶應義塾大学出版会，pp. 85-108.

─────［2012］「タイの地方自治」，船津鶴代・永井史男編『変わりゆく東南アジアの地方自治』日本貿易振興機構アジア経済研究所，pp. 105-133.

─────［2017］「地方」，山本信人編『東南アジア地域研究入門3 政治』慶應義塾大学出版会，pp. 179-199.

東出日出郎［2017］『フィリピンにおける民主的地方政治権力誕生のダイナミクス』耕文社．

ヴィエンラット ネーティポー［2000］「タイの都市政治における政治的影響力（1）チェンマイを事例に」『法学論叢』148(1)，pp. 43-64.

─────［2001］「タイの都市政治における政治的影響力（2）チェンマイを事例に」『法学論叢』149(6)，pp. 46-69.

深尾康夫［1999］「中央エリートの内部対立と州知事選挙──1990年代前半インドネシアの事例──」『国際関係紀要』8 (2)，亜細亜大学国際関係学会．

藤井勝［2011］「タイ東北部における近代地方制度導入と地方社会の再編：モントンとムアンを中心にして」『神戸大学文学部紀要』38，pp. 109-160.

船津鶴代［2012］「タイ農村部基礎自治体の創設と環境「ガバメント」」，船津鶴代・永井史男編『変わりゆく東南アジアの地方自治』日本貿易振興機構アジア経済研究所，

pp. 135-163.

水谷康弘［2005］「タイ近代国家の蹉跌──人民党政権による警察改革の試みをめぐって──」『東南アジア研究』43(2)，pp. 191-209.

村嶋英治［1984］「タイにおける地方選挙と地方リーダー：ナコンサワン県のケーススタディー」『アジア経済』25(10)，pp. 221-242.

外国語文献

Abdur R. ［2016］ *Islam, Oligarki Politik & Perlawanan Sosial*, Yogyakarta: SUKA Press dan Pascasarjana UIN Sunan Kalijaga.

Abinales, P. N. ［2000］ *Making Mindanao: Cotabato and Davao in the Formation of the Philippines Nation-State*, Manila: Ateneo de Manila University Press.

Achakorn, W. ［2007］ "Decentralization and Its Effect on Provincial Political Power in Thailand," *Asian and African Area Studies*, 6(2), pp. 454-470.

Anderson, B. R. ［1983］ "Old State, New Society: Indonesia's New Order in Comparative Historical Perspective," *The Journal of Asian Studies*, 42(3), pp. 477-496.

———— ［1990］ "Murder and Progress in Modern Siam," *New Left Review*, 181: 33-48.

Arghiros, D. ［2001］ *Democracy, Development and Decentralization in Provincial Thailand*, London and New York: RoutledgeCurzon.

Aspinall, E. and Uhaib As'ad, M. ［2016］ "Understanding Family Politics: Successes and Failures of Political Dynasties in Regional Indonesia," *South East Asia Research*, 24(3), pp. 420-435.

Benda, H. J. ［1966］ "The Pattern of Administrative Reforms in the Closing Years of Dutch Rule in Indonesia," *The Journal of Asian Studies*, 25(4), pp. 589-605.

Buehler, M. ［2013］ "Married with children," *Inside Indonesia 112 (April-June)* (http://www.insideindonesia.org/feature-editions/married-with-children, 2014年 1 月 7 日閲覧).

Burhan D. M. ［1989］ "The Surviving Aristocracy in Indonesia: Politics in Three Provinces of the Outer Islands," PhD Dissertation, Cornell University.

Eckardt, S. ［2008］ "Political Accountability, Fiscal Conditions and Local Government Performance: Cross-sectional Evidence from Indonesia," *Public Administration and Development*, 28(1), pp. 1-17.

Emmerson, D. K. ［1972］ "The Bureaucracy in Political Context: Weakness in Strength," In Karl D. Jackson and Lucian W. Pye eds., *Political Power and Communications in Indonesia*, Berkeley: University of California, pp. 82-136.

Erb, M. and Sulistiyanto, P. eds. ［2009］ *Deepening Democracy in Indonesia? Direct Elections for Local Leaders (Pilkada)*, Singapore: ISEAS.

Evans, P. B., Rueschemeyer, D. and Skocpol, T. eds. ［1985］ *Bringing the State Back In*, Cambridge: Cambridge University Press.

Gutierrez, E.U., Torrente, I. C. and Narca, N. G. ［1992］ *All in the Family: A Study of Elites and Power Relations in the Philippines*, Quezon: the Institute for Popular Democracy.

Hadiz, V. R. ［2010］ *Localising Power in Post-Authoritarian Indonesia: A Southeast Asia Perspective*, Stanford: Stanford University Press.

Hamid, A. [2014] "Jokowi's Populism in the 2012 Jakarta Gubernatorial Election," *Journal of Current Southeast Asian Affairs*, 33(1), pp. 85-109.

Ichlasul A. [1992] *Regional and central government in Indonesian politics: West Sumatra and South Sulawesi, 1949-1979*, Yogyakarta: Gadja Madah University Press.

Johnston, D. B. [1985] "Bandit, Nakleng, and Peasant in Rural Thai Society," *Contributions to Asian Studies*, XV, pp. 90-101.

Kawanaka, T. [2002] *Power in a Philippine City*. Tokyo: Institute of Development Economies, Japan External Trade Organization.

Kurniawati H. D. [2015] *Indonesian Women and Local Politics: Islam, Gender, and Networks in Post-Suharto Indonesia*, Singapore: NUS Press and Kyoto University Press.

Legge, J. D. [1961] *Central Authority and Regional Autonomy in Indonesia: a Study in Local Administration, 1950-1960*, Ithaca: Cornell University Press.

Malesky, E. J. and Hutchinson, F. E. [2016] "Varieties of Disappointment: Why Has Decentralization Not Delivered on Its Promises in Southeast Asia?," *Journal of Southeast Asian Economies*, 33(2), pp. 125-138.

McCoy, A. W. ed. [1993] *An Anarchy of Families: State and Family in the Philippines*, Madison: The University of Wisconsin Press.

McVey, R. ed. [2000] *Money and Power in Provincial Thailand*, Copenhagen: Nordic Institute of Asian Studies.

Mendoza, R., Beja, E., Venida, V., and Yap, D. [2012] "Inequality in Democracy: Insights from an Empirical Analysis of Political Dynasties in the 15th Philippine Congress," *Philippine Political Science Journal*, 33, pp. 132-145.

————— [2016] Political Dynasties and Poverty: Measurement and Evidence of Linkages in the Philippines, *Oxford Development Studies*, 44(2), pp. 189-201.

Migdal, J. S. [1988] *Strong Societies and Weak States: State-Society Relations and State Capabilities in the Third World*, Princeton: Princeton University Press.

Nina H. L. [1998] *Kehidupan Kaum Menak: Priangan 1800-1942*, Bandung: Pusat Informasi Kebudayaan Sunda.

Nishizaki, Y. [2008] "Suphanburi in the Fast Lane: Roads, Prestige, and Domination in Provincial Thailand," *The Journal of Asian Studies*, 67(2), pp. 433-467.

————— [2011] *Political Authority and Provincial Identity in Thailand: The Making of Banharn-buri*, Ithaca, NY: Cornell University Press.

Ockey, J. [1992] Business Leaders, Gangsters, and the Middle Class: Societal Groups and Civilian Rule in Thailand, PhD dissertation, Cornell University.

————— [2004] *Making Democracy Work: Leadership, Class, Gender, and Political Participation in Thailand*, Honolulu, HI: University of Hawaii Press.

————— [2015] "Thai political families: The impact of political inheritance," *TRaNS*, 3(2), pp. 191-211.

Okamoto, M. [2009] "Populism under Decentralization in post-Suharto Indonesia," in Mizuno, K. and Pasuk P. eds. *Populism in Asia*, pp. 144-164.

Okamoto, M. and Abdur R. eds. [2006] *Kelompok Kekerasan dan Bos Lokal di Indonesia Era Reformasi*, Yogyakarta: IRE Press.

Ong H. H. [1978] "The Inscrutable and the Paranoid: An Investigation into the Sources of the Brotodiningrat Affair," in Ruth McVey ed., *Southeast Asian Transitions, Approaches through Social History*, New Haven: Yale University Press.

Prajak K. [2016] "Evolving Power of Provincial Political Families in Thailand: Dynastic Power, Party Machine and Ideological Politics," *Southeast Asia Research*, 24(3), pp. 386-406.

Quimpo, N. G. [2005] "Review: Oligarchic Patrimonialism, Bossism, Electoral Clientelism, and Contested Democracy in the Philippines," *Comparative Politics*, 37(2), pp. 229-250.

Robison, R. and Hadiz, V. R. [2004] *Reorganizing Power in Indonesia: The Politics of Oligarchy in An Age of Markets*, London and New York: Routledge Curzon.

Sidel, J. T. [1999] *Capital, Coercion, and Crime: Bossism in the Philippines*, California: Stanford University Press.

Skocpol, T. and Evans, P. R. [1985] *Bringing the State Back In*, New York and Cambridge: Cambridge University Press.

Stithorn T. and Wichuda S. [2014] "Political Dynasties in Thailand: The Recent Picture after the 2011 General Election," *Asian Studies Review*, 40(3), pp. 340-359.

Sutherland, H. [1973] Pangreh Pradja: Java's Indigenous Administrative Corps and Its Role in the Last Decades of Dutch Colonial Rule, PhD dissertation, Yale University.

Tusalem, R. F. and Pe-Aquirre, J. J. [2013] "The Effect of Political Dynasties on Effective Democratic Governance: Evidence from the Philippines," *Asian Politics & Policy*, 5(3), pp. 359-386.

Viengrat N. [2008] "Chaing Mai: Family Business, Tourism and Politics," In Pasuk P. and Chris B. eds., *Thai Capital: After the 1997 Crisis*, Bangkok: Silkworm Books, pp. 215-234.

von Luebke, C. [2009] "The Political Economy of Local Governance: Findings from an Indonesian Field Study," *Bulletin of Indonesian Economic Studies*, 45(2), pp. 201-230.

オンラインニュース

Rappler.com

2016/7/23: Drilon: Anti-political Dynasty Bill 'Highly Possible' in 17th Congress

GMA News Research（http://www.gmanetwork.com/news/）

2013/3/9: Political Clans Continue to Dominate PHL's National and Local Politics

2013/7/5: 55 Political Families Have Unbreakable Hold on Power, One Clan for 43 Years

第2章

地方分権化後の自治体における政策決定過程

西 村 謙 一

はじめに

　1980年代以降，タイ，インドネシア，フィリピンをはじめとする東南アジア諸国などアジア太平洋地域では民主化の潮流が台頭した．フィリピンでは権威主義的独裁体制を築いていたマルコス大統領がピープル・パワーによって1986年に失脚し，アキノ政権の下で民主的改革が断行された．タイでは，1992年のいわゆる「暗黒の5月事件」によって，陸軍司令官だった当時のスチンダー首相は退陣を余儀なくされ，その後に進められた民主的改革は1997年タイ王国憲法（以下，1997年憲法）に結実した．そして，インドネシアでは，長年に及んだスハルト体制がアジア通貨危機のあおりを受けて1998年に崩壊すると，その後を受けたハビビ政権の下で民主化が一気に進んだ．

　この民主化の特徴はそれが地方分権化を伴ったことであり，東南アジア地域では「地方分権化は常態化した」［船津・永井・秋月 2012: 3］といわれている．中でも，上記3カ国は，最も本格的な分権化を経験した．分権化について注目すべき点の1つは，それが自治体における政策決定過程のあり方にどのような特質を与えているのかということである．すなわち，どのようなアクターが政策決定過程に関わるのか，どの程度の頻度で関わるのか，予算的裏付けを確保するために自治体はどのようなアクターと接触するのか，などが問題となるだろう．本章は，これらの点について検討することを目的とする．

　自治体の政策決定過程の特質を明らかにするためには，分権化が推進された背景に触れておく必要があるだろう．そこで，第1節では，分権化前の上記3カ国の政治にみられる特徴を概観する．次いで，それぞれの民主化に向けた動

きを見る（第2節）．その後，タイ（第3節），インドネシア（第4節），フィリピン（第5節）の各々について，自治体における政策決定過程に見られる特質を検討する．

1　地方分権化前のタイ，インドネシア，フィリピンの政治

エリートが支配する国家

　タイ，インドネシア，フィリピンの3カ国ではいずれも，国民による民主化要求運動を直接的な契機として強権的な権威主義体制が崩壊したことを受けて分権化が開始された．しかし，1990年代に本格的な分権化に至るまでの政治の様相はそれぞれ異なる．ここで注意すべきは，エリートによる国家への「浸透」の問題である．ミグダルの「弱い国家」論［Migdal 1988］によって描き出されたこの現象の要点は，競合しあうエリートが国家資源に浸透して，それを活用しつつ恣意的な統治を行うことにある．そこでは，政府は経済的・政治的エリートの利害に大きく影響され，官僚制など国家機構は彼らのコントロールを強く受けて自律的に政策形成をすることができないだけでなく，しばしば腐敗する．その結果，政府は法を効果的に施行できず，公共サービスを効果的，効率的に国民に提供することもできなくなる．以下では，各国の特徴を概観しておこう．

タイ

　タイでは，20世紀初頭に形成された中央集権体制が1932年の立憲革命以後も続き，フィリピン，インドネシアに比べると官僚制の自律性は強く［Contreras 2003: 57］，内務官僚による地方行政の強力な統制が行われてきた［永井 2012: 107］．その背景には，小農社会としての性格を強く有する農村地域では［北原 1988］，フィリピンで見られるような大土地所有制が根付かなかったことがある［Case 2017: 5; 永井 2017: 188］．その結果，大土地所有を基盤とする寡頭エリートが育つ余地は大きくならなかった．他方で，中華系を中心とする資本家が王族・政府や外国資本とのコネクションの下で戦前期に台頭し，一部は政府の産業政策や経済環境の変化に対応してファミリービジネスとして発展を続けた［末廣 1993; 2003］．また，地方に割拠するビジネスエリートと官僚機構との癒着も見られた［玉田 1987a; 1987b］．さらに，たびたびクーデタをおこす軍部によ

る強権的な政治が続き，政治の安定がしばしば損なわれてきた．

インドネシア

インドネシアでは，オランダによる植民地支配期には経済的富を基盤とする寡頭エリートはさほど育たず，むしろ，間接支配体制のもとで形成された官僚エリートが地方における支配力を行使していた［Winters 2014: 17］．独立後も1960年頃までは政治的，経済的混乱が続き，寡頭エリートが台頭する余地はさほど拡大しなかった．しかし，1965年の「9.30事件」によってスハルトが権力を掌握して以降，状況は変化した．スハルトは，国軍内の潜在的競争者を懐柔するために，中華系企業家と彼らとの間のビジネス・パートナーシップの構築を奨励した．これによって国軍幹部は経済的富の蓄積をすすめ，中華系企業家は寡頭エリートとして台頭した．しかし，この体制は，スハルトを最大の権力者とし，その他の寡頭エリートをそれに従わせる支配・従属関係でもあった［Winters 2014: 17-18］．このような体制の下で，地方に対しては，国防や治安維持のみならず政治的，経済的役割をも付与された国軍と政権与党であるゴルカルに編入された官僚制を軸に，厳しい監視・統制が行われた［岡本 2012: 31; 倉沢 2000: 6-8; 本名 2013: 28-31］．しかし，スハルト体制末期にはスハルト一族とその取り巻きの寡頭エリートによる中央，地方レベルでの経済権益の簒奪が苛烈になり［岡本 2017; 本名 2013］，これが一部のエリートのスハルトからの離反を招き，スハルト体制の崩壊につながった．

フィリピン

東南アジアでは最も早く民主主義制度がアメリカによって導入されたフィリピンでは，国政選挙よりも地方選挙が先に始まったことが示すように（1901年には町で，その翌年には州で選挙が実施され，最初の国政選挙の実施は1907年であった），土地所有を基盤として政治的影響力を行使する寡頭エリートが20世紀初頭には存在していた．彼らは，フィリピン人自身によるフィリピン統治を進めるアメリカの施政下で中央地方における政治権力を掌握していった．フィリピンでは，政党も早くに組織されたが（1907年に国民党が結成），政党が寡頭エリートの権益拡大のために機能しているにすぎないことは明らかであった［Wurfel 1988: 11］．寡頭エリートたちの経済的利害は産業化に伴って多様化したが，彼らによる政治支配は強固なまま推移し，世代を超えて公選職者を輩出する政治家一

族が形成されていった [McCoy 1994: 8]. 彼らは, パトロン・クライアント関係のネットワークを利用し, あるいは政治マシーンによって支持者を動員し, さらには暴力を伴う強圧的な手段で有権者を支配するなどして自らの政治経済権益の維持を図った [Lande 1965; Machado 1971; Wolters 1984; Sidel 1999].

1965年に大統領に就任したマルコスは1972年に戒厳令体制を敷き, 議会停止, 政敵の逮捕などによって中央, 地方を問わず旧来の寡頭エリートの権力基盤を弱体化させた. その一方, 政府の重要ポストや国軍幹部のポストに親族や同郷出身者など自身に近い人物をあて, 各種産業の利権も自身に近い人々 (クローニー) に配分するなどして, 一元的な権力と富の集中を進めた. この体制は, 1970年代後半に経済が悪化するなかで徐々に弛緩し, 1981年の戒厳令解除の前後から中央, 地方で議会が復活した[1]. また, 農地改革が不徹底に終わったことなどに示されるように, マルコス体制は寡頭エリートの経済基盤を全面的に掘り崩すことはなかった [Rivera 1994=2013: 82]. このため, マルコス政権崩壊後に有力な寡頭エリートは復権していった.

2 民主化に向けた政治環境の変化

民主化を求める動き

これら3カ国では, 1980年代から90年代にかけて民主化への動きが本格化し, その中で地方分権が制度化された.

1950年代末以来軍部を中心とした独裁政権が続いたタイでは1968年に新憲法が公布された. 民主的内容を含む同憲法の下で1970年代前半に大学生たちが1つの政治勢力として存在感を示し始め, 強権的なタノーム政権 (1963-1973年) に対する一連の抗議運動を展開した [加藤 1995: 161-166]. 彼らの運動は, 1973年10月14日にデモをしていた学生らに対して国軍が銃撃を加え, 多数の死傷者を出すという形で結末を迎え (10月14日事件), この事件を契機に文民政権が誕生したものの, 1976年には国軍によって学生運動が鎮圧されて抑圧的な政権が復活した. しかし, 80年代に入ると政党政治のための基盤が徐々に整備されるなど, タイは民主化への道を歩み始めた [玉田 1992: 390, 416]. さらに, 1973年の反政府運動によって拓かれた民主的な政治空間のもとで, NGOや住民を主体とする環境運動などの社会運動が展開されるようになった (環境運動に関して船津 [2001] を参照).

フィリピンでは，1930年に旧共産党（Partido Komunistang Pilipinas: PKP）が結成されて以来，共産主義を奉じる勢力による反政府闘争が断続的に続いた．彼ら[2]は，戒厳令施行後は地下活動に移行して闘争をつづけ，特に農村部では大土地所有制度の下で苦境にあった農民らを支援し，支持を広げた［Wurfel 1988: 227］．この闘争には多くの学生が参加し，彼らの中からNGOの指導者として社会改革に取り組む者が現れた．共産勢力の影響はカトリック教会にも及んだ．特に若い世代の聖職者には進歩的な思想を持つ者も多く［Wurfel 1988: 217］，ミンダナオでは，若い聖職者たちが，共産勢力とも連携しながら住民組織化や啓発活動に取り組んだ．

以上の2カ国に対して，インドネシアでは，抑圧的な体制の下で国民による自発的な民主化運動が台頭する余地は小さかった（たとえばメディアの統制について佐伯［1997］参照）．それでも，1970年代から80年代にかけて学生らによる体制批判が見られたが，ゴルカルの組織整備に伴って彼らも体制に取り込まれていった［増原 2010］．その後，1980年代末からの国際的な民主化の潮流のなかで，政治問題に関する議論を容認する試みが見られた．しかし，これはスハルトと国軍の対立を背景としたものであった．また，政府は国民の運動や議論が許容範囲を超えたと判断するや直ちに弾圧を加えた［本名 2013: 18-23］．とはいえ，一度「開放」された国民の政治的議論や運動は，それを無理に止めようとするほど政府の抑圧体制の矛盾を国民に知らしめることにもなり，国民の政治意識をさらに強化する方向に作用した［佐藤 2002: 15-16］．

地方分権化の始動

以上のように，タイ，インドネシア，フィリピンでは，各々の歴史的政治的背景が異なるものの，1970年代から90年代にかけて民主化を求める国民の動きが見られ，それが民主化と地方分権の制度化を導いた．

3カ国それぞれの分権を制度化した法律は，各国の事情に応じて各々異なるが，住民参加と自治体への大幅な権限移譲を規定する点で共通する．しかしこれは，相反する方向性を自治体行政に与えた．住民参加を規定する諸条項は，自治体行政の民主化を強化する方向に作用したが，自治体への大幅な権限移譲を規定した諸条項は，首長の中央政府からの自律性を高めるとともに，首長を中心とする政治・経済エリートによる自治体行政の支配力を強め，彼らによるレントシーキングを促進する役割も果たした．特に，恩顧主義的関係が強い社

会では，「住民が自らを地方の政治ボスの代理人ととらえることから，彼らによる非民主的な支配体制の継続を許すような分権改革の悪用に暗黙の裡に加担するため」[Hiskey 2010: 38]，伝統的な政治ボスが分権化の過程を「略奪する」ことが可能になるのである[Bunte 2011: 137]．

　以下では，自治体における政策形成過程のあり方を通して，3カ国各々の分権化の実情を見ていくことにしよう．

3　タ　イ
——住民参加による行政の監視——

地方分権の制度化

　タイでは，1997年憲法により地方分権の方向性が打ち出された．すなわち，同憲法第78条は，地方分権を国家の基本政策の1つと位置づけ，第9章に地方自治および地方分権に関する詳細規定を置いた（282-290条）．これを受けて地方分権を具体化するさまざまな法律も同時に制定された[永井 2008; 2012]．

　まず，1999年地方分権計画および手順規定法は，権限移譲の一般原則と財政分権の目標値を規定し，具体的な移譲計画の策定を行う地方分権委員会を設置した．これによって，245の中央政府の機能を地方政府に移譲することが決定し，政府歳入のうち地方歳入が占める割合を，2001年までに20％，2006年までに35％に増加させることも求められた．そして，人的資源の一部を中央政府から地方政府に移籍することとなった[Haque 2013: 98-99]．2007年に新たに制定された憲法は，以上の分権の方向性を踏襲するとともに，住民サービスは住民に最も近い自治体によって提供されるべきであるとの原則を示した．また，2007年には「地方自治体のよい統治業務運営原則」が発布され，住民ヒアリング（プラチャーコム）の実施規定が設けられて地方自治における住民参加が義務化された．さらに，2008年にはNGO/NPOの自治体への登録を規定する「コミュニティ組織法」が施行された．

　地方開発計画への住民参加は，地方分権の推進と並行して推奨された．1997年7月の経済危機を受けて，当時のプーミポン国王（ラーマ9世）が「強い社会」への関心を啓発したことも影響していると思われる[Suzuki and Sritanyarat 2008]．住民参加を自治体に義務付け，住民の要望を開発計画策定に反映させるようになったのは，1997年以降の新しい現象である．

2003年に自治体首長の選出方法が議員の互選によって選ばれる間接公選制から直接公選制に変更されたことも，地方自治への住民参加の行方を後押ししたように思われる．この制度変更によって，首長は地方議会の動向の影響を以前ほど受けなくなった一方［永井 2008: 128-130］，住民の意向を重視することが求められるようになった．

高まる住民参加

これに関して注目すべき点は，地方分権化後，「政党開発基金（Political Party Development Fund）を得た政党が地方支部を設置し始めたこともあって，一般住民の政治への関心が高まったことである［Ziegenhain 2015: 132-133］．彼らは，地方レベルで政治への参加を追求するようになり，たとえば，タクシン政権が草の根経済振興政策を実施した際には［末廣 2009: 161-163］，農村住民はこれらの政策への対応として自らを組織化した[3)]．

このような住民の意識の変化に直面する首長としては住民参加を促進することが重要になる．実際に，分権化以降のタイでは自治体の政策過程への住民参加の事例が観察されるようになった．たとえば，永井は，自治体の開発計画策定プロセスに住民のボランティアからなるネットワークが重要な役割を果たしている南部タイのナコーンシータンマラート県内の事例を紹介している［永井 2012: 127］．

2013年にタイで実施されたサーベイの結果は，以上の状況を反映している．サーベイでは，自治体が新しいプロジェクトを考えたとき，どこからアイデアを得るかを首長に聞いているが，「住民・市民社会」からとの回答が最も多かった（表2-1）．また，プロジェクトの立地について地方議会と地域住民との間で意見の違いがあった場合には「住民の要望を受け入れる」という回答が圧倒的であった（83.1％）．このように自治体の政策過程への住民参加が強化される状況下では，住民と自治体の接触頻度が自治体パフォーマンスに影響を及ぼすようにもなってきた[4)]．

さらに，首長直接公選制のもとで住民が政治への関心を高めている状況に鑑みれば，首長自身の認知度と自治体パフォーマンスの良し悪しが首長評価に直結して住民の投票行動に影響することが十分考えられる．2013/4年のサーベイは，首長たちがこの点を意識していることを裏付けている．サーベイの結果によれば，首長選挙に勝つために影響を与える要因として最も重要と認識されて

表2-1 あなたの基礎自治体が新しいプロジェクトへの着手を考えたとき，どこか
らアイデアを得ますか？（以下の一覧から最も重要な3つの入手先を選び，それら
を1，2，3と順位づけして空欄に書き込んでください．）（割合（%））（N＝462）

	1番目	2番目	3番目
1）首長自身	24.2	17.1	19.0
2）密接に関係する人（夫，妻，他の家族，友人など）	0.4	0.6	1.5
3）地方議会議員	3.7	26.8	28.8
4）住民／市民社会	61.3	17.5	8.9
5）コミュニティ組織（コミュニティ評議会）	1.3	6.7	8.2
6）コミュニティグループ（主婦グループ，青年団，老人会など）	1.5	19.9	14.5
7）有識者（研究者，NGO関係者）	0.2	0.9	1.9
8）県自治体長，もしくは県議会議員	0.2	0.4	1.3
9）他の地方自治体（テーサバーン，タムボン自治体）	1.7	1.5	4.3
10）県知事，郡長，その他の役人	0.4	1.9	3.9
11）その他	0.4	0.9	1.9
無回答	4.5	5.6	5.6

（出所）2013/4タイ自治体エリートサーベイ（首長）．

表2-2 基礎自治体の首長選挙に勝つために以下に挙げる要因はどの程度影響があ
りとお考えですか？（すべての質問に答えてください．）（割合（%））（N=462）

	4）かなり影響がある	3）少し影響がある	2）影響はない	1）分からない	無回答
1）候補者の政策	76.2	20.1	2.8	0.2	0.6
2）候補者の人柄に対する人々の認知度	95.2	3.9	0.4	0.0	0.4
3）執行部メンバーのチームワーク	77.3	18.8	2.2	1.1	0.6
4）票の請負人制度	53.2	33.3	8.2	3.7	1.5
5）国政レベルの政治家の支援（下院議員，上院議員）	28.6	43.5	22.1	5.2	0.6
6）政党からの予算的支援	22.9	44.8	25.1	6.1	1.1
7）個人的なネットワーク（例えば，夫，妻，親戚，友人など）	75.5	19.3	3.5	0.6	1.1
8）貧困者の要望に対する対応（さまざまな利益集団）	59.1	28.1	9.5	2.6	0.6

（出所）2013/4タイ自治体エリートサーベイ（首長）．

いるのは「候補者の人柄に対する人々の認知度」(95.2%)で，次に多いのが「執行部メンバーのチームワーク」(77.3%)と「候補者の政策」(76.2%)であった．直接選挙で首長が選出される以上，候補者の認知度が最も重要と考えることは当然であろう．また，政策の良し悪しは住民の首長評価に直結するであろうし，執行部メンバーのチームワークが悪ければ政策を効率的，効果的に実施できず，住民の首長に対する評価を落とすであろう（表2-2）．

　タイでは中央政府とその出先機関の影響力が強く，内務省から派遣される県知事と郡長が自治体を管理監督することとなっており，予算や条例の承認のほか，議会の解散や議員の罷免，そして議会に対する管理監督を通じた首長の罷免も県知事，郡長，さらには内務大臣の権限となっている［永井 2008: 120, 130］．他方で，1997年憲法は地方議会議員や首長に対する住民の解職請求権を定め（286条），2007年憲法にも引き継がれるなど（285条），住民による地方行政に対する監視が制度化されている[6]．総じて，分権化後のタイでは住民の行政に対する影響力が増しつつあるといえるだろう．

4　インドネシア
――エリート支配に抗する住民参加――

地方分権化へのエリートの対応

　インドネシアでは，スハルト体制崩壊後に成立したハビビ政権は矢継ぎ早に各種の政治改革を断行したが，その1つが地方分権化であった．そして，1999年に22号法（1999年地方行政法）と25号法（1999年中央地方財政均衡法）が成立し（2001年から施行），急激な分権化（ビック・バン）が推進された．まず，外交，国防，司法，金融，宗教，その他を除くすべての行政権限が県・市を中心とする自治体に移譲された．次に，自治体の首長は基本的には地方議会に責任を負うこととなった．そして，中央から地方への資金配分が法律で明確に規定され，自治体予算は大幅に増加した．首長による自治体職員への統制も強まった．さらに，村落行政は各地域の特性に合わせて実施できるようになった［松井 2002: 209-210; 岡本 2012: 36-45］．本章の問題意識との関係で最も重要なのは，民主主義と住民参加の原則が示されたことで，これによって政策過程への住民参加を促す自治体が増加した［岡本 2012: 45］．

　一方，スハルト政権末期になってスハルトとの間に軋みを生じさせて内部対

立も抱えていた国軍は，スハルト政権崩壊の過程を乗り切り［本名 2002; 2010]，ゴルカルに集ったエリートの一部も，スハルトが自らの親族や国軍有力者に利権を集中させるのを見て，政権末期にはスハルトと距離を置き始め［増原 2010]，結果として体制崩壊後も国軍とゴルカルはその勢力を一定程度保った．そして，寡頭エリートたちは，金，メディア，人的ネットワーク，政党内の地位を利用して，金権選挙を支配する立場を確保し続けた［Winters 2014: 18-19].

　このような状況下で自治体の自律性が強化されたこともあって，「汚職の分権化」現象がみられ［岡本 2012: 47]，レントシーキングや予算の不適切な管理といった問題が拡大した［Carnegie 2010: 130]．さらに，開発計画への住民参加も形骸化が目立ったと言われる．岡本によれば，その要因は，行政知識において上回る官僚が住民代表の意見を無視し，官僚に都合の良い形に変形させてしまうことにあった［岡本 2012: 47]．これに加えて，権威主義的支配が長年続いたインドネシアでは，人々が民主的な市民社会組織の経験に乏しく［Nyman 2009: 256]，住民の意見を効果的に行政に反映させるノウハウが十分に蓄積されていなかった．

　結果として，分権化の負の側面への懸念が高まり，2004年の再集権化を招いた．この年に，32号法（2004年地方行政法）と33号法（2004年中央地方財政均衡法）が制定され，中央政府による自治体権限の回収と自治体の権限行使に箍をはめる措置が取られた［岡本 2012: 48]．岡本［2012］によれば，まず，中央政府と自治体の間，および，州と県・市の間で共同して行う事務が大幅に増えた．また，中央政府の出先機関が実施に当たる事業が増加した．そして，首長による自治体職員への影響力行使を弱め，行政官僚の政治化を防ぐ措置も取られた．さらに，自治体が設置できる部局数を制限し，予算や財源措置に対する上位政府の監督を強めた．これらの措置は，首長による自治体の野放図な運営をコントロールし，「汚職の分権化」を改善することを目指したものであった．

住民参加と地方開発計画策定過程の変容

　他方で，2005年に導入された自治体首長の直接公選制は，自治体における民主化を促進する効果をもつ．Carnegieによれば，分権化は，エリート間の代表をめぐる競争や住民への説明責任を強化した．つまり，票をめぐって競争することを強いられるようになった地方エリートに対しては，行政パフォーマンスとともに，より包摂的な政治姿勢が求められるようになったのである［Carnegie

2010: 131]．加えて，分権化後のインドネシアでは，村や郡単位の開発計画を上位自治体に上げていって統合的な開発計画を策定する仕組み（ムスレンバン）があるが，これは計画策定過程における住民参加を実現するメカニズムとして重要である（ジョグジャカルタ特別州におけるムスレンバンの実施状況と問題点について志摩・城所・大西［2005］を参照）．

　さらに重要なのは，NGO の台頭である．NGO は，スハルト体制期にも存在した．彼らは政府批判をしなければ比較的自由に活動することも可能だったと言われているものの，村落コミュニティで人々を組織化したり，政府の開発政策を批判していると見られかねないような活動をする余地はなかった［岩原 2016: 249］．しかし，スハルト体制の崩壊によって状況は変化し，NGO の活動空間は一気に拡大した．このような環境の中で，NGO はコミュニティのエンパワメントに従事したり，環境問題に取り組むなどして，自治体の開発過程に関わっていくようになる（バンドン県でのコミュニティ・エンパワメントと参加型開発における市民社会組織の活動について Ito［2005］を参照[7]）．このような NGO の活動は，地域住民の意識化や能力開発を導き，彼らの開発過程への参加を促すであろう．

　以上のような住民参加をめぐる環境変化は，2011年末から2012年にかけてジャワの県・市の官房長を対象に実施されたサーベイの結果にも反映されている．同サーベイでは，首長によるプロジェクトの実施場所の選定方法について聞いているが，少人数集団での決定より，多くの人を巻き込む形での決定が選好されている（表2-3）．また，地方議会と住民との間でプロジェクト実施箇所をめぐる対立が起きた時の県知事・市長の対応に関しても，住民の要望に沿って決定するとの回答が圧倒的であった（94%）．

表2-3　貴方の目から見て，県知事・市長のプロジェクトの実施場所選定の方法はどのようなものですか．（N=103）

	割合
1．県知事・市長は常に特別チームを作り，多くの人に関与させたことはない．	8.7
2．県知事・市長は特別チームを作ることが多く，多くの人を関与させることは稀である．	18.4
3．県知事・市長は多くの人を関与させることが多く，特別チームを作ることは稀である．	30.1
4．県知事・市長は常に多くの人を関与させ，特別チームを作ったことはない．	38.8
無回答	3.9

（出所）インドネシア自治体エリートサーベイ（官房長）．

表2-4 あなたが現在の県知事/市長を支えている間，県・市の主要道路建設プロジェクトの場所を選定するうえで最も影響力があるのは誰ですか．(*N*=103)

	最も 影響がある	二番目に 影響がある
	割合	割合
1．県知事・市長	37.9	19.4
2．地方議会	1.9	22.3
3．地域開発企画庁	10.7	16.5
4．関連する局長	30.1	22.3
5．実業家連合（商工会議所，土建業者連合など）	0.0	0.0
6．地方名望家（宗教指導者，NGO/大衆組織活動家，知識人）	4.9	10.7
7．その他	13.6	5.8
無回答	1.0	2.9

（出所）インドネシア自治体エリートサーベイ（官房長）．

表2-5 官房長としてのあなたの目から見て，県知事・市長が新しい開発プログラムについてのアイデアを考えるとき，この一年間，次の高官やグループと常に話し合いをしてきましたか，よく話し合いをしてきましたか，稀にしか話し合いをしてきませんでしたか，全く話し合いをしてきませんでしたか．（割合（%））（*N*=103）

	常に	よく	稀に	一度も ない	無回答
1．副県知事・市長	39.8	41.7	9.7	6.8	1.9
2．官房長	67.0	33.0	0.0	0.0	0.0
3．地域開発庁長官	63.1	35.9	1.0	0.0	0.0
4．局長	44.7	51.5	3.9	0.0	0.0
5．国会議員	1.9	15.5	60.2	19.4	2.9
6．自らの県・市の地方議会議員	30.1	46.6	18.4	2.9	1.9
7．その他の政治家（党幹部など）	4.9	22.3	47.6	20.4	4.9
8．個人的に信頼出来る人物（妻・夫，家族，親友など）	7.8	21.4	25.2	37.9	7.8
9．地方名望家（宗教指導者，NGO/大衆組織活動家，知識人）	8.7	62.1	26.2	1.9	1.0
10．ドナー	1.0	13.6	49.5	29.1	6.8
11．実業家・実業家連合（商工会議所，土建業者連合など）	6.8	50.5	35.0	3.9	3.9
12．その他	2.9	8.7	4.9	3.9	79.6

（出所）インドネシア自治体エリートサーベイ（官房長）．

この結果が示すように，分権化後のインドネシアでは住民の意向が首長にとって重要性を増しつつあるが，このことは地方議会の影響力の強化にも反映しているように思われる．サーベイでは，主要道路建設プロジェクトの場所選定で最も影響力があるアクターを聞いているほか（表2-4），新たな開発プロジェクトのアイデアを考える際により頻繁に話し合いをする相手についても聞いているが（表2-5），前者については，地方議会が2番目に影響力があるアクターとして挙げられ，後者についても官僚に次いで2番目に重要なアクターとなっている．この結果は，地方議会が住民のニーズを地方政府に反映させる経路としての役割を強化しつつあることの反映と見ることもできるだろう．

　他方で，開発計画策定における官僚の重要性も無視できない．道路建設プロジェクトの場所選定で最も影響力があるアクターとしては，首長についで官僚が挙げられているし，新たな開発プロジェクトのアイデアを考える際により頻繁に話し合いをする相手については，官房長（67.0%），地域開発庁長官（63.1%），局長（44.7%）など官僚が多いという結果になった．この背景には，官僚の能力を一定程度確保することを可能にしている制度が関係していると推察される．スハルト体制から今日に至るまで，地方公務員人事は，資格等級と職務階層に基づく昇進・昇格制度によって運営されており［岡本 2012: 38］，この制度が官僚の能力と経験を一定レベルに維持する役割を果たしていると考えられるのである．[8]

5　フィリピン
——住民参加の定着と政治エリートの対応——

エリートの対応

　フィリピンでは，1987年憲法の下で1991年地方政府法が制定されたが，同法はもともと比較的大きな政治的影響力を地方で発揮してきた自治体首長の行政職としての権限を強化した．佐久間［2012］によれば，同法によって首長は行政権限を拡大したのみならず，人事権，財政的自由度，開発計画策定にかかわる自由度も拡大した．

　このような制度変更は，自治体の政策過程への首長の影響力を強化するであろう．この傾向は，2011年から2012年にかけて実施された首長を対象としたサーベイの結果にも表れている．このサーベイでは，環境分野と公共事業にお

表2-6 環境分野およびインフラ分野で新たなプロジェクトを立案する際，最も頻繁にアイデアを得るのは誰からですか（2つまで選択可）（割合（%））（*N*=300）

	環境分野	インフラ分野
1．首長自身	56.0	59.3
2．地方議員	17.0	16.7
3．バランガイ長	30.3	36.0
4．ビジネス・パーソン	4.0	5.3
5．NGO	12.3	2.3
6．地元PO	5.7	2.0
7．自治体職員	30.3	33.3
8．NGO，PO以外の一般住民	22.7	21.7
9．州	0.7	—
10．中央政府	3.3	3.0
11．下院議員	—	0.7
12．国際機関・外国	0.3	0.3
13．その他の政府機関*	0.7	0.3
13．専門家	2.7	2.3
14．利害関係者	1.3	0.7
15．メディア	0.7	—
16．すべて（マルチセクターによる協議会含む）	1.7	2.7

（注）＊自治体を含む
（出所）フィリピン自治体エリートサーベイ（開発調整官）．

いて新たに政策を立案する際に誰からアイデアを得るかを首長に聞いているが，最も頻繁にアイデアを得るのは首長自身であった（表2-6）．

　首長に次いで新たなプロジェクトのアイデア源となっているのは，バランガイ長と自治体職員であった．マルコス大統領が自らの支持基盤としてバリオをバランガイに再編したことにより［Wurfel 1988: 138］，バランガイ長は一定の政治的影響力を行使しうる立場を得た．特に，地方首長にとっては自らの選挙におけるバランガイ長の貢献は無視できないものがある．また，開発計画の立案プロセスでは自治体の各部局によるプロジェクトの精査が重要である．これらの点がバランガイ長や自治体職員のプロジェクトのアイデア源としての重要性の背景にあると考えられる．

住民参加の定着

一方，マルコス後の民主化の過程では，分権化がこのプロセスの重要なステップの1つとして位置づけられ［De Guzman and Reforma 1993=1998: 21］，地方政府法は住民参加の法的基盤を大幅に強化した．その典型が地方開発評議会をはじめとする地方特別会議への NGO や住民組織の参画である．地方開発評議会については，2000年代半ばまでは，実質的に機能していないと批判されてきた［Brillantes 2003］．しかし，筆者らによるサーベイの結果，ほとんどの地方開発評議会が機能していることが明らかになった（詳細は第4章参照）[9]．

地方政府法のもとで，NGO や住民組織の政策過程への参加事例は増加し，それまでは地方の政治行政を支配してきた政治家一族出身の若い世代の政治家の中には NGO などとの連携を模索するケースも見られるようになった［Abinales and Amoroso 2005: 251］．Kawanaka［2002］は，国家資源を利用して良い統治を行おうとする地方政治家の存在を指摘するが，そこでも NGO が一定の役割を果たしている．

しかし，NGO に関してはいくつかの問題が指摘されている．まず，いわゆる似非 NGO の問題である．彼らの中には，政治家が自らの政治的野心実現のために組織したものや，補助金目当てで実態を伴わないものが存在する［Clarke 1998］．また，同一事業に複数の NGO や住民組織が参加する場合には，組織間の対立や支配従属関係が発生する．さらに，特に地方の小規模な住民組織の場合は，専門的知識や事業遂行能力が欠如していることもある［Ferrer 1997］．したがって，NGO や住民組織の開発過程への参加を分析する場合には，それぞれの NGO や住民組織の実態や相互の関係性を注意深く見ていく必要がある．

おわりに

タイ，インドネシア，フィリピンの3カ国は，自治体の政策過程への住民参加を制度的に認める方向に舵を切った．その背景には，住民のニーズを効果的に表出させて効率的にサービスを提供するためには住民自身あるいは住民に寄り添ってきた NGO の参画が欠かせないという認識が地方自治法制の立法者の間で共有されているという事情があった．この新たな法制度の下で，上記3カ国では住民自治の理念を実現する事例も見られるようになった．このことは，

政治体制の民主化によって首長の直接公選制が導入されたことでさらに促進された．選挙での当選を意識する首長は，否応なしに住民の意向に気を配ることになったためである．

　他方で，政治・経済エリートが民主化と分権化に乗じて自らの政治的，経済的既得権益の保護と拡大を図り，自治体の政治行政過程を支配する現象も生じている．この場合は，地域住民は政治・経済エリートを中心とするパトロン・クライアント関係の網の目に絡めとられているか，政治ボスの強圧的支配のもとに置かれ，自らのニーズを自律的に表出する機会を十分確保できずにエリート支配に服することになる．

　また，タイの場合は，地方行政の強い伝統があるなか，自治体が地方行政を代表する県知事や郡長の介入を受けて，住民のニーズを反映させた行政が困難になることも予想されるだろう．さらに，2014年のクーデタ以降，中央の統治権力を握っている国家平和秩序維持評議会（National Council for Peace and Order: NCPO）は，自治体首長の選挙延期や自治体予算の見直しを進める姿勢を示しており，少なくとも短期的には地方自治が縮小する可能性が高まっている［船津 2016］．

　3カ国それぞれに観察される相反する傾向や問題に鑑みれば，今後，タイ，インドネシア，フィリピンの地方自治がどの方向に進むのか，また，自治体の行政パフォーマンスが向上していくのかについては，まだ予断を許さない状況にあると思われる．

付記
　本章は，船津鶴代・籠谷和弘・永井史男編「東南アジアの地方自治サーヴェイ」JETRO アジア経済研究所（2018年）に大幅に加筆修正を加えたものである．

注
1）1978年に暫定国民会議選挙が，1980年に地方選挙が実施され，1984年には国民会議選挙が実施された．
2）1968年に左派学生運動の指導者だったホセ・マリア・シソンが新たに共産党（Communist Party of the Philippines: CPP）を結成し，翌年には CPP の軍事部門新人民軍（New People's Army: NPA）も創設された．
3）ただし，これはトップダウン（＝中央政府の政策の影響）によって形成された側面があり，いわゆる西欧的概念における市民社会組織とは必ずしも一致しないことには注意する必要がある［Suzuki and Sritanyarat 2008］．

4）Nagai and Kagoya［2011］によれば，住民団体による自治体訪問の頻度が高いほど，賞の獲得数と条例制定数によって示される自治体のパフォーマンスが高い［Nagai and Kagoya 2011: 146-147］．

5）表2-2は「個人的なネットワーク」（75.5%）や「票の請負人制度」（53.2%）も重視されていることを示している．タイの地方選挙はしばしば地方エリートによって支配されており，彼らは親族ネットワークを通じて地域社会への影響力を行使するといわれている［Ziegenhain 2015: 132-133］．地方選挙のこのような実態が回答に反映していると考えられる．

6）2007年憲法は，住民参加に関する明文の規定も置いており（287条），1997年憲法に比べて住民による行政参加・監視の機能はより強化されている．

7）市民組織に関しては，岡本［2015］がバンテン州の事例において描き出しているように，地域に政治的，経済的な支配的勢力を張り巡らす暴力集団（ジャワラ）が「市民組織」として地方政府の開発プロセスに「参加」するといったケースもあることについては注意を要する．

8）1999年の地方分権化によって首長の恣意による官僚人事が横行するようになった事実はあるが，2004年の地方分権の見直しでは中央政府による地方公務員人事の統制が強化された［岡本 2012: 51］．

9）NGO や住民組織の政策過程への参画が法的に規定された背景には，NGO に対する次のような考え方があるといわれる［De Guzman and Reforma 1993=1998: 24］．第1に，地域の実情に詳しい NGO や住民組織の参加によって，公共サービスを本当に必要としている人びとのもとに届けることが可能になる．第2に，NGO 等と協働する過程で官僚組織を大義志向（cause-orientedness）に誘導し，汚職を軽減できる．そして第3に，貧困層の福祉向上のための施策には，利益を目的としない NGO や住民組織が参加すべきである．

◆参考文献◆

邦文献

岩原紘伊［2016］「NGO が「翻訳」するコミュニティ・ベースド・ツーリズム──インドネシア・バリ島における環境 NGO を事例として──」『アジア太平洋討究』27.

岡本正明［2012］「逆コースを歩むインドネシアの地方自治──中央政府による『ガバメント』強化への試み──」，船津鶴代・永井史男編『変わりゆく東南アジアの地方自治』日本貿易振興機構アジア経済研究所.

──────［2015］『暴力と適応の政治学──インドネシア民主化と地方政治の安定──』京都大学学術出版会.

──────［2017］「政治経済」，山本信人監修・編集『東南アジア地域研究入門3政治』慶應義塾大学出版会.

加藤和英［1995］『タイ現代政治史──国王を元首とする民主主義──』弘文堂.

北原淳［1988］「タイ農村における就業構造の地域差」『東南アジア研究』26(3).

倉沢愛子［2000］「民主化の模索──総選挙から新政権誕生へ──」，後藤乾一編『インドネシア──揺らぐ群島国家──』早稲田大学出版部.

佐伯奈津子［1997］「インドネシアの国家権力とメディア」『マス・コミュニケーション研究』51 (10).

佐久間美穂［2012］「フィリピンの地方政府——地方分権化と開発——」，船津鶴代・永井史男編『変わりゆく東南アジアの地方自治』日本貿易振興機構アジア経済研究所.

佐藤百合［2002］「インドネシア史における『改革の時代』」，佐藤百合編『民主化時代のインドネシア——政治経済変動と制度改革——』日本貿易振興機構アジア経済研究所.

志摩憲寿・城所哲夫・大西隆［2005］「インドネシアの年次開発計画策定過程への住民の参加に対する地方政府（県・市）の取り組み——ジョグジャカルタ特別州におけるケーススタディ——」『日本都市計画学会都市計画論文集』40 (3).

末廣昭［1993］「タイの企業組織と後発的工業化——ファミリービジネス試論——」，小池賢治・星野妙子編『発展途上国のビジネスグループ』日本貿易振興機構アジア経済研究所.

―――――［2003］「ファミリービジネス再論——タイにおける企業の所有と事業の継承——」『アジア経済』44 (5-6).

―――――［2006］『ファミリービジネス論——後発工業化の担い手——』名古屋大学出版会.

―――――［2009］『タイ——中進国の模索——』岩波書店〔岩波新書〕.

玉田芳史［1987a］「タイの地方における実業家と官僚——実業家のイッティポン（itthiphon，影響力）－1－」『法學論叢』121 (1).

―――――［1987b］「タイの地方における実業家と官僚——実業家のイッティポン（itthiphon，影響力）－2完—」『法學論叢』121 (4).

―――――［1992］「タイのクーデタ，1980～1991年——軍の同期生，内部抗争，対政府関係——」『東南アジア研究』29 (4).

永井史男［2008］「地方分権改革——『合理化なき近代化』の帰結——」，玉田芳史・船津鶴代編『タイ政治・行政の変革——1991‒2006年——』日本貿易振興機構アジア経済研究所.

―――――［2012］「タイの地方自治——『ガバメント』強化の限界と『ガバナンス』導入——」，船津鶴代・永井史男編『変わりゆく東南アジアの地方自治』日本貿易振興機構アジア経済研究所.

―――――［2017］「地方」，山本信人監修・編集『東南アジア地域研究入門　3 政治』慶應義塾大学出版会.

西村謙一［2012］「フィリピン沿岸州自治体の環境『ガバナンス』」，船津鶴代・永井史男編『変わりゆく東南アジアの地方自治』日本貿易振興機構アジア経済研究所.

船津鶴代［2001］「環境政策——環境の政治と住民参加——」，末廣昭・東茂樹編『タイの経済政策——制度・組織・アクター——』日本貿易振興機構アジア経済研究所.

船津鶴代・永井史男・秋月謙吾［2012］「変わりゆく東南アジアの地方自治」，船津鶴代・永井史男編『変わりゆく東南アジアの地方自治』日本貿易振興機構アジア経済研究所.

本名純［2002］「支配から参加へ——民主化適応の国軍政治——」，佐藤百合編『民主化時

代のインドネシア——政治経済変動と制度改革——』日本貿易振興機構アジア経済研究所.

──── [2013]『民主化のパラドックス——インドネシアにみるアジア政治の深層——』岩波書店.

増原綾子 [2010]『スハルト体制のインドネシア——個人支配の変容と一九八八年政変——』東京大学出版会.

松井和久 [2002]「地方分権化と国民国家形成」, 佐藤百合編『民主化時代のインドネシア——政治経済変動と制度改革——』日本貿易振興機構アジア研究所.

外国語文献

Abinales, P. N. and Donna, J. A. [2005] *State and Society in the Philippines*, Lanham: Rowman & Littlefield.

Brillantes, A. [2003] *Innovations and Excellence: Understanding Local Governments in the Philippines*, University of the Philippines-NCPAG.

Bünte, M. [2009] "Indonesia's protracted decentralization: Contested reforms and their unintended consequences", in M. Bünte and A. Ufen eds., *Democratization in Post-Suhart Indonesia*, Routledge.

Carnegie, P. J. [2010] *The Road from Authoritarianism to Democratization in Indonesia*, Palgrave Macmillan.

Case, W. [2017] *Populist Threats and Democracy's Fate in Southeast Asia*, Routledge.

Clarke, G. [1998] *The Politics of NGOs in South-East Asia: Participation and Protest in the Philippines*, London: Routledge.

Contreras, A. P. [2003] *The Kingdom and the Republic: Forest Governance and Political Transformation in Thailand and the Philippines*, Ateneo de Manila University Press.

Croissant, A. and Bunte, M. eds. [2011] *The crisis of democratic governance in Southeast Asia*, Palgrave Macmillan.

De Guzman, R. P. and Mila, A. R. [1993=1998] "Decentralization towards Democratization and Development in The Asian Pacific Region," in Proserpina Domingo Tapales et al. eds., *Local Government in the Philippines: A Book of Readings (Vol. 1)*, University of the Philippines.

Ferrer, M. C. [1997] "Civil Society Making Civil Society," in Miriam Coronel Ferrer ed., *Civil Society Making Civil Society*, Third World Studies Center.

Hiskey, J. T. [2010] "The promise of Decentralized Democratic Governance," in Ed Connerley, Kent Eaton and Paul Smoke eds., *Making Decentralization Work*, Colorado & London: Lynne Rienner Publishers, pp. 25-46.

Ito, T. [2006] "The Dynamics of Local Governance Reform in Decentralizing Indonesia: Participatory Planning and Village Empowerment in Bandung, West Java," *Asian and African Area Studies*, 5(2).

Kawanaka, T. [2002] *Power in a Philippine City*, Institute of Developing Economies Japan External Trade Organization.

Lande, C. [1965] *Leaders, Factions, and Parties: The Structure of Philippine Politics*, New

Haven: Yale University Southeast Asia Studies.

Machado, K. G. [1971] "Changing Aspects of Factionalism in Philippine Local Politics," *Asian Survey*, 11(12).

Nagai, F. and Kagoya, K. [2011] "Decentralization as a Local Governance Innovation in Thailand," in A.-V. Anttiroiko et al. eds., *Innovative Trends in Public Governance in Asia*, IOS Press.

Nishimura, K. [2018] "People's Participation in the Local Administration in the Philippines: An Empirical Study on the Local Development Council," 『大阪大学国際教育交流センター研究論集　多文化社会と留学生交流』22.

Nyman, M. [2009] "Civil society and the challenges of the post-Suharto era," in M. Bünte and A. Ufen eds., *Democratization in Post-Suharto Indonesia*, Routledge.

Rivera, T. C. [1994=2013] "The State and Industrial Transformation: Comparative and Local Insights," in Atienza, Maria Ela L. ed., *Introduction to Philippine Politics: Local Politics, the State, Nation-Building, and Democratization*, Quezon City: The University of the Philippine Press.

Sidel, J. T. [1999] *Capital, Coercion and Crime: Bossism in the Philippines*, Stanford University Press.

Suzuki, N. and Keeratiporn, S. [2008] "The Study of Village Civil Society (Prachakhom) as the Foundation for the Emergence of Civil Society Movement and Development in Northeastern Thailand," in Noriyuki Suzuki and Srisontisuk Somsak eds., *Civil Society: Movement and Development in Northeast Thailand*, Khon Kaen University Book Center.

White, L. T. III [2014] *Philippine Politics: Possibilities and Problems in a Localist Democracy*, Routledge.

Winters, J. A. [2014] "Oligarchy and Democracy in Indonesia," in M. Ford and T. B. Pepinsky eds., *Beyond Oligarchy: Wealth, Power, and Contemporary Indonesian Politics*, Ithaca: Cornell Southeast Asia Program Publications.

Wolters, W. [1984] *Politics, Patronage, and Class Conflict in Central Luzon*, Quezon City: New Day Publications.

Wurfel, D. [1988] *Filipino Politics: Development and Decay*, Cornell University Press.

Ziegenhain, P. [2015] *Institutional Engineering and Political Accountability in Indonesia, Thailand and the Philippines*, Singapore: Institute of Southeast Asian Studies.

第 I 部　自治体エリートと地方自治

第3章

タイの自治体首長の社会的背景
—— 「地方行政」と「地方自治」の連続と非連続を問う ——

船 津 鶴 代

はじめに

　タイでは，1995年からタムボン自治体が創設され，農村部の地方分権化が進んだ．しかし，分権化から約25年をへた現在，2014年のクーデタから5年にわたってタイを統治した国家平和秩序維持評議会（The National Council for Peace and Order.: 以下，NCPO）は，分権化の流れにブレーキをかけ，自治体選挙を停止のうえ，内務省・汚職防止機関の強い管理下に自治体を置く地方政策へと舵を切り替えた[1]．このように，タイでいったん進んだ分権化に逆行する政策を容易にとることができる背景には，中央が直轄する「地方行政」制度を残したまま，農村部のほぼ同じ区画に自治体を重ねて発足させた，タイ独特の地方統治制度がある[2]．本章では，まずタイの地方統治制度に並存する2つの系列について，（1）中央省庁の地方出先機関や国家官僚（県知事・郡長ほか）が地方で国の行政を実施する「地方行政」（タイ語で Suan Phumiphak，英語で Local Administration）と，（2）自治体が行政サービスを供給する系列（県自治体，テーサバーン，タムボン自治体）としての「地方自治」（タイ語で Suan Thongthin，英語で Local Government）とを区別する．そのうえで，1997年タイ王国憲法（以下，1997年憲法）以後の「地方行政体を維持して進んだ分権化」，なかでも農村部における地方統治の二層制（「地方行政」と「地方自治」の並立）に着目し，この特徴が創設期の農村自治体の運営に与えた影響について自治体サーベイの分析をもとに考察する．具体的には首長の出身経歴やその行動様式に焦点をあて，自治体と「行政」「政治」の流れがどのように結合・分断されているか，について考える．

　タイの地方政治研究では，もっぱら政治職を占有する県や国会議員レベルの

地方有力家系（「政治家一族」）［Prajak 2016］や，特定の政治家一族が地方政治を支配する「政治王国」の問題が研究対象とされ［Stithorn and Wichuda 2016］，基礎自治体の首長は，県自治体や国政選挙の集票人として地方選出の国会議員に従属する存在として扱われてきた［Prajak 2016; Viengrat 2015］．しかし本章は，基礎自治体の首長を中央地方の「行政」「政治」と住民の間をつなぐ中間的かつ独立のアクターとして捉え，分権化初期の自治体首長の経歴や人的ネットワークにあらわれる特徴について，考察する．

　以下，第1節ではタイの地方統治制度の概略を示し，分権化導入の経緯をふまえる．次に第2節では，2006年のタイ自治体サーベイを中心に自治体首長の社会的特徴を分析し，さらに第3節で2006年と2013/4年の自治体サーベイから首長の行動を分析したうえで，まとめを述べる[3]．

1　制度的背景

　タイでは，1997年憲法制定に前後して県自治体法が改正され，中央直轄の「地方行政」制度を残したまま，県とタムボンレベルのほぼ同じ区画に自治体を重ねて発足・運営させる独特の地方制度が採用された．その制度的特徴を示した図3-1から，都市部・農村部の順に基礎自治体の制度的概要を把握してみよう．

　タイでは，1935年から一部の中核都市に自治体であるテーサバーン（Thesaban）が設置され，それ以後，都市住民にはテーサバーン議会による住民自治が認められてきた[4]．さらに，1990年代の民主化理念から分権化を推進した1997年憲法は，農村の地方行政を担ってきたタムボン（行政区とも呼ばれる）の行政区長（以下，カムナンと呼ぶ）と村長が，「1994年タムボン評議会及びタムボン自治体法」で成立したタムボン自治体の運営に直接参画できない旨を定め，「地方行政体」の担い手と自治体を分離した．農村部に分権化改革が及んだ結果，図3-1にある通り，全国の県・タムボン（地方行政体）とほぼ同レベルに地方自治体が並置された．都市部では，以前から自治が認められていたテーサバーン区域に加えて，準自治体であった衛生区（テーサバーンに次ぐ都市部や郡役所所在地に置かれていた）を1999年にテーサバーン・タムボン（テーサバーン3種類のなかでもっとも小規模なテーサバーン）に衣替えし，都市域が広げられた[5]．したがって，分権化に前後して制度の連続性が維持されたのは，中核都市に置かれた設

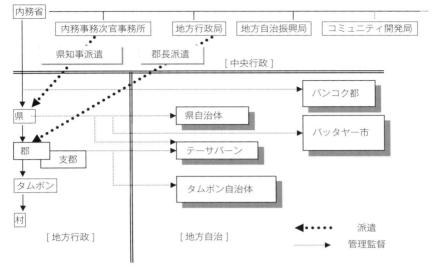

図 3-1 タイの地方統治制度の概念図（2002年10月以降）

(注) 地方行政局は二〇〇二年一〇月の省庁再編により三分割され，新たに地方自治振興局と災害軽減防止局が設置された．ただし自治体に対する県知事・郡長の管理監督権は変更されていない．
(出所) 永井［2008：120, 図1］．

置年の古いテーサバーンだけであった．

次に農村部では，1997年憲法により，地方自治体への住民参加と住民自治の原則が認められた．その後，1999年「地方分権計画及び手順規定法」の整備により，「地方自治」への分配を確保するため国家予算に占める自治体予算の割合が確定され，2000年代にはいって中央省庁から自治体への予算と権限の移譲が進んだ．

住民自治の理念を具体化した首長の直接選挙は，一部のテーサバーンでは2000年から，2003年からはすべてのテーサバーンとタムボン自治体において，漸次導入された．1995〜1997年，農村部に創設されたタムボン自治体数は6000を超え，その後タムボン自治体の一部がテーサバーンの一種（テーサバーン・タムボン）に昇格された．自治体数は，2015年までにタムボン自治体5334，テーサバーン2441（うちテーサバーン・タムボン2233），県自治体76を数え（内務省2015年11月6日付け文書），多数の小規模自治体から構成される地方自治制度が定着した．

タイ農村部において，分権化以前から「地方行政」（県・郡・タムボン・村）を担っていたのは，中央から内務省が派遣する県知事と郡長であり，その下に置かれた農村のタムボン・村には，1992年まで選挙で選ばれると定年まで職を追われない準公務員のカムナンと村長が配置されてきた[6]．これら「地方行政体」の長は，治安維持や人口登録など国の政策を実施し，とりわけ県知事と郡長は自治体の管理監督権をもつ点で「ガバメント規律の強い地方分権」[永井 2012: 110] における監督役を象徴している．

「地方行政体」だけが存在した時期，タムボンにおける農村開発計画にかかわっていたのは「タムボン評議会」とよばれる地方の協議機関であった[7]．「タムボン評議会」（以下，評議会）は，県自治体から開発計画予算の配布をうける組織であり，メンバーは役職による議員と任命議員から大部分が構成された．すなわち，村長とタムボンの長（カムナン），内務省コミュニティ開発局から派遣される開発官，小中学校教員に加えてごく一部の村人が参加していたが，評議会では，内務省の政策を執行する県自治体との垂直的関係が重視され，最終的に意思決定を下すのは，郡長であった[赤木・北原・竹内 2000: 12]．長期にわたって同じ行政区に在職するカムナン・村長を筆頭に，これら議員は農村コミュニティのエリートとして郡や県と交渉するばかりでなく，インフォーマルには地元選出の国会議員の集票人として国政レベルの政治家とパトロン・クライアント関係を結ぶ，地元名望家層の一部に位置づけられてきたのである [Viengrat 2015]．

行政学の古典であるキングダンの政策過程論から，こうした地方統治の旧制度を概念的に整理すると，特定の政策が実施にむけたアジェンダとして浮上するには，「問題」認識と「行政」「政治」の3つの流れが結びつくことが必要とされる [Kingdon 2003: 邦訳 237-239]．この観点から，分権化前の地方の政策過程は「行政」ルートに偏っており，中央地方の「政治」の正規ルートには分断があったといえよう．しかし，その分断はカムナンや評議会議員と県自治体，国会議員などとのインフォーマルな相互関係によって補われてきた．これが分権化により，末端の小さな農村の自治体首長であっても，住民代表として直接に地方行政トップの県知事や中央省庁に要請を伝え，中央地方の「行政」「政治」ルートに，一法人として直接交渉できる途が開かれたことになる [船津 2012: 142-144]．すなわち，農村コミュニティに基礎自治体が設置されたことで，ようやく「問題」認識の主体である自治体と「行政」「政治」の流れが合わさり，

自治体レベルの政策を実施のアジェンダに進める可能性が開けたことになる.

ただし，タイの分権化改革に先立って，改革の推進者らは中央のエリートである内務省官僚や世論形成に力をもつ都市中間層に根付いた「地方政治への深い不信」[Anek 2000] を払拭する必要があった．不信の1つは，自治体首長ポストが地方有力者やビジネスマンに占有され，自治体の開発予算などが私的な利権構造に取り込まれていく地方政治の現状への懐疑であった [Arghiros 2001; McVey 2000]．そしてもう1つは，自治体首長の地位が特定の有力家系に占有され，特定の国会議員の集票マシーンに転じるなどの自治体の「政治王国」化（本書第1章参照）への危惧であった [Prajak 2016]．改革を主導したタイの知識人や政府の委員会は，これらの課題に譲歩を迫られるなか，地方行政を維持し内務省のもとで自治体助役（Chief Clerk，タイ語で Palad）を選抜する現行制度の骨組みを作り，ようやく分権化を立ち上げた [永井 2008]．このような初期の制度的経路から，タイの「地方行政体」と「地方自治体」は潜在的な競合関係に置かれ，両者は対立的な組織であるという理解が定着している [Supasawad 2008].

2 タイ自治体首長の出身背景

問題設定

並立する「地方行政」と「地方自治」の問題をふまえて，本章では，農村部自治体の創設を契機に「地方行政」と「地方自治」の担い手にいかなる関係が生じ，新たな農村部自治体の首長と中央地方の行政や政治家の間に，どのようなネットワークが取り結ばれてきたか，を分析の課題とする．また，東南アジア各国で報告されてきた，地方首長の地位が旧来の有力者家系に占有され，それが継続・強化される事象 [Gutierrez, Torrente and Narca 1992] が，タイの基礎自治体レベルでも観察されるか，ということも検討する.

本章で用いるタイの自治体サーベイは，2006年と2013/4年の時点で実施され，調査項目を時系列で比較することが可能である．とくに2006年サーベイは，農村部自治体が直接選挙を導入した直後に行われ，直接選挙から間もない首長の出自や行動をとらえた貴重な社会調査データである．加えて2006年サンプルには，間接選挙にとどまっていた自治体も2割ほど残されており，直接・間接選挙の自治体を対比できる条件にも，恵まれている.

首長に就任する前の出身経歴

タイ自治体サーベイでは，「地方自治」制度への移行期における首長の出身経歴に関する問いを設定している．新設の基礎自治体において，有権者がどのような層から首長を選出するかは，自治体のパフォーマンスを左右する重要な要素の1つである．とくに，「地方行政」と自治体が並存するタイでは，地方行政体と首長がどのような関係を取り結ぶか，という要素も自治体の円滑な運営に関わるであろう．

このような問題意識から，**表3-1**は，選出された首長が就任以前についた役職を，地方行政の「カムナン」「村長」，地方の「評議会またはタムボン自治体議会」，「テーサバーン議会」出身にわけ，出身比率を示している．2006年サーベイでの比率は，「カムナン・村長」経験者がそれぞれ1割を占め（2013/4年も同様），評議会またはタムボン自治体議会からは4割（2013/4年には27.7%），テーサバーン議会から7%（2013/4年には13.0%）という構成であった．これら役職を合わせると，首長に選ばれた者の実に約6割は，地方統治の旧制度における公職を経験していたことになる．

首長の過半が，「地方行政」や地方議会経験者から選出され，多くの自治体で両制度の間を架橋する首長が誕生した事実は，注目に値する．そしてこれらの首長が新旧の制度の隙間をつなぐ役割を果たし，移行期の地方社会の混乱を和らげていた可能性も示唆される．

つぎに**表3-2**は，「地方行政」を担うカムナンや村長が基礎自治体を来訪した頻度について，首長の出身経歴別に比較している．データによれば，「地方行政」の担い手は，全体に約半数が1カ月に2回以上の頻度で基礎自治体を訪問しており，もともと両者の行き来は盛んである．なかでも，「地方行政」や評議会・タムボン自治体議会出身の首長がいる自治体を，カムナン・村長が訪問する頻度は，他の出身背景（テーサバーン議会，その他）の首長をもつ自治体に比べて，統計的に有意に高い．「地方行政」の担い手は，自らと出身の近い首長に多くアクセスしており，自治体側にとっては首長の経歴がネットワークのためのリソースとして機能している．

上記のデータから，移行期のタイ農村部自治体は，旧制度の「ひと」の一部が新制度に登用されたことで，旧制度とある程度の連続性をもって発足し，それゆえ初期の自治体運営における「地方行政」と「地方自治」の関係はかなり近かった実態が伺える．同じく，移行期のインドネシアにおいて地方自治体の

表3-1　自治体首長に占める地方行政の役職・地方議会経験者の比率（%）

首長以前の役職	2006サーベイ	2013サーベイ
カムナン	11.4% (N =310)	10.8% (N =50)
村長	11.5% (N =312)	10.4% (N =48)
タムボン評議会, タムボン自治体議会議員	39.6% (N =1077)	27.7% (N =128)
テーサバーン議会議員	7.1% (N =192)	13.0% (N =60)
その他	30.6% (N =832)	38.1% (N =176)
合計	100.0% (N =2723)	100.0% (N =462)

（出所）2006年・2013/4年タイ自治体サーベイから筆者算出.

表3-2　（自治体首長の旧経歴別）カムナン・村長による自治体の訪問頻度

経歴	カムナン	村長	タムボン議会議員	テーサバーン議会議員	その他	合計
2006年サーベイ*1	N =295	N =300	N =1034	N =172	N =801	N =2602
カムナン・村長の来訪が月に一回以下	44.1%	47.0%	48.1%	63.4%	54.1%	50.3%
カムナン・村長の来訪が月に2回以上	55.9%	53.0%	51.9%	36.6%	45.9%.	49.6%

（注）*1：χ^2=24.234, p<0.000
（出所）2006年タイ自治体サーベイより筆者作成.

パフォーマンスの背景を調査したエカートの研究［Eckardt 2008］によれば，パフォーマンスに影響を与える指標として，政治的分節化が少なく，腐敗が少ないこと，政治参加の度合が高く，情報にアクセスしやすいことなどが挙げられる．これをタイに援用すると，政治的分節化の一要素である「地方行政」と「地方自治」の担い手の間に，制度間を橋わたしする首長が一定割合で誕生したことにより，政治的分節化が抑制され，農村自治体の二層制による分断が和らげられた可能性も示唆される．

　このように地方統治上の概念として，対立的に捉えられてきた「地方行政」と「地方自治」であるが，自治体運営の現場において，両制度の担い手が必ず

しも対立的に機能しているとは限らないことがデータから見て取れる.

首長ポストの連続性と直接選挙

　次に，タイ地方政治の懸案とされた，特定の有力者や家系による政治職占有の問題，すなわち「政治家一族」の形成について，基礎自治体レベルで起きていることを，首長データから把握したい．1997年憲法は，「地方行政」を担うカムナン・村長がタムボン自治体の運営に参加できないことを定めたが，タムボン自治体の発足はこれより前の1995年からであり，2003年の直接選挙導入まで，カムナン・村長がタムボン自治体の自治体執行委員をつとめる慣例から出発していた[9]．前述の自治体首長の経歴データと考え合わせると，たとえば，分権化の初期に指名で自治体の役職に就いたカムナンや村長，またその家系の者が，選挙を経てそのまま首長に留まり，ポストが「政治家一族」によって占有されていた可能性も，十分に考えられた．

　そこで，タイ班研究チーム[10]では首長ポストの連続性を示す変数を作成し，2006年自治体サーベイの歴代首長名をコーディングし，首長ポストに同一人物または同姓の者が2期以上就任した自治体とそれ以外の自治体とを区別した[11]．直接選挙の開始は，首長の選ばれ方に変化を及ぼす先行事象の1つと考えられるため，表3-3では，直接・間接選挙をコントロールしたうえで，首長ポストの連続性について解析している．この分析によれば，住民が首長を直接選んだ自治体において，2期以上の首長就任（本人または家族）がみられる自治体は3割にとどまり，前首長とは別の首長が選出されたケースが実に7割を占めた．これに対して，間接選挙の自治体では，全体に4割の首長が連続して首長ポストにあり，とりわけカムナンの経歴をもつ首長では，実に64％が2期以上首長職にあった．直接選挙では，カムナンや村長出身でも連続性のない首長が6〜8割を占めることから，直接選挙の効果として，旧制度での役職者から，元の首長と異なる人物が選ばれたケースが多かったと考えられる．直接選挙のもとで，役職出身の中から選ばれる人物が交替したことは，直接選挙がもたらした「民主主義の学校」としてのインパクトを想起させ，「地方自治」への移行期における個々の「ひと」の非連続性を象徴している[12]．

　直接選挙のインパクトによって，タイの農村部自治体の創設期には，間接選挙よりも首長ポストの「政治家一族」化が抑制された可能性は高く，住民の意向に沿って首長が選ばれた自治体が多数を占めたといえよう[13]．

表3-3 直接・間接選挙別：首長ポストの連続性と役職に関する比率

	カムナン	村長	タムボン評議会議員	テーサバーン議会議員	その他	合計
直接選挙						
２期以上の首長・同家系出身	32.3%	20.4%	28.1%	46.1%	30.0%	29.5% (*N* =519)
首長職の連続性なし	62.7%	79.6%	71.9%	53.9%	70.0%	70.5% (*N* =1246)
合計	100%	100%	100%	100%	100%	100.0% (*N* =1765)
間接選挙						
２期以上の首長・同家系出身	64.0%	41.2%	28.8%	48.3%	39.3%	40.0% (*N* =123)
首長職の連続性なし	36.0%	58.8%	71.2%	51.7%	60.7%	60.0% (*N* =82)
合計	100.0%	100.0%	100.0%	100.0%	100.0%	100.0% (*N* =205)

(注) $\chi^2 = 29.313$, $p < 0.000$
(出所) 2006年タイ自治体サーベイより筆者作成.

3 タイ自治体首長のネットワークと行動様式

　最後に，農村自治体の首長と中央地方の「行政」「政治」の間に取り結ばれた予算支援のネットワークについて，分析する．6000近い数の小規模自治体を発足させてスタートしたタイの農村部では，小規模自治体ゆえの資源不足の問題や業務執行の困難さが，当初から指摘されてきた．なかでも，大多数の自治体では，首長が住民に公約した政策を実施する予算が，実質的に不足してきた．タイの分権化初期の地方財政システムでは，自治体側がこうした不足を補う手段の１つに，旧制度を継承した県自治体からの予算獲得や，「特定補助金」と呼ばれる国会議員や中央の省局との個別交渉により予算を得られる特別枠が設けられていた．したがって，自治体への予算支援を中央地方の「行政」「政治」と交渉することは，そのまま首長による自治体の政策過程の一部に位置づけられた．

　この「特定補助金」制度には，自治体首長が国・県自治体の議員や中央の局等と独自に交渉能力を発揮し，必要な予算を自治体ごとに得られる利点があっ

た．反面，政治家との旧来のパトロン・クライアント関係を強化し，公平性を欠く予算的手段であるともみられてきた[14]．

タイ自治体サーベイでは，こうした予算枠獲得に関わる首長の行動様式とその成否について質問を用意し，回答を得た．この項目の分析により，基礎自治体の首長を介して自治体と「行政」「政治」の間に形成されたネットワークや，どのような自治体にアジェンダの設定チャンスが多く生まれたか，自治体レベルの政策過程の特徴を捉えることができる．

最初に，全体像から把握すると，2006年・2013/4年サーベイともに，基礎自治体の首長が予算の支援を求めて連絡をとる相手は，県自治体長，地元選出の国会議員などの「政治」ルートの頻度がもっとも高く，次いで「地方行政」の「県知事」，中央行政の「中央省庁の課長・局長」の順であった．

以下，首長のネットワークとして頻度の高い順に，①評議会の時代から予算の配布をうけてきた「県自治体長」，②先行研究がパトロン・クライアント関係の存在を指摘する「地元選出の国会議員」，③「地方行政」トップである「県知事」，④「中央省庁や局の課長・局長」について，首長の回答を分析する．ここでも再び，自治体首長の出身経歴が首長のネットワークに統計的に有意な影響を与えていたため，首長の出身経歴別にデータを示す．

表3−4aは，自治体首長の経歴別に，首長が「県自治体長」に連絡をとり予算支援を得られた比率と得られなかった比率（2013年は「連絡を取らなかった」という項目も示す）を比べている．このデータによれば，県自治体長から予算支援を得られたとする自治体は，首長の出身経歴によって統計的に有意な差がある．とりわけ，2006年のカムナン・村長の出身，2013/4年のタムボン自治体議会議員の出身背景をもつ首長は，テーサバーン議会議員出身などと比べて，「県自治体長」から予算の支援を得やすかった傾向にある．評議会時代のタムボンにおいて，カムナンや評議会委員が県自治体から定期的に開発計画予算を得ていた事実が先行するため，そこには首長の旧経歴にもとづく知り合い関係や人的ネットワークの要素が働いていたことを容易に推測できよう．

同様に，**表3−4b**に示す，首長と「地元選出の国会議員」との関係では，2006年サーベイのカムナン・タムボン議会議員出身が，統計的に有意に国会議員から「支援をえた」と回答している．自治体発足後も，従来のタイ地方政治研究が指摘してきた，元カムナンらと地方選出の政治家間のインフォーマルな関係が連続していたと推測され，ここにも「地方行政」から「地方自治」への

表 3-4 a　［県自治体長］との予算支援に関するコンタクト（首長の出身経歴：旧役職別）

	カムナン	村長	タムボン議会議員	テーサバーン議会議員	その他	合計
2006年サーベイ *1						
支援をえられた	89.3%	81.6%	84.8%	65.1%	80.5%	82.4% （N＝1626）
支援をえられなかった	10.7%	11.8%	15.2%	34.9%	19.5%	17.6% （N＝347）
合計	N＝234	N＝223	N＝807	N＝129	N＝580	100.0% （N＝1973）
2013/4年サーベイ *2						
支援をえられた	76.6%	75.6%	80.0%	65.5%	76.7%	75.9% （N＝325）
支援をえられなかった	8.5%	17.8%	16.5%	13.8%	12.3%	13.8% （N＝59）
連絡をとっていない	14.9%	6.7%	3.5%	20.7%	11.0%	10.3% （N＝44）

（注）＊1 χ^2＝38.919，p＜0.00　　＊2 χ^2＝16.386，p＜0.037　　＊3 2006年サーベイについては，タムボン評議会委員も含む．表3-4 b〜表3-4 dについても同じ．
（出所）2006・2013/4年タイ自治体サーベイより筆者算出．

表 3-4 b　「地元選挙区の下院議員」との予算支援に関するコンタクト（首長の出身経歴別）

元の役職	カムナン	村長	タムボン議会議員	テーサバーン議会議員	その他	合計
2006年サーベイ＊1	N＝210	N＝231	N＝754	N＝111	N＝547	N＝1853
議員から支援をえられた	84.8%	80.5%	80.6%	70.3%	79.7%	80.2% N＝1486
議員の支援をえられなかった	15.2%	19.5%	19.4%	29.7%	20.3%	19.8% N＝367
2013/4年サーベイ＊2						
支援をえられた	82.6%	75.0%	82.8%	76.3%	71.8%	77.0% （N＝324）
支援をえられなかった	2.2%	15.9%	11.2%	8.5%	16.0%	12.1% （N＝82）
連絡をとっていない	15.2%	9.1%	6.0%	15.3%	12.2%	10.9% （N＝205）

（注）＊1 χ^2＝9.831，p＜0.04　　＊2 χ^2＝12.920，p＜0.115
（出所）2006・2013/4年タイ自治体サーベイより筆者算出．

転換期の連続性が如実にあらわれている.

次に, **表3-4c**と**表3-4d**が示す「行政」ルートでは, 地方行政トップである「県知事」から「支援をえられた」とする自治体が多く, 73%（2006年）, 57.3%（2013/4年）といずれも過半を超える. 地方の「行政」ルートによる自治体支援が円滑に進んだのに対して, 「中央の局の局長・課長」ルートは, 状況が異なっている. 2006年時点で「支援をえられた」自治体は56%に上るが, 2013/4年には「連絡をとっていない」「支援がなかった」を合わせて65%にのぼり, 他のルートより自治体からのコンタクトが減っている（ただしテーサバーン議会議員出身首長は45%の割合で「支援をえた」と回答）. 中央の「行政」ルートは, 分権化後に自治体が支援をえる新たな選択肢として浮上したものの, 他のルートほど自治体は頼っていない. さらに, 「行政」ルート（「県知事」「中央の局の局長・課長」）の支援では, 首長の経歴による統計的な有意差がでない点も, 重要である. 「政治」ルートでは顕著にあらわれる, 首長の出身背景による配分の偏りは「行政」ルートに見られず, カムナンや評議会, テーサバーン議会議員出身などの地方名望家層が, 必ずしも経歴によって有利にアクセスを得たとは限らないことを示している. 分権化後にうまれた中央の「行政」ルートには, 地方分権化後の非連続的側面がみいだされ, 首長が過去の経歴にかかわらず住民代表として新たな挑戦を始める契機として, 転換が起きたことを印象づけるデータともみなせる.

おわりに

最後に, サーベイの分析をふまえて, 当初の問題設定とサーベイ分析の間をつなぎ, まとめとしたい. 本章は, 「地方行政」と「地方自治」が並立するタイ農村部の二層制に着目し, もともと対立概念とされた両制度が農村部で維持されたことの影響を, 連続と非連続の両方から分析している. 具体的には, 分権化の移行期における両制度の「ひと」や関係の連続性・非連続性について検討し, 自治体首長の経歴や「地方行政」との行き来, 首長ポストの「政治家一族」化の傾向を解析した. さらに, 自治体の政策過程にかかわるネットワークに着目し, 首長の予算獲得にかかわる行動様式を分析した.

その結果, 自治体で選出された首長は, カムナン・村長や評議会・タムボン自治体議会出身といった旧制度における要職の経歴をもつ者が6割を占め, 首

表3-4c 「県知事」との予算支援に関するコンタクト（首長の出身経歴別）

	カムナン	村長	タムボン議会議員	テーサバーン議会議員	その他	合計
2006年サーベイ						
支援をえられた	77.6%	70.4%	74.6%	66.3%	73.3%	73.5% (N=1041)
支援をえられなかった	22.4%	29.6%	25.4%	33.7%	26.7%	26.5% (N=376)
合計	100%	100%	100%	100%	100%	100.0% (N=1417)
2013/4年サーベイ						
支援をえられた	61.9%	53.5%	63.8%	47.4%	56.3%	57.3% (N=223)
支援をえられなかった	16.7%	25.6%	15.2%	17.5%	17.6%	17.7% (N=69)
連絡をとっていない	21.4%	20.9%	21.0%	35.1%	26.1%	24.9% (N=97)
合計	100%	100%	100%	100%	100%	100.0% (N=389)

（出所）2006・2013/4年タイ自治体サーベイより筆者算出.

表3-4d 「中央の担当局長や課長」との予算支援に関するコンタクト（首長の役職別）

	カムナン	村長	タムボン議会議員	テーサバーン議会議員	その他	合計
2006年サーベイ						
支援をえられた	60.2%	49.6%	56.9%	52.3%	56.3%	56.0% (N=584)
支援をえられなかった	39.8%	50.4%	43.1%	47.7%	43.7%	44.0% (N=459)
合計	100%	100%	100%	100%	100%	100.0% (N=1043)
2013/4年サーベイ						
支援をえられた	30.6%	26.8%	29.9%	42.1%	20.9%	33.4% (N=122)
支援をえられなかった	16.7%	31.7%	19.6%	17.5%	36.8%	20.8% (N=76)
連絡をとっていない	52.8%	41.5%	50.5%	40.4%	44.0%	45.8% (N=167)
合計	100%	100%	100%	100%	100%	合計

（出所）2006・2013/4年タイ自治体サーベイより筆者算出.

長の過半が旧制度との結節点に存在しつつ新たな分権化の担い手に転じていった．また「地方行政体」と「地方自治体」の「ひと」の行き来は頻繁であり，多くの自治体運営の現場で両者は必ずしも対立的に動いている訳ではないことも示された．こうした両制度の「ひと」にみられる社会的背景の連続性は，移行期の自治体運営の安定を支えた一要素と考えられる．

　他方，旧制度の有力者がそのまま分権化後の自治体ポストを占有する「政治家一族」現象について，直接選挙から間もない2006年サーベイでは，二期以上続いて同じ首長（または同家系）が就任した自治体は3割以下にとどまり，前任者がそのまま選ばれなかった自治体が7割を占めた．分権化移行期の新制度に伴い，個々の首長レベルではむしろ非連続性がまさった実態を示している．かつて，直接選挙の効用として国会付属調査機関プラポッククラオ学院長のウティサーン・タンチャイ氏が述べた「自治体は，住民の意識に根差して地域住民の要請に答える団体として機能している．草の根民主主義をタイ農村部に広めた役割は否定できない」との言葉がこのデータから想起される［Uthisan 2014］．

　さらに，首長の予算獲得行動に関するサーベイの分析から，分権化後のタイ農村部自治体では，基礎自治体の政策執行の可能性を高める政策過程の萌芽がみいだされた．多くの自治体首長は，自らの経歴が有利にはたらく地方「政治」ネットワークだけでなく，中央地方「行政」ネットワークにも働きかけを行っている．「問題」認識の現場である自治体から「政治」「行政」の両方に働きかけ，キングダンの政策アジェンダ論が指摘する3要素を首長自ら農村部自治体にもたらそうとする努力が行われている．

　同時に，首長がカムナンや村長・タムボン自治体議会議員など旧制度の経歴を背景にもつことが，中央地方「政治」のネットワークにおいて有利なアクセスをもたらす要素であることもデータから確認された．ただし，旧制度において有力な経歴をもつからといって，その出身背景だけが首長の行動の成否やネットワークのあり方を決めているわけではない．とくに中央「行政」からの予算支援の成否は首長の出身背景とは関わりがなかったとのデータから，質的ケーススタディによくある，首長の属性から推測して一元的に結果や行動パターンを推測する分析手法の危うさに気づかされる．このように量的な実証からデータに基づく知見を補うことは，タイの「地方自治」制度にまつわる数々の不信や作り上げられたイメージの払しょくに役立つ面があるだろう．

首長の分権化への移行という歴史的事象において，タイの自治体では旧制度からのリクルートという社会的連続性と，直接選挙の影響により前任者ではない首長が選出されるという個人レベルの非連続性がまじりあって現れた．さらに自治体の取り結ぶネットワークをみても，旧知の政治的ネットワークを利用する自治体もあれば，独立のアクターとしての首長が新たな行政的ネットワークを開拓する側面もみられた．

「地方行政体を維持して進んだ分権化」というタイ独特の地方統治制度は，2014年5月の軍事クーデタ以後，軍政下において管理的に統治され，今後も時々の政権の理念にあわせて変転していくことが予想される．2019年3月に実施された総選挙を経て，新たな政権が25年を迎えるタイ分権化の流れをいかに改革・再編していくか，今後も注意深く見守る必要がある．

謝辞

本章作成にあたり編者の永井史男氏から丁寧なコメント・ご教示を頂きました．記して感謝申し上げます．なお残る誤りは，筆者の責任に帰するものです．

注

1）2014年5月31日，5人以上の政治集会を禁じた戒厳令の一環としてNCPOは自治体選挙の停止を命じた（Kho.So.Cho.布告 No.51/2557）．さらに分権化改革以降，地域の開発予算は主に自治体を執行主体とする方針であったところ，NCPO時代の予算措置では，農村開発予算の流れを地方行政体に押し戻し，2016年に提案された農村部「村落基金」政策（一村落50万バーツを上限に全国農村に350億バーツを支出する）では郡・タムボンに基金の予算が配布されることになった．しかし2016年以後の自治体における廃棄物処理政策の展開にともなって，今後の自治体予算の方向性は大きく変動する可能性もあるとされる．

2）二層制をとることによって，タイでは政権の理念次第でいつでも再中央集権化の側にもどる余地が残されており，これがタイ分権化の制度上の課題として，認識されてきた．逆コースをたどるタイ分権化の中身について［Supasawad 2008］が優れている．なお本章では，地方統治制度を，タイの「地方行政」と「地方自治」の上位概念として用いている．

3）2006年と2013/4年のタイ自治体サーベイの概要は以下のとおりである．

2006年タイ自治体サーベイは，アジア経済研究所とタマサート大学政治学部の海外共同研究として2006年6～8月に実施された．2006年サーベイではバンコク都を除く全自治体に郵送法で調査票を配布し，30県自治体（母集団75），379テーサバーン（母集団1156），2355タムボン自治体（母集団6624）の計2764自治体から有効回答を得た．続く2013/4年サーベイは，科研費プロジェクト「東南アジアにおける地方自治サーヴェイ調

査—タイ，インドネシア，フィリピンの比較」（科研代表者：永井史男）のもとで実施され，全国の209テーサバーン，253タムボン自治体から有効回答をえている．2013/4年のサンプル不足分を2014年に補足して調査したことから2013/4サーベイと表記している．

4）1935年時点でテーサバーン議員の半数（第1種議員）は住民の選挙で選ばれ，もう半分は任命議員であった．1956年から法改正があり議員全員が選挙で選出されるようになった．またテーサバーン首長は2000年まで，議員の互選で選ばれていた（ただし軍政期をのぞく）．

5）都市域の自治体であるテーサバーンには3種類ある．①テーサバーン・ナコン，②テーサバーン・ムアン，③テーサバーン・タムボンであるが，このうち自治体としては③が最も小規模な都市自治体である．

6）1992年以降は，カムナン・村長の退職とともに5年ごとの選挙が実施されるようになった．その後は，政権によって制度が変転している．

7）タイの農村部には，1956-72年に散発的に「タムボン評議会」が設けられたが，政府は農村住民に政治参加の機会を与える目的で，「1972年革命団布告326号」以後，全国に「タムボン評議会」を発足させた．

8）1999年自治体人事行政法の制定以降は，自治体職員の選抜は各県に設置された県知事を委員長とし，地方行政，地方自治，有識者の3者からなる県人事委員会に委ねられている．また，各県委員会の選抜は，県レベル同様に3者からなる中央委員会（委員長は内務事務次官）が決定する方針に従うことになっている．

9）1997年以前のタムボン自治体では執行委員が置かれ，カムナンが自動的にタムボン自治体執行委員長となった．通常の執行委員6名は，うち3名がカムナンではない他の村長から，残り3名は選挙で選ばれた議員の中から互選で選んだ．

10）サーベイのタイ班チームは，永井史男・籠谷和弘・船津鶴代で構成される．

11）自治体首長名の変数処理においては，同じ姓をもつ首長しか同家系として判別できないため，娘の婿といった姓の異なる義理関係による同族は含まれない．その意味では義理の同家系の割合を過少評価している可能性がある．

12）ただし，議会選挙制度に連続性があるテーサバーンにおいて，直接選挙のもとでも議会出身の首長の比率が，半々を占めており，農村部とは異なる結果を示している．

13）直接選挙後の自治体首長に関する質的調査や新聞記事においても，直接選挙後に地元の支配的家系の首長が落選したり，住民のリコール運動にあったりする事例が頻繁に報じられた．投票権をえた農村住民が自治体選挙を通じて，民意を有効に表現し始め，これが自治体の要望を受け止める国会議員の態度を変えていくという事態が Viengrat［2015］ほかでも確認されている．

14）こうした特徴から，「特定補助金」制度は，政権ごとに幾度も枠の組み換えや変遷をへてきたが，2018年から決まった費目以外は支出できない制度に変更された．

15）ウティサーン・タンチャイ氏は1999年地方分権推進法の制定から現在にいたるまで，一貫してタイの自治体制度の推進に関わっている知識人の1人である．

◆参考文献◆

邦文献

赤木攻・北原淳・竹内隆夫編［2000］『続タイ農村の構造と変動――15年の軌跡――』勁草書房.

永井史男［2008］「地方分権改革――『合理化なき近代化』の帰結――」, 玉田芳史・船津鶴代編『タイの政治・行政の変革――1991-2006年――』日本貿易振興機構アジア経済研究所.

船津鶴代［2012］「タイ農村部基礎自治体の創設と環境の「ガバメント」」, 船津鶴代・永井史男編『変わりゆく東南アジアの地方自治』日本貿易振興機構アジア経済研究所.

外国語文献

Anek L.［2000］*Wisaithat kanpokkhrongthongthin lae phaen kankracaiamnat*［タイ語, 地方自治の展望と分権化計画］, Bangkok: Samnakphim Mithimai press.

Arghiros, D.［2001］*Democracy, Development and Decentralization in Provincial Thailand*, Surrey: Curzon Press.

Eckardt, S.［2008］"Political accountability, fiscal conditions and local government perform-ance-cross-sectional evidence from Indonesia," *Public Administration and Development*, 28 (1): 1-17.

Funatsu, T.［2008］"Performance of LAO Presidents in Thailand-- How Do Their Academic Qualifications Matter?," in F. Nagai, Nakharin M. and T. Funatsu eds., *Local Government in Thailand--Analysis of the Local Administrative Organization Survey*, Joint Research Program Series No.147, Chiba: Institute of Developing Economies.

Gutierrez, E.U., Torrente, I. C., and Narca, N. G.［1992］*All in the Family: A Study of Elites and Power Relations in the Philippines*, Quezon: the Institute for Popular Democracy.

Kingdon, J, W.［2003］*Agendas, Alternatives, and Public Policies*, Pearson Education Inc.（笠京子訳『アジェンダ・選択肢・公共政策――政策はどのように決まるのか――』勁草書房, 2017年）.

McVey, R. ed.［2000］*Money and Power in Provincial Thailand*, Singapore: ISEAS.

Prajak K.［2016］"Evolving power of provincial political families in Thailand: Dynastic power, party machine and ideological politics," *Southeast Asia Research*, 24(3), pp.386-406, SOAS.

Stithorn T. and Wichuda S.［2016］"Political Dynasties in Thailand: The Recent Picture after the 2011 General Election," *Asian Studies Review*, 40(3), pp.340-359.

Supasawad C.［2008］"Decentralization under Threat?: Impacts of the CEO Governor Policy upon Thai Local Government," in Fumio Nagai, Nakharin Mektrairat and Tsuruyo Funatsu eds., *Local Government in Thailand--Analysis of the Local Administrative Organization Survey*, Joint Research Program Series, No.147. Chiba: Institute of Developing Economies.

Utisan T.［2014］Report submitted for the Forum on Local Administrative Organization Reforms, the King Prajadhipok's Institute, 28 Octover.

Viengrat N.［2015］*Hipbat kap Bunkhun: Kanmuang Kanluak Tang lae Kanplian -plaeng*

Khruakhai Upatham（タイ語，『投票箱とブンクン───選挙政治と庇護関係ネットワークの変容───』）Chiang mai: Chiang mai Univesrity Press.

第4章

フィリピン地方自治における開発評議会の効果
──住民参加制度は自治体のパフォーマンスにいかなる影響を与えるのか──

西村謙一

はじめに

マルコス独裁政権崩壊後のフィリピンにおける民主化の過程では，市民の直接的な政治参加を通して市民の政治的権利を強化することが重視されたが，地方分権化はこれを実現するための重要な要素として位置づけられた．

フィリピンにおける地方分権化は，1991年地方政府法（以下，地方政府法）に法的基盤を置くが，この法律は，基礎的サービスの策定・実施の権限を自治体に移譲し，自治体の財政基盤を強化したことに加えて，地方行政への市民参加を規定したことから革新性の強い法律と評価されている [Tapales et al. 1998: 189; Tapales 2002: 49-50; Bautista et al. 2002: 75]．さらに，同法は，社会的に周辺化された人々（女性，労働者，都市貧困層，先住民，障がい者など）の地方議会への参加を規定している（第41条）ことにも窺えるように，エリートによる政治的経済的支配の下で自らの利害を政治的に表出する機会を与えられずにいた社会的弱者も含めた一般住民の利害を広く反映した地方自治の実現を目指したものであるといえよう．

地方政府法において行政過程への市民参加の機関として設置された地方特別会議には，地方入札委員会（Local Prequalification, Bids and Awards Committee：第37条[1]），地方保健委員会（Local Health Board：第102条～105条），地方教育委員会（Local School Board：第98条～101条），地方開発評議会（Local Development Council: LDC）などがあるが，この中でメンバーシップと扱う分野の包括性という点で最も重要なのはLDCである．そこで，本章ではLDCに焦点を当てて，その運営の実態を見ることによって，今日のフィリピンの自治体が，地方政府法の求める住民のニー

ズに効果的に応える地方自治をどの程度まで実現しえているのかを検証したい.

LDC は, 市民参加によって地方自治体の開発計画を策定するための機関として, 州, 市・町, バランガイ (村) に設置することが規定された (地方政府法第106条~115条). LDC は, 自治体の開発計画案と投資計画案を策定し (第109条), 議会の承認を得ることによって正式に自治体の開発計画, 投資計画となる (第106条). 従って, LDC は開発計画, 投資計画を発議する機関として極めて重要な地位を与えられていることになるが, その議席の少なくとも4分の1を非政府組織 (non-governmental organizations, 以下 NGO・PO) に充てることとされているため (第107条), これが法の規定通りに機能すれば, 社会的弱者を含む市民の意向を地方自治に効果的に反映させることが可能になる.

ところが, LDC は, 1990年代から2000年代にかけて, 機能不全や, NGO・PO の過少代表といった問題が指摘されてきた. そこで, われわれは, フィリピン国内の約1600の市・町から300の自治体を無作為に抽出し, これを対象とした調査を2011年から12年にかけて実施し, LDC の運営実態の解明を試みた. その結果, 大多数の自治体でLDCが開発計画等を策定していることが明らかとなった. 本章では, さらに明らかにされるべき問題として, NGO・PO が十分に代表されているか, これらの代表が参加することによって社会的弱者に配慮した予算配分や政策が行われるようになったのか, という点について分析を行う.

1 地方開発評議会 (LDC) の問題点

地方自治体の開発計画策定に大きな役割を果たすことが期待された LDC であったが, 地方政府法によって設置が規定されて以降の十数年間はさまざまな問題が指摘されていた.

第1の問題として指摘されたのは, そもそも LDC が機能していないということである. たとえば, Brillantes は, 地方分権化開始後の10年間の地方自治のあり方を振り返る中で, LDC を含めた地方特別会議の多くは定期的に開催されてこなかったと指摘する [Brillantes 2003: 16]. 地方政府法は, 第110条において, LDC が最低年2回の総会を開催することを定めているが, この規定を満たすことができない LDC が多く見られたことを Brillantes の指摘は示唆する

のである．また，地方政府法施行10年後の LDC の運営状況を検討した Gar-ganera［2004］は，全体の75％の地方自治体が LDC を運営していないことを明らかにした［Garganera 2004］．このような批判的な見解は，2000年代を通じて地方自治体の監督官庁である内務自治省にも共有されていた．2008年に開催された5th National Community Based Monitoring System Conference において，同省地方政府開発局長であったマヌエル・ゴティス氏は，LDC が地方自治体によって活用されていない実態を指摘し，この点を地方自治体が効果的な開発計画を策定できない要因の１つとしている［Gotis 2008］．

　第２の問題点として指摘できるのは，NGO・PO の過少代表の問題である．

　フィリピンには2000年代初頭の時点で，地方自治体として81の州とおよそ1600の市・町，そして約４万2000のバランガイが存在した．したがって，地方自治体のすべてに設置することが規定されている LDC の数は，地方政府法にしたがえばおよそ４万3700にのぼる．本章で議論の対象とする市および町に州を加えた自治体に限定しても1700弱の LDC が設置されることになる．

　上述のように，地方政府法はすべての LDC に NGO・PO の代表（以後，NGO・PO 代表）を LDC 評議員定数の４分の１以上含めるように求めているが，このことを前提として仮に LDC が法に忠実に設置されているとすれば，NGO・PO 代表の議席は全体でどれくらいになるだろうか．この点に関して1990年代の自治体数に基づいて推計を行った Buendia［2005］によれば，その数はおよそ１万6000議席になる．しかしながら，1990年代を通じて，NGO・PO 代表の実際の議席数は推計値を大幅に下回っていた．たとえば，Buendia［2005］は，1992年時点において，LDC を含めた地方特別会議で実際に議席を得ていた NGO・PO 代表の数として729という数字を紹介している．この数はその後増加し，1997年時点では LDC に議席を得ている NGO・PO 代表の数は4635となったが，それでも地方政府法の規定に基づいて想定される議席数のおよそ30％に過ぎない［Buendia 2005: 214-216］.[3]

　上述した２つの問題点の背景には，LDC に対する地方自治体の対応，特にNGO・PO 代表の認証手続きの多様性が存在した［Brillantes 2003: 28-29］．たとえば，NGO・PO 代表の認証に対して内務自治省地方事務所が関与するケースがある一方，地方自治体のみで認証手続きを進めるケースもあった．また，認証手続きの事務局については，それを計画開発局（ここが LDC の事務局を兼ねる）に設置している自治体があるのに対し，別の自治体では議会事務局に置いてい

る．さらに別の自治体では，予備認証手続きの全プロセスを NGO・PO に委ね，自治体そのものは関与しないといったケースも見られた．

　認証を求めてきた NGO・PO に対する対応も自治体によって異なっていた．ある自治体では，申請してきたすべての NGO・PO を認証しているのに対し，具体的な認証のためのガイドラインがないことを理由にすべての申請を放置したままの自治体もあった．

　以上のような NGO・PO の認証手続きの多様性は，地方自治体の自律性の表われと解釈することは可能である [Brillantes 2003: 29]．しかしながら，NGO・PO の認証手続きを放置しているような自治体において LDC を含めた地方特別会議が機能していると想定することは難しいだろう．この点に関しては，Cariño も，NGO・PO 自身による認証を促進・強化することが地方特別会議を通じた市民参加を強化するための課題であると指摘している [Cariño 2002: 13]．

　このような問題に関連して，NGO・PO からは，法律における NGO・PO の定義の曖昧さや内務自治省の NGO・PO 認証ガイドラインの不明確さといった制度に対する不満に加えて，認証に関わる自治体の姿勢に対する批判がなされた．すなわち，認証をなおざりにしている自治体がある一方で，NGO・PO を監視するための手段として認証を利用する自治体があるという批判である [Cariño 2000: 30]．

　フィリピンのようにパトロン・クライアント関係が支配的な政治的環境の下では，分権化による地方政府の自律性の強化は市民参加プロセスを含めた政治過程を地方政府がコントロールすることを可能にし [Bünte 2011]，参加型地方ガバナンスを行き詰まらせるであろう．そして，それは，1990年代から2000年代にかけて LDC の機能不全，地方政府とくに首長による LDC のコントロールという形で表面化したということができるように思われる．しかし，予算管理省（Department of Budget and Management）の担当者によれば，ここ数年間の間に LDC に対する批判はあてはまらなくなっているという[4]．そこで，本章では，2010年以降の LDC の運営実態がどのようになっているのかを確認し，LDC が地方自治体のパフォーマンスにどのような影響を与えているのかを検討したい．

2 分析のためのデータ

　本章での分析に用いるデータは，2009年から2012年にかけて実施された学術振興会科学研究費補助金基盤研究A（海外学術）「東南アジアにおける地方自治サーヴェイ調査——タイ，インドネシア，フィリピンの比較」（研究代表者：永井史男・大阪市立大学大学院法学研究科教授）によって得られた．この研究では，フィリピンを含めた東南アジアの上記3カ国における地方自治体のパフォーマンスを規定する要素を明らかにすることを目的に，自治体の首長および幹部職員を対象とした調査票調査を実施し，フィリピンでの実査は現地の世論調査会社 Social Weather Stations（SWS）に委託して2011年から2012年にかけて行われた．

　調査対象は，政治情勢が不安定で調査の困難さが予想されたムスリム・ミンダナオ自治地域を除く16地域78州1515自治体（135市および1380町）のうち（2011年2月8日現在），300自治体（市および町）を一段無作為抽出法によって抽出した．すべての自治体に北から母集団番号をつけ，人口規模を考慮して300自治体を系統抽出した．対象自治体は，16地方78州のうち16地方71州に分布している．島グループ別の内訳は，ルソン島から170，ビサヤ諸島から67，ミンダナオ島から63である．市・町別では93市，207町となった．

　調査に際しては，首長用と自治体政府の計画開発調整官（municipal/city planning and development coordinator（C/MPDC））用の2種類の調査票を作成し，それぞれの自治体について，首長と計画開発調整官にインタビューを行った．自治体政府の幹部職員としては，計画開発調整官以外にも，行政管理官（administrator），課税審査官（assessor），会計官（accountant），予算官（budget officer），土木技官（engineer）などがあるが，計画開発調整官を調査対象にしたのは，自治体の開発計画策定という最も重要な政策過程に中心的に関わり，また，LDCの事務局を統括する職員が計画開発調整官である（地方政府法第113条）ことによる[5]．

　実査は，首長へのインタビューが2011年11月12日から2012年11月27日までの期間，計画開発調整官へのインタビューが2011年10月12日から2012年4月19日までの期間に実施された．有効回収率は，首長票，計画開発調整官票のいずれも100%であった．

3 LDC の運営実態

　第1節で見たように，LDC は，その設置が地方政府法で規定されてからし
ばらくの間，機能不全等の問題を指摘され続けてきた．しかし，実態はどうな
のだろうか．制度化から20年を過ぎた時点においても LDC は十分に機能するに
至っていないのであろうか．われわれの調査では，まず，第2節で示したデー
タに拠ってこの点を明らかにしようとした．ここでは，その結果を紹介する．

LDC は規程通り運営されているか

　LDC が地方自治体の開発計画等の策定に関して果たすべき役割については，
地方政府法が規定をしているが（第106条および109条），本報告の対象となってい
る市および町レベルの LDC の役割として最も重要なものは，年次・中期・長
期の社会経済開発計画を策定することと（第109条(a)(1)），年次・中期の公共投
資プログラムを策定すること（第109条(a)(2)）である．

　そこで，まず，われわれは社会経済開発計画と公共投資プログラムが法の規
定する通りに策定されているかについて計画開発調整官に尋ねた．その結果，
300自治体の中で年次開発計画を策定しているのは291自治体（97.0%），中期開
発計画では273自治体（91.0%），長期開発計画については253自治体（84.3%）
であった．また，年次投資プログラムを策定しているのは287自治体（95.7%），
中期投資プログラムでは247自治体（82.3%）が策定しているとの結果になっ
た．すなわち，LDC の地方自治体への設置から20年がたった時点において，
おおかたの LDC が開発計画および公共投資プログラムを策定していることが
明らかになったのである．

　しかしながらここで注意すべきは，開発計画や投資プログラムが LDC を開
催することなく策定されることがある，という問題である．2005年から2008年
にかけて筆者が調査を行ったマニラ首都圏ケソン市でも，LDC が実際には組
織されていない状況で開発計画が策定されていた［西村 2009］．そこで，われ
われは LDC が実際に機能しているのかどうかを確認するために，その議決機
関である総会を開催しているか否かについても尋ねた．

　先述の通り，地方政府法の第110条は LDC が最低でも年2回，総会を開催す
ることを求めている．この条文を前提に LDC が年に何回総会を開催したかを

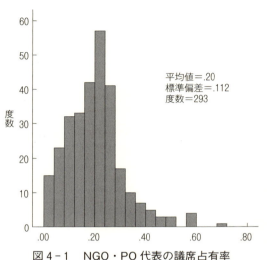

図4-1　NGO・PO代表の議席占有率
(出所) 2011年フィリピン自治体サーベイより筆者算出.

　この結果をもとに，NGO・PO代表の議席占有率が評議員定数の4分の1以上のLDCを擁する自治体数を算出したところ83自治体（27.7%）となった．

　次に，われわれは，LDC内に設置される執行委員会（Executive Committee）に注目した．地方政府法の第111条は，執行委員会の機能として，LDCの議決事項の誠実な実施を確保し，LDCの定めた方針に従って政策や計画を策定すること等を定め，LDCの総会が開催されていない時期にはLDCにかわって機能すると規定している．この点において，執行委員会はLDCの機能に実効性を持たせる上で重要な役割を担っているといえる．そこで，執行委員会の構成がどのようになっているかを確認することとした．地方政府法第111条は，執行委員会の構成について以下のように定めている．地方政府の首長を委員長とし，その下位自治体（州の場合はすべての構成市・町およびバランガイ，市および町の場合はすべてのバランガイ）の首長代表1名，議会の予算委員長，そしてNGO・PO代表1名が委員として参加する．この規定を念頭に，われわれは，執行委員会にNGO・PO代表が2名以上参加しているか否かについて尋ねた．執行委員会にNGO・PO代表が法の規定を超えて2名以上いるならば，そのLDCはNGO・POの参加により肯定的であると考えることができるだろう．調査の結果，2名以上のNGO・PO代表を擁する執行委員会は300中128（42.7%）ある

ことが明らかになった.

NGO・PO は自律性を確保できているか

NGO・PO を通じた市民参加のレベルに関連して問題となるのは，NGO・PO の中から LDC 評議員を選出する際に首長の関与が見られるか否かということである．言いかえれば，LDC に参加する NGO・PO 代表が首長による政治的介入や圧力から自由でいられるのか否かということが問題となってくる．NGO・PO 代表の選出過程に首長が関与していれば，NGO・PO 代表の政治的自律性は損なわれることも考えられる．そこで，われわれは，NGO・PO 代表の選出過程への首長の関与の有無を尋ねた．その結果，ほとんどの自治体（276自治体，92.9％）で NGO・PO 代表の選出過程に首長が立ち会っていることが明らかになった.

NGO・PO の参加に関して観察される以上の結果のうち，特に以下の 2 点——LDC の議席総数における NGO・PO 占有率が法の規定する 4 分の 1 を満たしている LDC が全体の 3 割に満たないこと，および NGO・PO 代表の選出過程にほとんどの首長が関与していること——からは，LDC は実質的に活用されるようになったものの，そこへの NGO・PO を通じた住民参加はいまだ十分には達成されていないこと，また，NGO・PO 代表の政治的自律性が必ずしも十分とは言えないことがうかがえる.

4 LDC と地方自治体のパフォーマンス

ここからは，LDC のどのような要素が自治体のパフォーマンスに影響を及ぼしているのかについて分析を行う．分析にあたっては以下の 3 つの仮説を立てる.

仮説 1：総会実施回数が多いほど，ステークホルダーとの接触頻度が増加して住民のニーズへの自治体の感度や計画策定のためのコミュニケーション密度が高まり，自治体のパフォーマンスは高くなる.

仮説 2：NGO・PO 代表の議席占有率が高まるほど，住民参加が強化されて LDC が幅広い住民のニーズをくみ上げることが可能になり，自治体のパフォーマンスは高くなる.

表 4-1　分析のための変数

		変数	
		分野	項目
従属変数	行政ガバナンス	自治立法，開発計画，歳入確保，資源配分利用 住民対応，人的資源管理	
	社会ガバナンス	保健サービス，教育サービス支援，住宅・基礎インフラ，治安・災害リスク管理	
	経済ガバナンス	農業支援，漁業支援，企業・工業開発	
	環境ガバナンス	森林環境管理，淡水環境管理，沿岸海洋環境管理，都市環境管理	
	ガバナンスの評価基盤	参加，透明性，財政情報の開示	
独立変数	LDC の運営状況	年間の総会実施回数 NGO・PO 代表の議席占有率 NGO・PO 代表選出過程への首長の関与の有無	

（出所）従属変数の分野・項目は，DILG，"Local Governance Performance Management System" より.

　　　仮説 3：NGO・PO 代表選出過程への首長の関与があれば，首長による政治介入によって NGO・PO の自律性が弱まり，住民のニーズが十分に政策に反映されなくなって自治体のパフォーマンスは低下する．

　表 4-1 に，分析のための変数を示す．従属変数としては，内務自治省による「地方ガバナンス・パフォーマンス管理システム（Local Governance Performance Management System: LGPMS）」を用いる．LGPMS は，（1）行政ガバナンス，（2）社会ガバナンス，（3）経済ガバナンス，（4）環境ガバナンス，（5）ガバナンスの評価基礎の 5 分野についてそれぞれ下位の評価項目を設定し，最低点を1，最高点を 5 とする 5 段階で自治体のパフォーマンスを評価する（LGPMS の記述統計は表 4-2 参照）．また，独立変数は，LDC の実施状況に関する指標である．総会の実施回数，NGO・PO 代表の議席占有率，NGO・PO 代表選出過程への首長の関与の有無とした．

　そして，LDC の実施状況以外の要素が自治体のパフォーマンスに影響を及ぼす可能性を考慮して，以下のものを統制変数として採用した．3 つの島グループ（ルソン島をベースとして，ビサヤダミーではビサヤ諸島を 1，それ以外を 0，ミンダナオダミーではミンダナオを 1，それ以外を 0），市と町の区分（市を 1，町を 0），歳入クラス分け（クラス 1 以上を 1，クラス 2 以下を 0），首長のガバナンスの志向性（参加重視を 1，効率重視を 0[6]），首長の統治スタイル（NPM を 1，Non-NPM を

表 4 - 2 従属変数の記述統計 (LGPMS 2011より)

	度数	最小値	最大値	平均値	標準偏差
自治立法	300	1.33	5.00	3.86	.741
開発計画	300	2.04	5.00	4.57	.511
歳入確保	300	1.63	5.00	3.78	.690
資源配分利用	300	1.00	5.00	3.54	.815
住民対応	300	3.10	5.00	4.68	.363
人的資源管理	300	1.80	5.00	4.75	.549
保健サービス	300	2.97	5.00	4.71	.363
教育サービス支援	300	2.00	5.00	4.49	.575
住宅・基礎インフラ	300	1.00	5.00	4.05	1.299
治安・災害リスク管理	300	2.60	5.00	4.39	.460
農業支援	277	1.42	5.00	4.24	.687
漁業支援	161	1.63	5.00	3.97	.868
企業・工業開発	300	1.58	5.00	4.07	.738
森林環境管理	201	1.00	5.00	4.75	.713
淡水環境管理	250	1.00	5.00	4.53	.995
沿岸海洋環境管理	162	1.00	5.00	4.84	.549
都市環境管理	300	1.48	5.00	4.01	.655
参加	300	2.00	5.00	4.33	.635
透明性	300	1.27	5.00	4.58	.584
財政情報の開示	300	2.99	5.00	4.63	.317

(出所) 2011年フィリピン自治体サーベイより筆者算出.

0[7)]),首長の職業背景(企業家を 1,非企業家を 0[8)]),首長の家族的背景(政治家一族出身を 1,非政治家一族出身を 0[9)])である.以上の変数を用いて重回帰分析を実施した.

独立変数が有意に市・町のパフォーマンスに影響を与えている従属変数の項目に限定して,分析の結果を**表 4 - 3**に示す.

行政ガバナンスの開発計画におけるパフォーマンスについては,統制変数として採用した変数のうち市ダミーと歳入クラスダミーが有意な結果を示した.すなわち,市と町のうち市の方が,歳入クラスのうち 1 級以上の自治体の方が開発計画策定におけるパフォーマンスが高かった.これらの統制変数の影響にもかかわらず,より頻繁に総会を開催している LDC を擁する自治体のパフォーマンスは,総会数が少ない LDC を抱える自治体よりも高く,NGO・PO

表4-3　重回帰分析の結果（自治体のパフォーマンス）

	従属変数			
	開発計画		資源配分利用	
統制変数				
ビサヤダミー	-0.077		-0.124	*
ミンダナオダミー	0.011		-0.132	*
市ダミー	0.275	***	0.270	***
歳入クラス（1級以上ダミー）	0.165	**	0.255	***
首長のガバナンス志向性（参加重視ダミー）	0.043		-0.030	
首長の統治スタイル（NPMダミー）	-0.014		-0.030	
首長の職業背景（ビジネスダミー）	-0.072		-0.069	
首長の家族的背景（政治家一族出身ダミー）	-0.026		0.076	
独立変数				
年間の総会実施回数	0.109	*	0.128	*
NGO・PO代表の議席占有率	0.008		0.015	
NGO・PO代表選出過程への首長の関与	0.139	†	-0.022	
決定係数	0.113		0.180	

(注) † $p<0.10$; * $p<0.05$; ** $p<0.01$; *** $p<0.001$.
(出所) 2011年フィリピン自治体サーベイより筆者算出.

代表選出過程に首長が関与する LDC を擁する自治体のパフォーマンスもより高かった.

　同じく行政ガバナンスの資源配分利用については, 市の方が町よりも, 歳入クラス1級以上の自治体の方が2級以下の自治体よりも高いパフォーマンスを示していることが明らかになった. 他方, ルソン島の自治体は, ビサヤ地方, ミンダナオ地方の自治体よりも高いパフォーマンスを示した. これらの統制変数の影響を考慮しても, より頻繁に総会を開催している LDC を擁する自治体は, それ以外の自治体よりも高いパフォーマンスを示した.

　他方, NGO・PO 代表の議席占有率は, 開発計画, 資源配分利用のいずれにおいても自治体のパフォーマンスに影響を与えていないことが明らかになった.

　また, 開発計画, 資源配分利用以外のパフォーマンス項目については, 総会の開催頻度, NGO・PO 代表の議席占有率, NGO・PO 代表選出過程への首長の関与の有無のいずれも有意な影響を与えていなかった.

5 LDC と自治体の政策志向

　NGO や PO の LDC への参加は，これまで政策過程に自らのニーズを反映させることが叶わなかった一般住民のニーズを開発計画により効果的に反映させることを狙いの 1 つとしている．そして，NGO や PO は保健事業や貧困対策事業などの社会サービスや環境事業などを志向する傾向が強い．そのため，LDC における NGO・PO 代表の議席占有率が高いほど，社会政策や環境政策がより多く採用されることが考えられる．

　そこで，LDC における NGO・PO 代表の議席占有率と LDC 事務局を統括する立場にある計画開発調整官の政策志向の関係を検討してみたい．

　ここでの仮説は，NGO・PO 代表の議席占有率が高ければ，計画開発調整官は社会政策志向になる傾向を有する，というものである．

　この仮説を検証するために，計画開発調整官を対象とする調査から，政策志向に関する質問項目「あなたの自治体住民のニーズに応えるためには，どの分野の予算を増額すべきと思いますか」について得られた回答を社会・環境政策志向とインフラ・経済政策志向に分類したデータを従属変数として用いる．回答分布は，社会・環境政策志向が152（50.7%），インフラ・経済政策志向が148（49.3%）となった．独立変数としては，NGO・PO 代表の議席占有率，統制変数としては第 4 節で用いたものに加えて LDC の総会頻度と NGO・PO 代表選出過程への首長の関与の有無を採用した．検証のために，重回帰分析を用いた．分析結果を**表 4 - 4** に示す．

　表 4 - 4 に示した結果によれば，われわれの仮説は支持されなかった．すなわち，LDC における NGO・PO 代表の議席占有率が高くても，計画開発調整官の政策志向を社会・環境政策志向に導くことはないのである．さらに，統制変数として投入した LDC の運営状況に関する指標は，いずれも計画開発調整官の政策志向に有意の影響を及ぼしていないことも明らかとなった．

　NGO・PO 代表の議席占有率が計画開発調整官の政策志向に影響を及ぼしていないことの背景を明らかにするためには，事例研究の積み重ねが必要になるが，検討すべき点の 1 つは，LDC に参加する NGO・PO はどのような性格を持つものなのか，ということである．この点に関して，筆者が2018年 8 月に調査を行ったマニラ首都圏近郊のある自治体では，住民らで構成される複数の住

表 4 - 4　重回帰分析の結果 （政策志向）

	従属変数	
	計画開発調整官の社会・環境政策志向	
統制変数		
ビサヤダミー	-0.118	*
ミンダナオダミー	-0.176	**
市ダミー	0.213	***
歳入クラス（1級以上ダミー）	0.162	**
首長のガバナンス志向性（参加重視ダミー）	-0.033	
首長の統治スタイル（NPM ダミー）	0.065	
首長の職業背景（ビジネスダミー）	0.088	
首長の家族的背景（政治家族出身ダミー）	-0.199	*
年間の総会実施回数	-0.057	
NGO・PO 代表選出過程への首長の関与	-0.058	
独立変数		
NGO・PO 代表の議席占有率	0.050	
決定係数	0.114	

(注)　† p ＜0.10; $^*p$ ＜0.05; $^{**}p$ ＜0.01; $^{***}p$ ＜0.001.
(出所)　2011年フィリピンサーベイより筆者算出.

宅管理組合が NGO・PO 代表評議員の一部として LDC に参加していたが，彼らが LDC に提案する事業は，その多くがインフラ関連事業であったという[10]．この事例に見られるように，LDC に参加する NGO・PO の関心事が社会事業や環境事業に限定されているとはいえない場合は，LDC の事務局を担当する計画開発調整官の政策志向も特定の分野に限定されないということになるのかもしれない．

　一方，統制変数のうち，ルソン島所在の自治体，市，そして歳入クラスが1級以上の自治体では，それ以外の自治体と比較して，計画開発調整官が有意に社会政策・環境政策を志向することが明らかになった．これに対して，政治家一族出身の首長を擁する自治体の計画開発調整官はインフラ・経済政策志向であることが明らかとなった．これらの点は今回の分析対象ではないため，詳細な検討は今後の課題としたいが，計画開発調整官が LDC 事務局を統括し自治体の開発計画の取りまとめを行う立場にあることに鑑みれば，彼らの政策志向に影響を与える要因が何なのかを明らかにすることは，フィリピンにおける自

治体の政策パフォーマンスの規定要因を検討するうえでも重要であろう.

おわりに

本章では，設置以来およそ20年近く機能不全が指摘されてきた市・町の LDC に焦点を当てて，その運営状況を確認するとともに，LDC の運営状況と自治体の行政パフォーマンスおよび政策志向の関係について分析を試みた.

その結果，設置から20年を経た2011年時点においては，ほとんどの自治体が LDC を設置して実質的に運営をしていることが明らかになった．さらに，総会を法が期待する回数を上回って開催するなど，LDC を開発計画策定のための機関としてより積極的かつ柔軟に活用している自治体が相当数存在することも明らかとなった.

また，LDC の運営状況と自治体のパフォーマンスの関係については，総会をより頻回に開催するほうが開発計画および資源配分利用に関する自治体のパフォーマンスが高いことが明らかになった.

以上の点をまとめると，設置から20年を経てほとんどの自治体が LDC を設置・運営をするようになった背景には，より積極的に LDC を活用することによって自治体のパフォーマンスが向上するといった一種の成功体験が広く自治体の間に認識されるようになったことがあるように思われる.

他方，NGO・PO 代表の議席占有率は，自治体のパフォーマンスに影響を与えることはなく，また，自治体の政策志向に影響を与えることもなかった．この結果は，NGO や PO を通した住民の参加を促進することによって行政パフォーマンスが向上し，より住民に寄り添った政策の採用を促すはずだという参加民主主義の議論には合致しない．この点をどう説明すればよいのだろうか.

1 つの可能な説明は，NGO や PO はそれぞれ個別の政策アジェンダを追求するため，彼ら相互の利害の調整が難しいというものであろう．実際に，筆者がかつて調査を行ったマニラ首都圏のケソン市では LDC に50の NGO・PO 代表が参加していたが，彼らの間には LDC に対する期待度や追求しようとする政策アジェンダに違いがあり，NGO・PO のクラスターとしての統一的な姿勢を打ち出すことには困難が伴っていた［西村 2009］．NGO・PO が個別の利害を有するとすれば，むしろその数が増えれば増えるほど政策調整がより困難にな

ることが考えられるであろう.

　もう1つありうる説明は，NGO・PO が技術的能力に欠けるということである．特に，地方の小規模な PO は，技術的専門知識，事業遂行能力や事業計画策定能力が不足しているだけでなく，政策決定過程についての知識も不足しがちである［Ferrer 1997］．そのため，LDC に参加していても，その政策プロセスに効果的に関わることが難しくなる.

　以上に示した問題が，NGO・PO 代表の参加の効果を削ぐことになっていることが推察される.

　そして，最後に，NGO・PO 代表選出過程への首長の関与も，仮説とは異なって自治体の開発計画のパフォーマンスを高めている．この点については，NGO の性格の変化や多様性がその背景にあると考えられる.

　従来，特にマルコス独裁政権の時代には，NGO は政権への異議申し立てや政権の監視など，政府とは対立的な立場を取るケースが多く，政府も彼らに対する警戒感や不信感が強かった．しかし，民主化および分権化が開始されてから20年以上を経た今日では，NGO や PO が政府と協力して政策を実施する環境が醸成されている．特に，地方行政をはじめとする行政改革に対する国際協力は，参加型行政の促進を目的にするものが多く，このようなプロジェクトに参加することにより NGO と行政との関係は近くなってきた．また，首長も従来のように NGO を警戒すべき対象としてのみ見るのではなく，彼らと積極的に協力しようとする姿勢を示し始めており，それによって効果的な公共サービスの提供を実現する事例も見られる［Abinales and Amoroso 2005: 251; Holden 2012: 175］．さらに，住民が組織する PO は，政府監視や住民組織化を活動対象とする NGO とは異なり，地域において自らが直面する問題への対応を行政に依頼する性格が強い．そして，首長や下院議員，時には中央政府の閣僚にまで接触を図る．このような事実に鑑みれば，NGO・PO 代表選出過程への首長の関与は，首長による政治介入というよりは首長と NGO・PO の協力関係の反映という性格を持つようになりつつあるのかもしれない.

　以上，LDC の現状とその効果について検討を加えた．しかし，今回の分析は未だ試行的なものにとどまっており，LDC の地方自治における役割と効果をより深く理解するためには，さらに変数を加えて分析する必要があるだろう．この点は，今後の課題としたい.

付記

本章は，Nishimura, Kenichi［2018］,"People's Participation in the Local Administration in the Philippines: An Empirical Study on the Local Development Council",『大阪大学国際教育交流センター研究論集　多文化社会と留学生交流』（第23号）に新たな分析を追加してアジア政経学会2018年度秋季大会で発表したものに，加筆修正を加えたものである．

謝辞

本章の作成にあたっては，永井史男先生（大阪市立大学）と菊地端夫先生（明治大学）から有益なコメントをいただきました．また，アジア政経学会2018年秋季大会の自由論題部会で司会兼討論をお引き受けいただいた高木佑輔先生（政策研究大学院大学）をはじめとする先生方からも貴重なコメントをいただきました．ここに厚くお礼申し上げます．

注

1）地方入札委員会は，2003年に政府調達改革法（共和国法9184号）によって Bids and Awards Committee と改称された（第5条11項）．同法は，調達過程の透明性強化，入札の競争性確保，調達システムの簡素化を通じて（第1条3節），より公平・公正な政府調達を実現することを目的としている．

2）地方政府法第107節で用いられている "non-governmental organization" は，実際には住民組織（People's Organization: PO）や事業者で構成される団体も含む．本章では NGO・PO という記述で統一する．

3）Capuno［2005］は，2002年の内務自治省データを紹介しているが，それによると，2000年に LDC 設置状況の報告を内務自治省に行った73市のうち評議員構成の規定を満たした市は86.3%となっている．しかし，これらの LDC が実際に機能していたか否かについては不明である．

4）2017年9月14日，予算管理省第8地域および第10地域事務所幹部へのインタビュー．

5）なお，地方政府法113条は，事務局の業務への支援を NGO・PO に委ねている．このことからも，NGO・PO が LDC の運営に重要な位置を占めるように期待されていることがわかる．

6）良い統治に関する首長の認識について，1）「プロジェクトをより低コストでより迅速に実施すること」および2）「コストやスピードには拘らずに可能な限り広範な有権者を満足させること」の選択肢を示して得られた回答をもとに，1）を選択した首長を効率重視，2）を選択した首長を参加重視（度数121, 40.3%）とした．

7）自治体職員に求める能力に関する首長の認識について，1）「基本的な法実務能力・会計的技能」，2）「各部局担当者に求められる専門的技能」，3）「より戦略的な思考のための行政運営能力」，4）「より効率的な業務遂行のための民間企業における運営実践能力」，5）「顧客志向，市民への対処能力」，6）「公務員倫理／職業倫理」，7）「透明性ある行政運営能力」の選択肢を示して得られた回答をもとに，1），2）および6）を選択した首長を非 NPM 志向，3），4），5）および7）を選択した首長を NPM 志向（度数250, 83%）とした．NPM は，民間企業の戦略的な運営理念や管理手法を行政に取り入れた結果重視の行政手法である．そこでは，顧客満足度や効率性，透明性や説

明責任が重視される［金 2009］.

8）首長就任前の前職について 1）企業オーナー，2）企業従業員，3）弁護士，4）弁護士以外の専門職，5）警察官・国軍士官，6）その他の公務員，7）公選職，8）NGO 職員，9）慈善活動家，10）地主の選択肢を示し（複数回答），1）を選択した首長を「企業家」（度数125，41.7%）とした.

9）首長の中で，2013年に「政治王国禁止法案」（Senate Bill No. 1580）を提出したミリアム・サンチャゴ上院議員（当時）による政治家一族の定義「2 親等以内の親族の複数名が公選職に就いている家族」に倣い，1）義理を含む両親のうち最低 1 名が公選職に就いている，2）義理を含む兄弟姉妹のうち最低 1 名が公選職に就いている，3）義理を含む子供のうち最低 1 名が公選職に就いている，のうち 1 つでも該当する首長を「政治家一族出身」（度数162，54%）とした.ただし，配偶者に関しては，十分な調査を行うことができなかったこともあり，「政治家一族出身」首長の定義には含めていない.

10）2018年 8 月23日，カビテ州内自治体の LDC に参加している NGO・PO 代表らへのインタビュー.

11）たとえば，米国国際開発庁（USAID）は，「ガバナンスと地方民主主義（GOLD）」事業によって，NGO を介した地方行政への市民参加を促進するための支援を実施した［西村 2005: 348-349］.

12）マニラ首都圏ケソン市の貧困層による土地取得のための運動［Karaos 2006］や，マニラ市のスラム住民が立ち退き問題に関して自らの要求を主張する運動［木場 2010］では，さまざまなコネを活用して中央政府にも働きかけて自らの要望を実現していった.

◆参考文献◆

邦文献

木場紗綾［2010］「スラムの住民運動と外部者——フィリピン・マニラ首都圏の事例から——」神戸大学大学院国際協力研究科提出博士論文.

金宗郁［2009］『地方分権時代の自治体官僚』木鐸社.

西村謙一［2005］「東アジアの地方分権とシビル・ソサエティ——フィリピンの地方自治を中心に——」，田坂敏雄編『東アジア都市論の構想——東アジアの都市間競争とシビル・ソサエティ構想——』御茶の水書房.

————［2009］「フィリピンの地方自治への市民参加」，田坂敏雄編『東アジア市民社会の展望』御茶の水書房.

外国語文献

Abinales, P. N. and Amoroso, D. J.［2005］*State and Society in the Philippines*, Lanham: Rowman & Littlefield.

Bautista, V. A. et al.［2002］"Philippine Experience in Health Service Decentralization", in P. D. Tapales, et al. eds., *Local Government in the Philippines: A Book of Readings*（Vol. 3），Quezon City: University of the Philippines.

Brillantes, A.［2003］*Innovations and Excellence: Understanding Local Governments in the*

Philippines, University of the Philippines-NCPAG.

Buendia, E. E. ［2005］ *Democratizing Governance in the Philippines*, University of the Philippines.

Bünte, M. ［2011］ "Decentralization and Democratic Governance in Southeast Asia: Theoretical Views, Conceptual Pitfalls and Empirical Ambiguities" in A. Croissant and M. Bünte eds., *The Crisis of Democratic Governance in Southeast Asia*, Basingstoke ／ New York: Palgrave Macmillan.

Capuño, J. J. ［2005］ "The quality of local governance and development under decentralization in the Philippines", *UPSE Discussion Paper*, No. 2005,06, University of the Philippines School of Economics.

Cariño, L. V. ［2002］ "Devolution for Democracy and Development", in Proserpina Domingo Tapales et al. eds., *Local Government in the Philippines: A Book of Readings* 3, Quezon City: University of the Philippines.

Ferrer, M. ［1997］ "Civil Society Making Civil Society", in Miriam Coronel Ferrer ed., *Civil Society Making Civil Society*, Quezon City: Third World Studies Center.

Garganera, J. ［2004］ Strengthening the 3rd "De" of Local Autonomy: Democratization as a Key Strategy for Local Governance in the GMA Administration.

Gotis, M. Q. ［2008］ "Introduction to the Rationalized Planning System", presented to the 5th National CBMS Conference.

Holden, W. N. and Jacobson, R. D. ［2012］ *Mining and Natural Hazard Vulnerability in the Philippines*, London: Anthem Press.

Karaos, A. M. A. ［2006］ "Populist Mobilization and Manila's Urban Poor: The Case of SANAPA in the NGC East Side," in A. Fabros, J. Rocamora and D. Velasco eds., *Social Movements in the Philippines*, Quezon City: Institute for Popular Democracy.

Tapales, P. D. ［2002］ "The Philippines Local Government System and Decentralized Development", in P. D. Tapales, et al. eds., *Local Government in the Philippines: A Book of Readings* 3, Quezon City: University of the Philippines.

Tapales, P. D., et al. ［1998］ "Managing Change in Local Government: Issues and Concerns in Organizational Development", in P. D. Tapales, et al. eds., *Local Government in the Philippines: A Book of Readings* 1, Quezon City: University of the Philippines.

インドネシアのジャワの非政治的官僚の政治化

岡本正明・籠谷和弘

はじめに

　インドネシアで民主化が始まったのが1998年，民主化の一環で分権化が始まったのが2001年である．1997年のアジア通貨危機前後からインドネシアでは政治的不安定が深刻化し，32年間続いたスハルト権威主義体制が1998年に崩壊したときには，インドネシアは失敗国家であり，ユーゴスラビアのように分裂していくのではないかとも危惧されていた．しかし，これまで4回の総選挙，3回の直接大統領選挙はかなり平穏に行われてきており，インドネシアにおいて民主主義が制度として定着したと言っても間違いないであろう．そして，民主主義が定着する上で，民主化の一環で始まった分権化が重要であったことも間違いないであろう．
　グッド・ガバナンスという標語のもとで，世界銀行や国際通貨基金などが途上国支援にあたり，規制緩和の一環として分権化を推進していくなか，東南アジアで民主化していたフィリピンやタイでも90年代に入って分権化が進められた．インドネシアでもスハルト体制後半の90年代に行政的分権化が試みられたことはあったものの，やはり本格化したのはスハルト体制崩壊後の98年以降である．権威主義体制の崩壊に伴う分権化の実施ということもあり，インドネシアの分権化は，タイやフィリピンよりも遥かにラディカルなものとなった．32年間に及ぶ集権的な政治体制のもとで，とりわけ天然資源賦存度の高い地方では，地方で産出する資源からの利潤が首都ジャカルタに吸い上げられてきたことへの不満が高く，一部の地方では独立を要求する声さえあがっていた．それもあって，インドネシアの分権化は，世界銀行が「ビッグバン・アプローチ」

というほど，さまざまな点で中央から地方への権限の移譲が一気に進んだ．結果として，政治対立の構図が中央対地方から地方間対立，地方内対立に変わっていった．そのため，地方レベルの政治対立がダイナミックになる一方で全国化しにくくなり，マクロで見れば政治的安定の実現につながっている［岡本2015］．

こうして，スハルト体制時代には全くダイナミズムがないとしてあまり関心を呼ばなかった地方政治についての研究が民主化後には一転して数多く生まれてきている．こうした研究の多くは，地方首長直接選挙，地方政治構造，地方リーダーシップなどに着目し，首長（候補）を主体に据えた事例研究が多い［Aspinall and Fealy eds. 2003; Nordholt 2003; 2004; Nordholt and van Klinken eds. 2007; Erb and Sulistiyanto eds. 2009; Hadiz 2010; Longgina, Purwo and Willy eds. 2018］．ただし，フォン・リュプケ［vonLuebke 2009］のように，自治体のパフォーマンスの違いをもたらす複数の要因から，首長のリーダーシップが重要だとする量的分析を行ったものも生まれてきている．ただ，地方行政官僚に着目した地方政治研究は管見の限りあまりない．ターナーたち［Turner, Imbaruddin and Sutiyono 2009］は，自治体レベルでの行政官僚の採用や選抜，研修，給与などに着目して，中央政府の統制の存続が地方政府の人材戦略の自立性を失わせていることを批判し，また，地方行政官僚が業績ベースの自治体運営に適応していないと指摘している．ただ，それも個々の行政官僚のキャリアに着目した研究ではない．今のところ，個々の地方官僚のキャリアパスに着目しつつ，彼らの思想と行動を分析した研究は存在しない．そもそも，民主化後の地方政治・行政研究において，地方官僚をメインアクターに据えた研究はほぼ皆無と言って良い．

本論では，民主化後の地方官僚のトップである官房長に焦点を当て，サーベイ調査のデータなどを用いながら，ジャワ島における官房長たちの特徴，一見すると相矛盾する彼らの思想と行動を見ていくことにしたい．

1　地方官僚とは？

まず，インドネシアにおいて誰を地方官僚と考えればよいであろうか．スハルト権威主義体制の時代には，州知事や県知事，市長といった地方行政単位のトップ，地方首長が地方官僚のトップと考えても良かった．スハルト体制時代の中央地方関係，地方行政を規定した1974年第5号法では，州知事や県知事，

市長は，地方議会が選出した3名から内務大臣が選ぶことになっており，建前としては地方議会の選挙という形を取ってはいた．しかし，実態としては，3名のうちの2人は当て馬であり，内務大臣が誰を選ぶかは予めほぼ決まっていた．ジャワについて言えば，西・中・東ジャワ各州の州知事はスハルト体制崩壊まで常に軍人が就任してきた．県知事，市長については，体制発足当初は軍人が大半であったが，体制後期になれば文民が増えていった．そして，この文民とは地方のキャリア官僚である．その変化については表5-1を見てもらいたい．1965年に共産党のクーデター未遂事件である9・30事件が起き，初代大統領スカルノが失脚し，66年以降，当時の陸軍高官スハルトが権力を掌握し始めると，県知事，市長に占める軍人の割合が高まっていったことが分かる．しかし，その後，陸軍高官であったルディニが1988年に内務大臣に着任すると，徐々に軍人出身の首長の割合を減らしていった．後に，彼はその理由を次のように述べている．

> 私の理由は簡単である．軍が政府のポジションを獲得し始めたとき，それは状況が緊急だったからである．9・30事件に関与した文民官僚がおり，彼らを排除した後の空白を埋めるためであった．しかし，こうした緊急性が軍が文民のポジションを担い続ける理由となるであろうか？いや，それは理由とならない［Jawa Post 1996/11/13］．

この表5-1のデータは，東ジャワ州については，ティンカーとウォーカー［Tinker and Walker 1973］とマフロザ［Mahroza 2009］にもとづいており，西ジャワ州のデータについては筆者の地方紙などからの情報収集にもとづいている．ま

表5-1　ジャワ島での軍出身の県知事・市長の割合 (65-98年)

	西ジャワ州 （現在のバンテン州含）		中ジャワ州・ジョグジャカルタ 特別州		東ジャワ州	
	人数 （総数）	割合	人数 （総数）	割合	人数 （総数）	割合
1965	6(23)	26.1%	2(40)	5.0%	4(37)	10.8%
1968	20(23)	87.0%	21(40)	52.5%	17(38)	44.7%
1973	13(24)	54.2%	-		26(37)	70.3%
1998	8(28)	28.6%	-		19(38)	50.0%

(出所) Tinker and Walker [1973], Mahroza [2009].

た，非軍人全員の大半が地方行政官僚であるが，たとえば，西ジャワ州マジャレンカ県の県知事には内務大臣の娘がなるというような例外も存在していた．

いずれにしても，スハルト体制時代を通じて，地方首長というのは，地方の代表というより，中央政府が地方を統制する責任者という性格が強かった．

1998年からの民主化，そして2001年から始まる地方分権化は，地方首長職の性質を一気に変えた．地方首長と副首長はまずは地方議会，2005年からは直接選挙で選ばれる政治的ポストとなり，地方キャリア官僚の頂点とはいえなくなった．今では，地方官僚の頂点は官房長（Sekretaris Daerah, Sekda）である．スハルト体制時代にも，地方行政を規定した1974年第5号法では，官房長が地方官僚のトップとの規定はあったが，地方キャリア官僚はほぼ任命職に近い地方首長ポストになれる可能性が高かったことから，地方首長こそが地方キャリア官僚の頂点だとみなしてもよかった．地方首長が政治ポストになったことで，官房長と地方首長との間には大きな溝ができ，官房長がキャリア官僚である一方，多様な社会的背景を持つ人物が地方首長，地方副首長になりはじめた．そして，選挙で勝って地方首長，副首長になるには，とりわけ直接選挙制が導入されてからは知名度，カネ（選挙資金）とネットワークが重要になってきた．

2　正副首長の社会的背景の変容と持続

それでは，民主化・分権化後，どういった人物が地方首長，副首長になり始めたのであろうか．ここで**表5-2**をみてもらいたい．**表5-2**は2010-2011年時点及び2016-2017年時点でのジャワ島内の全県・市の正副首長の社会的背景を表したものである．ジャワ島内にあるジャカルタ特別州は首都として特別法があり，州知事が同州内の5市長，1県知事を任命する．そのため，県知事・市長ポストは政治ポストとは言えないので除外している．さて，この表を見れば明らかなように，民主化により軍出身者は激減した．首長直接公選制下の2010-11年時点，2016-2017年時点では，全ジャワの県知事・市長112人のうち軍出身者はわずか4人になった．

新たに正副首長ポストにつき始めたのが政治家であり実業家である．また，本章との関連で重要なことは，官僚出身者が民主化後も正副首長につけている点である．2011年には，112人の県知事，市長のうち官僚出身者は23.2％の26人，副県知事，副市長のうち官僚出身者は28.6％の32人，そして正副首長のど

表 5 - 2　正副首長の社会的背景（2010-2011年と2016-2017年）

	2010-2011		2016-2017	
	人数	割合	人数	割合
	首長（上段） 副首長（下段）			
官僚	35	31.3%	19	16.8%
	32	28.6%	30	26.6%
政治家	48	42.9%	56	49.6%
	43	38.4%	53	46.9%
実業家	20	17.9%	21	18.6%
	14	12.5%	13	11.5%
軍・警察	4	3.6%	4	3.5%
	2	1.8%	2	1.8%
その他（教員・講師，医師，弁護士，宗教指導者，活動家）	5	4.5%	10	8.9%
	21	18.8%	14	12.4%
前正副首長妻	0	0.0%	3	2.7%
	0	0.0%	1	0.9%
合計	112		113	
	112		113	

（出所）筆者作成.

　ちらか，あるいはどちらもが官僚出身者のケースは，112の正副首長の組み合わせのうち55％の61組となっており，正副首長ポストが直接選挙で勝ち取る政治ポストになっても，官僚は比較的生き抜いているといえる.

　2016-2017年になると状況は変化してきている. 113人の県知事，市長のうち官僚出身者は16.8％の19人に減少してしまった. ただし，副県知事，副市長の場合には26.6％の30人であり，また，正副首長のどちらか，あるいはどちらもが官僚出身者のケースは113の正副首長の組み合わせのうち44.1％の44組となっており，副首長職も含めれば官僚出身者は比較的生き残っていることが分かる.

3 政治化した地方官僚たち

　どうして地方行政官僚たちは正副首長を目指したのであろうか．その理由としては，幾つか考えられる．歴史的に考えると，官僚制度が19世紀末の蘭領東インド時代からジャワ島では整備され始め，貴族階層が県知事職を筆頭として官僚機構に浸透し始めたことで，地方高級官僚層が地方エリート層とも重なった．32年間続いたスハルト体制においても高級官僚層が地方エリート層として重なり続けたことから，1998年に民主化が始まったとき，高級官僚たちは地方エリートとして知名度が高く，政治ポストを狙いやすかった．また，官僚の中には，民主化・分権化時代に完全に適応して，官僚時代に作り上げた多様なアクターとのネットワークを政治リソースとし，さらに実業家などから選挙資金を集めることに成功し，政治家に転身して正副首長に上り詰めたものも現れた．また，2010-11年時点のジャワ島で二代に渡って一族が正副首長を握り続けたケース，州知事の近親が正副県知事・市長ポストを掌握したケースが112の自治体のうち11自治体で見られ，2016-2017年ともなると113自治体のうち22自治体でみられており，一族支配の傾向が強まってきている．こうした自治体では，一族から首長に上り詰めた男性の妻や子弟が次の正副首長候補になる．当然，この妻や子弟の政治リソースは初代首長の資金とネットワークしかなく，行政経験などほぼない．その場合，行政経験豊かな地元官僚をパートナーにするケースもあった．

　ただ，本章の主たる目的は，このように地方官僚たちが正副首長として生き残ることができた理由を明らかにすることではなく，どういった地方官僚たちが政治化するのか，どうして政治化するのかを明らかにすることである．こうした点を明らかにするにあたり，本章では，2011年に東南アジア自治体サーベイに関する科学研究費（代表：永井史男）においてインドネシアでも代表的な世論調査機関であるインドネシア・サーベイ研究所（Lembaga Survei Indonesia, LSI）の協力を仰いで実施した直接面談方式によるエリートサーベイの結果を用いている．同サーベイでは，ジャカルタ特別州を除くジャワ島内の全ての県・市の官房長に対して質問に答えてもらった．回答率は92%に達し，112の官房長のうち，103人から回答があった（表5-3）．

　更に，各種オンライン，オフラインから集めた県・市の正副首長や官房長の

表 5 - 3　州別官房長質問票回収率

地域	自治体数	調査結果	
		回答自治体	回収率
バンテン州	8	7	87.5%
西ジャワ州	26	26	100.0%
中部ジャワ州	35	35	100.0%
ジョグジャカルタ特別州	5	5	100.0%
東ジャワ州	38	30	78.9%
合計	112	103	92.0%

（出所）2011年インドネシア自治体サーベイ.

社会的背景やキャリアパスのデータも使用している．これからは，サーベイなどで得られたデータをもとに，どういったタイプの官房長が正副首長選への出馬を考えたのかを見ていくことにする．その前に，サーベイで得られたデータのうち，本章と関係する項目を見ていくことにしよう．

4　2011年時点での官房長のプロフィール

　まず，官房長の2011年時点での年齢を見ていこう．表 5 - 4 にあるように官房長の 8 割以上は50歳代以上であり，しかも表 5 - 5 の公務員勤務開始年をみれば，彼らは20年以上，公務員を続けてきたものであることが分かる．彼らは，地方行政について知識と経験が豊富な人物である．

　次に彼らの政官ネットワークを見ていくと面白いことが分かる．表 5 - 6 は彼らの家族の中に政治家がいるかを問うたもので，家族に政治家がいると答えたものはわずかに4.9%である．少なくともジャワ島の場合，一族ネットワークを考えたとき，政治家ネットワークと官僚ネットワークとでは民主化して12年が経った2011年でもほぼ完全に断絶していることが分かる．

表 5 - 4　2011年時点での官房長の年齢

	度数	割合
41-45歳	2	1.9%
46-50歳	13	12.6%
51-55歳	59	57.3%
56-60歳	29	28.2%

（出所）2011年インドネシア自治体サーベイ.

表5-5　何年に公務員になりましたか.

	度数	割合
～1975	1	1.0%
1976～1980	21	20.4%
1981～1985	52	50.5%
1986～1990	29	28.2%

（出所）2011年インドネシア自治体サーベイ.

表5-6　家族（*）の中に政治家（**）はいますか.

	度数	割合
1.　はい	5	4.9%
2.　いいえ	97	94.2%
無回答	1	1.0%

（注）*家族は，夫・妻，子供，両親，義理の両親，
　　　祖父母，義理の祖父母を指す.
　　　**政治家は，国会議員，州議会議員，県・市
　　　議会議員，党本部幹部，党州支部幹部，党
　　　県・市支部幹部，省庁特別スタッフ，議会特
　　　別スタッフを指す.
（出所）2011年インドネシア自治体サーベイ.

　続く**表5-7**は，県・市の人事に関する問いである．県・市の高官（局長や庁長官）を選ぶ際に政治家や政党の影響力が重要かどうかを問うた質問では，82.5％という極めて高い率で重要ではない，余り重要ではないと答えていることが分かる．ここからは，少なくとも認識の上では，官僚機構の政治的中立性を守っているという自負心を伺うことができる.

　続いて**表5-8**と**表5-9**で中央政府との関係について聞いている．この問いをもうけたのは，官僚機構の政治化（Politisasi Birokrasi）現象を受けてのものである．地方分権時代に入り，地方公務員人事の任免権が大幅に自治体に委ねられた結果，地方首長が専門性を考慮せずに，自分の好き嫌いで高官をすげ替えたり，首長選のときに官僚機構を政治マシーン化して自らを支持した高官に対して政治的判断で論功行賞的に懐の潤うポストにつけさせたりするという状況が目立ち始めた．それがインドネシアでは官僚機構の政治化という表現で否定的に捉えられていた．そこで官房長に，地方の官房長や高官になるための基準を中央政府が厳しくすることを支持するかを問うた結果が**表5-8**であり，地方行政機構の運営に中央政府がもっと指導を与えるべきかを問うた結果が**表5**

表 5-7　あなたからみて，局長や庁長官を決める上で，政治家の支持はかなり重要ですか，重要ですか，あまり重要ではありませんか，それとも重要ではありませんか.

	度数	割合
1.　かなり重要	1	1.0%
2.　重要	16	15.5%
3.　あまり重要ではない	41	39.8%
4.　重要ではない	44	42.7%
無回答	1	1.0%

（出所）2011年インドネシア自治体サーベイ.

表 5-8　あなたは，中央政府が官房長や局長，庁長官などの高官人事の基準を厳しくすることに大いに賛成しますか，賛成しますか，あまり賛成しませんか，全く賛成しませんか.

	度数	割合
1.　大いに賛成	17	16.5%
2.　賛成	68	66.0%
3.　あまり賛成しない	16	15.5%
4.　全く賛成しない	2	1.9%

（出所）2011年インドネシア自治体サーベイ.

表 5-9　あなたは，中央政府が自治体の機構整備について指示を出すことに大いに賛成しますか，賛成しますか，あまり賛成しませんか，全く賛成しませんか.

	度数	割合
1.　大いに賛成	4	3.9%
2.　賛成	59	57.3%
3.　あまり賛成しない	35	34.0%
4.　全く賛成しない	4	3.9%
無回答	1	1.0%

（出所）2011年インドネシア自治体サーベイ.

-9である.

　82.5%の官房長が人事について中央政府の規制強化を支持しており，61.2%の官房長が中央政府の官僚機構への介入に支持を与えている．人事よりも機構への中央政府の介入について支持する声が弱いが，それでも，全体としてみれば，地方分権化の時代にあって，官僚機構の政治化が問題視されるなか，官僚機構のトップである官房長としては，中央政府による地方官僚機構への介入を

表 5 -10　あなたが官房長として現在の県知事/市長を支えている間に，予算配分増額のために中央政府に地方の要望を伝えたことがありますか．

	度数	割合
1.　はい	84	81.6%
2.　いいえ	18	17.5%
無回答	1	1.0%

（出所）2011年インドネシア自治体サーベイ．

表 5 -11　そうした要望を伝えるのは，自分のイニシアティブによるのですか，それとも，県知事/市長の命令によるのですか．

	度数	割合
1.　自分のイニシアティブによることが多い	46	44.7%
2.　県知事/市長の命令によることが多い	49	47.6%
無回答	8	7.8%

（出所）2011年インドネシア自治体サーベイ．

支持する声が高いことが分かる．それは，中央・地方の官僚ネットワークを強化することで，官僚の自律性・専門性を維持し，地方首長の政治的介入を困難にさせようという意図を示している可能性が高い．

　次に，官房長の自律性が伺えるのが**表 5 -10**と**表 5 -11**である．**表 5 -10**は，現在の首長を支えている間に予算配分増額のために中央政府に地方の要望を伝えたのかどうか，**表 5 -11**では，そうした要望を伝えた場合のイニシアティブが官房長自身なのか首長の命令によるのかを問うた結果である．

　81.6％の官房長が中央政府にロビーしたことがあると答えており，それは妥当な数字であろう．残りの17.5％の官房長についても，正副首長，局長や庁長官がロビーをしているであろう．興味深いのは，ロビーをした81.6％の官房長のうち，およそ半分の44.7％の官房長が自分のイニシアティブでロビーをしていると答えていることである．このことは，官僚として経験値のある官房長がすでに中央の官界とネットワークを築いていることから，首長を介さずともロビー活動ができるということを意味しており，また，首長に頼らないで中央政府から予算獲得が可能だという自負心を示しているのかもしれない．

　以上，2011年のサーベイ結果から分かることは，ジャワの県・市に勤める官房長たちは，一族ネットワークをみても政治的ネットワークとは別の官僚ネットワークに所属しており，官僚人事も非政治的であろうとし，（中央政府の手を借りてでも）官僚機構の自律性を重視する立場を取っているということである．

5 官房長の政治化

　それでは，2011年に官房長をしていたものたちはその後，どういうキャリアを歩んだのであろうか．彼らの2019年1月までのキャリアを示したのが**表5-12**である．これはオンライン，オフラインのデータから収集したデータである．官房長を含めて官僚を続けているものは13名にとどまり，官房長を続けているものは5名だけである．退職したもの，退職前か後に死亡したものは32名を数える．汚職で逮捕されたか係争中のものは8名で，実業家など他のキャリアを歩んでいるものは10名である．そして，103人中40人，つまり38.8％の官房長が2019年1月までに地方首長選に正副県知事・市長候補，副州知事候補として，あるいは，議員候補として出馬している．とりわけ興味深いのは，2011年時点で官房長であった36人（35.0％）が官房長の在任中か退職後に首長選への出馬を目論んだか，実際に出馬した点である．

　前節でも述べたように，2011年に官房長であったものは非政治化に努め，官僚の自律性の確保に努めていたことを考えると，かなりの割合の官房長自らがその後，政治化していくという姿は，思想と行動の乖離のようにも見える．ここからは，この36人の特徴を他の官房長と比較しながらみていくことにしよう．

　表5-13は，2011年に官房長であり中央政府へのロビー経験があるものについて，ロビー活動を自分のイニシアティブで行ったことがあるかどうか（表5-11参照）と，政治化との関係についてみたものである．自分のイニシアティブ

表5-12　2011年時点での官房長のその後のキャリア
（2019年1月まで）

その後のキャリア	人数	％
政治化（首長選出馬表明か出馬）	36	35.0％
政治化（議員出馬か出馬表明，首長候補支持）	4	3.9％
退職，退職後死亡	32	31.1％
現職	13	12.6％
汚職事件による係争中か服役	8	7.8％
その他のキャリア	10	9.7％
合計	103	100.0％

（出所）筆者作成.

表 5-13　官房長の主体性・自律性

	自分のイニシアティブ でロビー		首長の指示で ロビー	
	人数	割合	人数	割合
政治化（34人）	21	45.7%	13	26.5%
非政治化（61人）	25	54.3%	36	73.5%
小計	46		49	

無回答：8人
（出所）2011年インドネシア自治体サーベイ.

でロビーをしたものほど政治化していることが分かる．つまり，主体性・自律性の高い官房長ほど自治体の正副首長になる意思を持っていることがわかった．

　表 5-14〜表 5-16は，官房長の県・市の人事に関する意識（表 5-7 参照）や中央政府との関係（表 5-8，表 5-9 参照）に関する考えと，政治化との関係をみたものである．ただし表 5-7〜表 5-9で示されている回答について，「1」「2」および「3」「4」をそれぞれ統合して用いている．また，表 5-17は，2011年のサーベイにおいて，「あなたが現在の県知事・市長を支えている間，県・市の主要道路建設プロジェクトの場所を選定するうえで最も影響力があるのは誰ですか」という項目への回答を整理したものである．「県知事・市長」と答えたかそれ以外の選択肢への回答に二分し，これと政治化との関係をまとめたものである．

　これらの表から次のことが分かる．政治化した官房長は，高官人事への政治家の支持が重要ではないと考える割合が，総数102名の割合よりも高く，非政治化した官房長の割合よりも更に高いことである．中央政府の高官人事基準強化を支持する割合，また，中央政府による自治体機構整備への指示に賛成する

表 5-14　政治家の重要性認識と政治化

	高官人事での政治家支持 重要		高官人事での政治家支持 非重要		合計
	人数	割合	人数	割合	
政治化	5	13.9%	31	86.1%	36
非政治化	12	18.2%	54	81.8%	66
小計	17	16.5%	85	82.5%	102

無回答：1人

（出所）2011年インドネシア自治体サーベイ.

表 5-15　中央政府の人事基準介入，機構整備介入支持・反対と政治化

	中央政府の高官人事基準強化支持		中央政府の高官人事強化基準強化反対		合計	中央政府の機構整備への指示に賛成		中央政府の機構整備への指示に反対		合計
	人数	割合	人数	割合		人数	割合	人数	割合	
政治化	31	86.1%	5	13.9%	36	24	66.7%	12	33.3%	36
非政治化	54	80.6%	13	19.4%	67	39	59.1%	27	40.9%	66
政治化＋非政治化	85	82.5%	18	17.5%	103	63	61.8%	39	38.2%	102

無回答：0 人　　　　　　　　無回答：1 人

（出所）2011年インドネシア自治体サーベイ.

表 5-16　首長の重要性認識と政治化

	自治体プロジェクトで首長が最も影響力		自治体プロジェクトで首長以外が最も影響力*		合計
	人数	割合	人数	割合	
政治化	17	48.6%	18	51.4%	35
非政治化	22	32.8%	45	67.2%	67
政治化＋非政治化	39	38.2%	63	61.8%	102

無回答：1 人

（注）＊：首長以外のアクターとは，地方議会，地域開発企画長，関連局長，実業家連合，地方名望家，その他を意味する.
（出所）2011年インドネシア自治体サーベイ.

割合については，政治化した官房長の方が，回答した全ての官房長の割合よりも高く，非政治化した官房長よりも更に高いことである．また，自治体の道路建設プロジェクトにおいて首長が最も重要と考える割合は，政治化した官房長の割合が，回答した全ての官房長の割合よりも高く，非政治化した官房長よりも更に高いことである．

　表 5-13から表 5-16までの結果を合わせて考えて見るならば，政治化して首長選での出馬を目指した官房長というのは，官僚機構としての自律性，それ故の自らの自律性を志向し，政治家からは距離を置こうとしながら，首長の重要性を強く認識していたがために，逆説的にも首長選に立候補を目指すという形で政治化していったということができるであろう.

6 非政治化志向の官房長の政治化の行方

　このように政治化していった36人の官房長は実際にどういう運命を辿ったのであろうか．36人のうち，首長選に出馬表明をしたものの，実際には推薦政党が存在しないなどの理由で出馬を諦めたものが9名，副県知事・市長として出馬して敗北したものが6名，副州知事候補として出馬して敗北したものが1名，県知事・市長候補として出馬して敗北したものが13名，副県知事・市長として出馬して当選したものが5名（東ジャワ州モジョクルト市，同州トゥルンアグン県，西ジャワ州スカブミ県，同州スカブミ市，バンテン州セラン市），県知事・市長として出馬して当選したものが2名（東ジャワ州マディウン市，西ジャワ州ボゴール県）である．

　正副首長のどちらかで当選できたのは，36名中7名（19.4％）であり，県知事・市長として当選できたのは2名だけである．官僚機構の自律性を志向しながら政治化していった官房長が正副首長になる確率は低い．それは，こうした思想の持ち主が選挙資金集めに尽力し，政治ネットワークを存分に活用して立候補して首長選に勝つという行動にはなじまないからなのかもしれない．また，官房長であったとしても，地域住民レベルでの知名度はそれほど高いわけではないからかもしれない．

おわりに

　本章は，科学研究費交付金により，LSI の協力のもと，ジャワ島全県・市の官房長に面談形式で行ったサーベイ調査に加え，オンライン，オフラインで集めた官房長のデータをあわせて，彼らの行政官時代の思想と行動の特徴を分析した後，ポスト行政官時代の彼らの行動を追跡することで，地方行政官の立場から分権化時代のインドネシアの地方政治・行政を照射してみようと試みた．

　ラディカルな形で始まった地方分権化は，地方政治の活性化をもたらし，多様な地方首長を生み出し，場合によっては優れたリーダーシップをもつ地方首長を生み出してきた．こうした状況下にあって，スハルト体制時代から行政官僚の道を歩み，ポスト・スハルト時代という全く想定していなかった時代に地方行政官のトップについた官房長は何を考え，どう行動したのかを明らかにす

ることを目指した.

　こうしたサーベイ分析からは，官僚支配が長く続いてきたジャワ島にあって
は，官房長の中には，非政治的な志向性をもち，官僚の自律性を支持する傾向
を持つものが多いことがわかった．興味深いことに，こうした非政治化，官僚
の自律性を強調していた元官房長こそが政治化していき，首長選に打って出る
ようになった．しかし，彼らの多くは首長選で敗北してしまっている．元キャ
リア官僚たちは，自らが地方のリーダーシップを握ることで，ジャワの地方政
治・行政をスハルト時代のような官僚優位のシステムに再び作り直そうとしな
がら，その夢を実現できていないということなのかもしれない．最後に，もう
一度，2010-2011年と2016-2017年の正副首長の社会的背景をみてみれば，
2016-2017年になっても副首長についてはまだ官僚出身者の割合が高い．だと
すれば，より広く官僚出身者という観点からすれば，副首長として地方官僚を
統制していく道は残されており，首長となった政治家や実業家にとっては必要
なアクターということなのであろう.

注

1) 唯一の例外は，1967年から78年まで東ジャワ州知事を務めたR・P・モハマド・ヌル
　　である．彼は，オランダ時代の地方行政官僚養成学校を卒業したキャリア地方行政官僚
　　である．また，スハルト体制期には，警察は軍の一部であったので，軍人には警察も含
　　めている.

◆参考文献◆

邦文献

岡本正明［2015］『暴力と適応の政治学――インドネシア民主化と安定の地方構造――』
　　京都大学学術出版会.

外国語文献

Aspinall, E. and Fealy, G. eds.［2003］*Local Power and Politics in Indonesia: Decentralization &
　　Democratisation*, Singapore: Institute of Southeast Asian Studies.

Erb, M. and Sulistiyanto, P. eds.［2009］*Deepening Democracy in Indonesia? Direct Elections for
　　Local Leaders (Pilkada)*, Singapore: ISEAS.

Hadiz, V. R.［2010］*Localising Power in Post-Authoritarian Indonesia: A Southeast Asia
　　Perspective*, Stanford: Stanford University Press.

Longgina N. B., Purwo S. and Willy P. S. eds.［2018］*Rezim Lokal di Indonesia: Memakinai Ulang
　　Demokrasi Kita*, Jakarta: Yayasan Obor Indonesia.

Mahroza, J.［2009］*A Local Perspective on Military Withdrawal from Politics in Indonesia: East*

Java 1998-2003, Saarbrücken: LAP Lambert Academic Publishing.

Nordholt, H. S. [2003] "Renegotiating Boundaries: Access, Agency and Identity in post‒Suharto Indonesia," *Bijdragen tot de Taal-, Land- end Volkenkunde*, 159, pp. 550‒589.

——— [2004] "Decentralization in Indonesia: Less State, More Democracy?" In John Harriss, Kristian Stokke and Olle Tornquist eds., *Politicising Democracy: The New Local Politics of Democratisation*, New York: Palgrave Macmillan, pp. 29‒50.

Nordholt, H. S. and van Klinken, G. [2007] *Renegotiating Boundaries: Local Politics in Post-Suharto Indonesia*, Leiden: KITLV Press.

Tinker, I. and Walker, M. [1973] "Planning for Regional Development in Indonesia," *Asian Survey*, 13(12), pp. 1102‒1120.

Turner, M., Amir I. and Wahyu S. [2009] "Human Resource Management: The Forgotten Dimension of Decentralization in Indonesia," *Bulletin of Indonesian Economic Studies*, 45(2), pp. 231‒249.

von Luebke, C. [2009] "The Political Economy of Local Governance: Findings from an Indonesian Field Study," *Bulletin of Indonesian Economic Studies*, 45(2), pp. 201‒230.

第Ⅱ部

ネットワーク、住民参加、地方自治

第6章

タイにおける自治体パフォーマンスの要因分析
──首長の属性，ネットワーク，自治体の種類と設置年──

永井史男・籠谷和弘

はじめに

本章の目的は，タイの地方自治体のパフォーマンスがどのような要因によって決定されるのかを，2006年半ばと2013年から2014年前半にかけて実施した2回の自治体エリートサーベイで得られたデータをもとに検討することにある．

タイの地方自治体はフィリピンやインドネシアと比べると，バンコク都を除いて全体的に規模が小さく，数もたいへん多い．自治体の権限や義務も3カ国の中で最も制約が大きい．このように権限，財源，人員が限られる中で自治体の行政パフォーマンスに大きな影響を与えるのは，住民の要望に自治体が迅速かつ的確に応答しているか，自治体が外部リソースをいかに効率的・効果的に活用できるのか，そして自治体を統率する首長の資質にかかっていると考えられる．

そこで本章は，自治体首長が外部機関や住民とどのようなネットワークを築きそれを活用しているのか，自治体エリートがどのような社会的属性をもっているのかに着目し，パフォーマンスに影響を及ぼす要因を分析する．また，タイの自治体は来歴が多様で新旧自治体が混在している．そこで，自治体の設置年にも注意を向ける．

本章の議論でもう1つ重要なのは，従属変数である自治体パフォーマンスの測定である．自治体パフォーマンスを示す代替変数としてしばしば人間開発指数や1人あたり GDP，条例の数などが参照されるが，本章ではサーベイ実施から遡った過去3年間に獲得された自治体賞の数を自治体パフォーマンスの代替変数とする[1]．

構成は以下の通りである．第1節ではタイの地方自治制度の概要を説明する．第2節ではタイの地方分権について説明する．タイの地方分権が自治体に対する強い統制をおおむね維持したまま漸進的に行われた点を説明する[2]．第3節では独立変数を3つに分けて説明し，第4節では従属変数である自治体賞について説明する．最後の第5節で以上の議論を踏まえて仮説とモデルを説明し，2回の自治体サーベイデータを用いてロジスティック回帰分析結果を提示する．そのうえで，2006年と2013/4年という2時点を比較して，自治体のパフォーマンスに影響を与える要因を明らかにする．

1 タイの地方自治制度

「地方行政」と「地方自治」の並存と相互依存

1991年国家行政組織法によれば，タイの国家行政は中央行政，地方行政，地方自治の3部門からなるとされる．中央行政は省庁局からなり，地方行政は県（76カ所）と郡（郡878カ所．2018年12月31日時点）からなる．また地方自治体（タイ語を字義通り翻訳すれば「地方行政機構」となるが，本章では地方自治体と呼ぶ）は県自治体，テーサバーン，タムボン自治体，その他特別自治体からなるとされる．地方行政単位である郡は，タムボンと村という下位の地方行政区画にさらに細分化される（それぞれ7255カ所，7万5032カ所．2018年12月31日時点）（図6-1）．

県は中央省庁局の出先機関の寄せ集めだが，中央行政とは別に地方行政として位置付けられている．県には法人格があり，内務省から派遣される高級官僚（中央政府の局長クラス）が県知事を務め，中央の各省庁局から県庁に派遣される官僚に対して指揮命令権限を持つ．郡は県の下に位置づけられる地方行政単位であり，県庁同様に中央省庁局の出先機関が郡役所に置かれ，内務省地方行政局から派遣される郡長が統率する．郡には法人格が付与されていないが，郡長には郡役所に各省局に派遣されている官僚に指揮命令権が付与されている．

タイの地方自治体は県・郡や，中央行政直轄の他の地方出先機関と並存している．県知事は内務省から派遣される国家官僚だが，広域自治体である県自治体は県と同様の行政区画をもちながら，その首長は県住民の直接選挙で選ばれる（2004年以降）．2000年代前半に地方分権が進んだ結果，地方自治体の人員や予算は増えたが，中央行政と地方行政の存在は依然大きい．小中学校や保健所の一部は地方自治体に移譲されたが，大部分は教育省や保健省の直轄下にあ

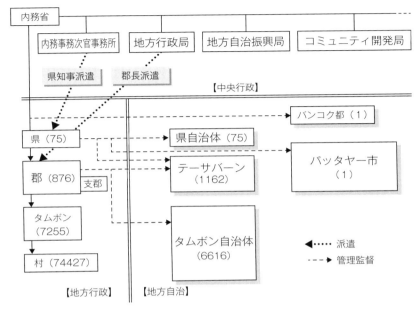

図6-1 タイ内務省による地方支配模式図（2002年10月以降）

(注) 1) 地方行政局は2002年10月の省庁再編により3分割され，新たに地方自治振興局と災害軽減防止局が設置された．ただし自治体に対する県知事・郡長の管理監督権は変更されていない．
2) 自治体の数は2007年1月19日時点のものである．また，地方行政単位の数も2007年時点のものである．現在，県の数は1つ増加しており，地方自治体もタムボン自治体からテーサバーンに格上げする事例が増え続けており，テーサバーンの数は2000カ所を超えている．
(出所) 永井［2012: 111］．

　構造的には地方行政と地方自治体は分離・並存しているが，現場においては相互依存の関係にある．地方分権が進んだ結果，県庁や郡役所の予算が減り，地方自治体からの財政支援がなければ，住民の行政需要に応答できない現象がみられる．たとえば，国立小中学校の運動器具，保健所による地域住民への予防接種費用，麻薬撲滅のための文化行事などは，実際には自治体がかなりの経費を負担している．それゆえ，小中学校の校長や保健所職員，郡役所の職員はしばしば自治体に掛け合い，財政支援を要請することが日常化している．したがって，自治体のパフォーマンスを考えるうえで，こうした地方行政末端を担う官僚との接触は重要である．

「多様な」地方自治体

タイの地方自治は広域自治体（県自治体）と基礎自治体（テーサバーンとタムボン自治体）の二層からなり，特別自治体のバンコク都は広域自治体と基礎自治体の両方の機能を備えている[4]．テーサバーンは主に都市部に設置され，タムボン自治体は農村部に設置されているが，2007年以降，この違いが徐々に曖昧になっている（後述）．特別自治体にはもう1つパッタヤー特別市があるが，機能的には1999年以降はテーサバーンとさほど変わらない．

タイは統一された地方自治法を欠き，自治体の種類ごとに設置根拠法が異なる．それゆえ，自治体の権限・義務に無視できない微妙な違いがある．たとえばテーサバーンとタムボン自治体は，インフラ整備，上・下水道の維持・管理，廃棄物収集・処理，副収入の促進，高齢者や障がい者への手当支給や介護などの点では共通の業務をこなしているが，保健所や小中学校を設置したり住民登録業務を行うところは一部のテーサバーンにほぼ限られる（自治体で住民登録サービスを受けられない住民は郡役所に行く）．

テーサバーンとタムボン自治体では，地方議会議員選挙の仕組みも異なる．テーサバーンでは選挙区を2～4地域に分け，各地域から6名の候補者を選ぶ連記制中選挙区制をとっている．他方タムボン自治体では，当該タムボン自治体内の村から2名ずつ議員を選出する．そのため，タムボン自治体議会議員の数は6名（最低限の議員数）から70数名まで多様だが，テーサバーン議員の数はテーサバーンの大きさ（大中小に応じて，それぞれテーサバーン・ナコーン，テーサバーン・ムアン，テーサバーン・タムボンと呼び分ける）に応じて24名，18名，12名の3種類だけである．

タイの地方自治体の多様性は2006年以降ますます顕著になった．農村的性格の強いタムボン自治体の中に，テーサバーンに格上げする事例が続出した［永井 2008b］．今日，テーサバーンというだけではそれが都市部に設置されているのかどうか判別が難しい．本章は2006年と2013/4年に実施したサーベイ結果を分析するが，自治体の種類や設置年は自治体パフォーマンスを考察する場合，注意を要する点である．

カムナン・村長の存在

地方行政末端の行政区画であるタムボン（「区」「行政区」とも訳される）や村では，住民から選出された人物が中央・地方行政の職務を担う．その長はカムナ

ン・村長とそれぞれ呼ばれる.

カムナン・村長は19世紀末の近代国家形成期にまで遡る古い制度で,その役割や権限は1914年地方行政法に規定されている.彼らの役割はタムボンや村の治安維持や住民登録（新生児の出生証明,物故者の死亡報告など）,準司法的役割（諍いの仲裁）,内務省はじめ中央省庁局から委任を受けた通達を村民に届けることである（村長には村落会議招集権がある）.カムナン・村長は毎月1回郡役所で開催される会議に出席するほか,県庁にもしばしば招集される.内務省地方行政局から月極めの手当て（月給ではない）が支払われ,公務員に準じた福利厚生の特典があり,制服も支給される.

カムナン・村長の選出方法には紆余曲折があるが,1992年までは一旦住民の選挙で選ばれた後は60歳定年まで自らの意思で退職しない限り,その地位に留まることができた.それ以降は退職者が出ると,5年毎の住民選挙によって選ばれ,カムナンも村長の中から立候補したものを住民が5年毎に選ぶようになった.2007年以降は5年毎に郡長による審査を受けてそれをパスすれば継続できることになり,カムナン・村長が辞職または60歳で定年退職したときに限って住民が選挙で選ぶようになった.

タムボンと村は地方自治体同様,タイ全国を隈なく覆っているが,両者の重なり具合は完全には一致していない[5].タムボンの中には,その一部が旧衛生区に編入されていたところがあり,1995年以降にタムボン自治体が新設されたとき,旧衛生区域が除外された（衛生区については後述）.また,1998年以前にテーサバーンが設置されていたところではカムナン・村長はいない.旧衛生区が廃止された1カ所を除き,残りはすべてテーサバーン・タムボンに格上げされた1999年以降,テーサバーン・タムボンに限ってカムナン・村長の存続が認められたが,テーサバーン・ムアンやテーサバーン・ナコーンでは依然カムナン・村長は設置できない.

テーサバーンもタムボン自治体も住民にとっては身近な存在である.タムボン自治体には設置当初カムナン・村長が運営に参加したことから,住民の間でもその役割の理解に混乱が見られた.しかし,今日では治安維持や社会秩序についてはカムナン・村長が,開発や社会政策については自治体がそれぞれ管轄するという理解が共有されている.カムナン・村長とタムボン自治体の関係は多様で,疎遠なところもあれば密接なところもある.タムボン自治体議会での議決に,事実上カムナン・村長が事実上関与しているところもある.

カムナン・村長の存在はタイの基礎自治体，とりわけ農村部のタムボン自治体にとっては，ステークホルダーとして無視できない存在であり，自治体のパフォーマンスを考えるうえで関係性を考慮する必要があるだろう．

地方自治体に対する統制

地方分権が進んだとはいえ，地方自治体に対する中央行政・地方行政の統制は依然として厳しい．その中身は大きく３つに分けられる．

まずタイの地方自治体の活動は法律に強く縛られている．業務は法律に書かれていることしか許されない（制限列挙方式）．法律から逸脱して業務を行った場合，行政裁判所によって違法と判断されるケースも少なくない．人件費は法律によって予算の40％しか支出が認められていない．議員定数も自治体が独自に決められず，法律で一律に定められている．自治体職員人事も自治体内で完結しておらず，各県に設置された自治体職員人事委員会が採用や自治体間の異動を司る．この委員会は地方行政代表，地方自治代表，有識者からなるが，有識者には元官僚が多く，委員長は県知事が務めており，地方行政の影響が直接間接に働く [Supasawad 2010]．

自治体は県知事や郡長の「管理監督」下に置かれている．タイの自治体は，年次予算案や自治体開発計画の承認を議会だけでなく，県知事や郡長からも得る必要がある．そのため自治体首長や助役は，内務省地方行政局から派遣される郡長や副郡長や内務省地方自治振興局から派遣される職員に日常的に接する機会が少なくない．郡役所では毎月１度，地方自治体の首長や助役を集めて月例会議を開くことが多い．地方議会が機能不全に陥ったり，自治体の首長や議員が不適切な行為に及んだ場合には，県知事や郡長が議会を解散させたり，首長や議員を解職できる（少数ながらそういう実例もある）．

地方自治体に対する統制は内務省以外からも及ぶ．特に会計検査院による検査が厳しいことで知られる．不適切な会計処理を行ったと判断された場合には，首長が弁償を迫られたり，職務停止という事態さえ覚悟せねばならない．汚職は政治家やタイ官僚制全体の問題だが，地方自治体に対する目は特に厳しい．

このように，タイの地方自治体はフィリピンやインドネシアのそれと異なり，地方行政との日常的接触が構造化されている．したがって，自治体のネットワークを考慮する際には，管理監督する立場にある地方行政との関係は考慮

の対象に入れる必要がある.

2　タイの地方分権

　タイの地方分権を大きく進めるきっかけとなったのは，1997年タイ王国憲法（以下，97年憲法と略）である．2006年クーデタ後に発布された2007年タイ王国憲法（以下，2007年憲法と略）でも，97年憲法で規定された地方分権の趣旨は踏襲されたが，国政の混乱の影響であまり進められなかった.

97年憲法と地方分権

　97年憲法は，それまでに発布されてきた多くのタイ憲法の中でも，地方分権と地方自治をもっとも進めた点で知られる.

　97年憲法は第78条で，国家の基本政策の1つとして地方分権を取り上げ，「第9章」で第282〜290条に渡る9つの条文を置き，地方自治に関する重要な原則を規定した．チュアン政権（1997年12月〜2001年1月）は県自治体設置法，タムボン自治体設置法の改正，衛生区のテーサバーン・タムボンへの格上げ法など，自治体改革や地方分権推進のため十数本の法律を97年憲法施行後2年以内に通過させた［永井 2008a］．本章との関係で重要なのは，以下の3点である.

　第1に，97年憲法は地方自治体に対する中央政府の管理監督を必要最小限度にすべきとしたうえで，自治体の自律性を強化した．県知事，郡長，カムナン・村長が自治体の意思決定や執行に関与していたのを禁止した結果，郡長は衛生区から，県知事は県自治体からそれぞれ直接的に運営に関与することはなくなり，カムナン・村長はタムボン自治体の役職議員を退任した.

　第2に，97年憲法は地方自治体に対する住民参加を強化した．住民による首長や議員に対するリコール（解職請求・解散請求）やレファレンダム（条例制定請求）が初めて認められ，個別法も制定された．また，自治体で開発計画を策定するときには，住民から必ずヒアリングを行って住民の意見を反映するように強く求められた．そのため97年憲法施行以降，各地でプラチャーコム（しばしば「市民社会」と訳される）と呼ばれる市民集会が開催されるようになった．プラチャーコムは形骸化しているとしばしば指摘されるが，自治体の中にはそれを積極的に利用して成果を収めているところもある.

　第3に，97年憲法は地方分権を進めるメカニズムを埋め込んだ．同憲法は地

方分権計画及び手順規定法（以下，地方分権推進法と略）の制定とともに，地方分権委員会の設置を求めていた．1999年に地方分権推進法が制定され，翌年には地方分権委員会が設置された．この委員会で地方分権計画の策定が進められ，チュアン政権任期満了直前に地方分権計画大綱が閣議で承認された（2000年11月）[6]．2007年までに予定されていた245業務のうち180業務が自治体に移譲され，国家歳入に占める地方歳入の比率は当初目標の35％には届かなかったが，1999年当時の10％未満の数値から25％まで増加した［永井 2008a］．

　権限移譲と財源移譲が実際に行われたのは，タックシン政権期（2001年2月〜2006年9月）である．タックシン首相は一党優位を背景に中央集権化を進め，地方自治や地方分権については消極的だった［Mutebi 2004］．だが，タックシン政権期に導入された自治体首長直接公選の導入は重要である．2003年まではバンコク都と一部のテーサバーンを除き，地方議員が互選で自治体首長を選んでいた．住民からの直接的支持を欠き，自らを選んでくれた地方議員への気兼ねから思い切った政策がとれなかったが，2004年以降に住民から直接選ばれた首長は，以前に比べると地位が安定し思い切った措置をとれるようになった．

2006年軍事クーデタと後退する地方分権

　2006年9月のクーデタ後に制定された2007年憲法も地方分権推進を謳っていたが，国政の混乱で地方分権はあまり進まなかった[7]．憲法は地方財政法や地方自治法典を2年以内に制定するよう規定していたが，実現しなかった．2008年に制定された第2次地方分権計画もあまり進まず，第3次地方分権計画は策定すらされずに今日に至っている．

　財政分権の点でも後退が見られた．1999年地方分権推進法は2006年までに地方財政比率を少なくとも35％までクリアするよう数値目標と目標年次を明記していたが，2006年9月の軍事クーデタ後に改訂された地方分権推進法は35％の数値目標は維持したものの，目標年次を削除した．地方財政比率は年々微増しているが，自治体自己歳入の税目は1999年以来変更がなく，事実上政府補助金への依存度が高まっている．中央政府は補助金の占める「紐付け」を強化しており，小中学校での昼食代や補助食，高齢者や障がい者への手当支給などを自治体への補助金の中に含めているので，実際には自治体が自由に使える比率は年々下がっている．

　このように2006年以降は地方分権は停滞・後退とも見なせるが，基礎自治体

をめぐる状況で無視できない変化が確認できる．第1に，テーサバーン・タムボンに格上げするタムボン自治体が大幅に増加した．2006年以前には，タムボン自治体からテーサバーンへの格上げ件数は31例に過ぎなかった（テーサバーン内の格上げは含まない）が，2007年以降タムボン自治体からテーサバーンへの格上げ事例は大幅に増加し，2007～2014年で1257件に達した[8]．それゆえ2007年以降にテーサバーンに格上げされた自治体は農村的性格が強く，それ以前の都市部や準都市部に設置されていたテーサバーンとは質的に異なると考えられる．

第2に，高齢者，障がい者，子どもなど，いわゆる社会的弱者に対する福祉政策が，自治体の重要業務となった．2000年代前半の地方分権で国立保育園はほぼすべて地方自治体に移譲されたほか，小中学校の補助食（牛乳）も自治体を通して支給されることになった．高齢者（タイの場合，60歳以上）に対する手当ても，当初は身寄りがなかったり収入の少ない高齢者のみが対象だったが，アピシット政権（2008～2011年）期にすべての高齢者が対象となった．急速に進む少子高齢化に対して，タイでは介護ボランティアを自治体が募って一定の手当てを支払い，要介護高齢者に対して在宅介護サービスを展開したり健康増進のため老人学校を設置するところが急速に増えつつある．

2回の自治体サーベイが行われる間に地方自治体をめぐる状況が変化したことは，自治体のパフォーマンスに影響を与える要因にも無視できない影響を与えた可能性がある．続く第3節と第4節では，自治体のパフォーマンスに影響を与えると思われる独立変数と自治体パフォーマンスを表す従属変数について検討してみよう．

3 独立変数

自治体パフォーマンスに影響を及ぼす独立変数として，ここでは大きく4つの要素に着目したい．

ネットワーク要因

第1はネットワークの要因である．それはさらに，外部の組織や個人との関係と，住民との関係の2種類に分けられるだろう．

自治体と外部組織や個人との関係が緊密であればあるほど，情報や財政資源など外部資源にアクセスしやすく，住民ニーズに見合った行政サービスが提供

可能であると考えられる．第1節で検討したタイ地方自治体の特徴を考慮すると，①カムナン・村長などの地方名望家，小中学校の教師や保健所など中央政府出先機関末端の職員との接触，②郡長・副郡長，内務省地方自治振興局や社会開発人間安全保障省，コミュニティ開発局の地方出先官僚との接触，③他の自治体首長や助役との接触が重要と考えられる．中央政府の出先官僚は知識や情報をもっていることも少なくない．いずれのサーベイでも，こうしたステークホルダーとの公務の相談に関わる接触頻度について尋ねている（ただし，社会開発人間安全保障省とコミュニティ開発局について尋ねたのは，第2回サーベイのみ）．

また，住民参加が活発な自治体ほど，自治体は住民のニーズに対する応答性が高くなると考えられる．タイには副業収入を増やすための主婦グループや青少年の非行を防止するための青少年グループ，高齢者の健康増進や副業収入を図る高齢者グループなど半官製の団体が少なくない [Surichai, Surangrut, Sayamol et. al. 2014]．こうしたグループは補助金を得るため自治体との接触が少なくない．またこうしたグループのリーダーたちの中から首長になるケースも少なくない．コミュニティ組織メンバー（農業グループ，主婦グループ，体操グループなど）への所属経験の有無を首長に尋ねたところ，第1回サーベイでは現職の14.9%，前職の15.9%が経験者であり，第2回サーベイではそれぞれ11.7%，9.1%であった．

首長の属人的要因

第2は首長の属人的要因だが，それはさらに首長の社会的属性と政策決定のスタイルの2種類に分かれる．

自治体首長に職歴や公職経験が多いほど，組織全体を見渡しながら統率し，予算を有効に利用したり，外部から資源を獲得するネットワークが豊富であると考えられる．公職とはここでは，地方議員，カムナンや村長，あるいは村落委員会委員やコミュニティ組織メンバーなどを指す．職歴では，経営者，農業，教師，軍人，警察官，公務員などを聞いた．経営者としての経験があるほど，創意工夫や住民ニーズに応じた対応をする傾向が高いと予想している．

また，首長の政策決定スタイルも無視できない．ここでのスタイルとは，首長がトップ・ダウンで政策を決定するのか，あるいは住民や市民社会の要望を重視するかの違いである．住民の耳に傾けることは首長にとって重要だが，すべての要望に応じることは難しく，何らかの優先付けが必要であろう．それゆえ首長自身の意向は重要である．他方，首長が住民の意見を聞かずに独善的に

なっても，予算の無駄使いに終わるかもしれない．首長版質問票では2回とも，新しいプロジェクトのアイデアを誰から得ているかを尋ねており，第1回サーベイでは首長自身と答えているのがテーサバーンで26.9%，タムボン自治体で21.2%，住民と答えているのが64.3%，66.3%であったのに対して，第2回サーベイではそれぞれテーサバーンで27.1%，62.3%，タムボン自治体で23.9%，65.8%であった．

助役のキャリア経験

第3は，助役による自治体の掌握度である．自治体のパフォーマンスは，実務を担う自治体職員の能力によっても影響を受けると考えられる．自治体職員の能力を全体として客観的に測るのは困難であるが，自治体職員のトップである助役が有能であれば，その指揮命令下にある職員の能力も発揮されやすいと考えられる．

自治体助役の能力は個人差もあるだろうが，助役としての経験の度合いや，当該自治体に何年勤務しているかによっても影響を受けるだろう（タイの自治体職員はしばしば自治体間を異動する）．そこで，質問票では助役に対して，助役としての勤務月数と当該自治体での勤務月数の両方を質問した．

自治体の種類と設置年

第1節と第2節でも触れたように，地方分権が漸進的に進んできたタイでは，設置年が自治体の種類ごとに異なり，自治体がしばしば格上げされたので，自治体の種類を頼りに表面的に分類するだけでは，同じ自治体における多様性を見逃す可能性がきわめて高い．この問題を解決するには，当該自治体がいつ設置されたり格上げされたのかの情報を把握することである．そこで分析においては，統制変数として設置年を入れた．第1回サーベイと第2回サーベイでは方法や時期が異なるので，分類方法も変えた．

第1回サーベイのデータ分析では，タムボン自治体とテーサバーンで大きく分け，さらにタムボン自治体とテーサバーンについても下位分類を行った．

タムボン自治体については，1995年，1996〜1998年，及び1999年以降（2004年まで）の3種類に分類した．タムボン自治体は1995年に617カ所，1996年に2143カ所，そして1997年に3637カ所漸進的に設置された［永井 2006］．設置年が異なるのは，自治体職員の採用を徐々に進めたことや，設置に必要な財政基

準が当初は厳しく，その後中央政府からの補助金を加えることで設置要件を満たすところが増えたからである．1995年に設置されたタムボン自治体には内務省副郡長試験で次点合格だったものの中から選ばれたことで批判もあったが，中央官僚から転身して自治体助役に就任するものもいるなど，優秀な人材の異動もあった．したがって，同じタムボン自治体でも，1995年設置グループと1996～98年設置のグループに分けることには一定の根拠があると考えられる．また，1999年以降のグループを設定したのは，財源不足のためタムボン自治体に格上げされないタムボン評議会が200カ所以上残っていたからである．これらのタムボン評議会は，2003年から4年にかけてタムボン自治体への格上げ（32カ所）や，隣接基礎自治体と合併（183カ所）し，第1回サーベイ実施時には消滅していた．

　テーサバーンは2種類のグループに分けた．1つは1998年以前に設置されたテーサバーンで，もう1つは1999年以降に格上げされたテーサバーンである．前者の古いタイプのテーサバーンは1999年までわずか149カ所しか設置されていなかったが，保健所や小中学校の運営，住民登録業務などを行う自治体の雛形ともいえる存在で，カムナンや村長も置かれていなかった．一方，後者の新しいタイプのテーサバーンは，1999年に旧衛生区から格上げされたテーサバーンである．このタイプのテーサバーンは990カ所存在した．衛生区はテーサバーンに次いで経済的に繁栄している都市域に置かれた準自治体で，郡長以下の内務官僚やカムナン・村長が地方行政ラインの業務を行いつつ，衛生区の業務に従事していた．しかし，97年憲法施行により衛生区がテーサバーンに格上げされるとともに，同じ区域内でカムナン・村長が引き続き存続できるように，テーサバーン法も改訂された．このように1999年より前に設置された古いテーサバーンと旧衛生区だった新しいテーサバーンは来歴や業務内容が異なるので，分類は必要と考えられる．

　以上の理由から，第1回サーベイのデータ分析では，①1999年より前に設置された（古い）テーサバーンと1995年に設置されたタムボン自治体，②1996～98年にかけて設置されたタムボン自治体，そして③1999年に旧衛生区から格上げされた（新しい）テーサバーンとそれ以降の時期にタムボン評議会から格上げされた少数のタムボン自治体の3種類に分けて分析を行うことにした．

　一方，第2回サーベイについては，第2節でも触れたように，第1回サーベ

イ実施時（2006年）から第2回サーベイ実施時（2013年〜14年半ば）にかけて，多くのタムボン自治体がテーサバーン・タムボンに格上げされた．また，回収できたサンプル数も第1回サーベイに比べて少なかった．そこで第2回サーベイについては，タムボン自治体については設置年の区別を設けず，テーサバーンについては2006年までに設置されたテーサバーンと，2007年以降に格上げされたテーサバーンの2種類に分けて分析を行うことにした．

4　従属変数：パフォーマンス

　自治体のパフォーマンスを測定することはたいへん難しいが，本章の分析では，一定の期間に自治体に付与された賞を自治体のパフォーマンスを表わす代替変数として採用する．

自治体賞

　タイ国にはさまざまの種類の賞が自治体に授与されている．中央省庁局以外にも，県庁，郡役所，民間団体も自治体を評価し，賞を与えている．記念の盾やトロフィーを自治体庁舎の正面入り口や首長の部屋に展示するタイの自治体はたいへん多い．自治体はこうした賞が自分たちの行政能力の証左であると考えている．地方分権委員会が付与する「よい統治賞」のように，多額の賞金が授与される場合もある．

　こうした賞は公共政策の分野毎に出されている．徴税賞（地方分権委員会），よい統治賞（地方分権委員会），投票率向上賞（選挙委員会），副収入推進（コミュニティ開発局），麻薬撲滅運動（麻薬撲滅委員会），保健衛生振興（保健省），職場環境・生活環境向上（保健省），環境保護（天然資源環境省），スポーツ振興・地域文化振興（文化省，県庁，郡役所など），住民参加及び透明性に関するよい統治（プラポッククラオ学院）などである．地方分権委員会の「よい統治賞」やプラポッククラオ学院の「よい統治賞」のように，伝統と権威のある賞もあれば，短期間のみ存在した賞もたいへん多い．自治体賞の種類がきわめて多く，自治体賞が一体いくら存在しているのか正確に把握できないほどである．

　中央の省庁局，県庁，郡役所が自治体に賞を授与している事実は，自治体の公共サービス供給や運営に中央政府や他の組織が強い関心をもっていることの証左である．地方分権の結果，中央行政や地方行政が住民に対して直接政策を

実施することは減少した．そこで賞の付与を通じて特定分野の施策に自治体の関心を喚起するとともに，他の自治体への政策波及を期待している．

自治体賞の選考と批判

自治体のパフォーマンスを測る方法は2つある．1つは絶対的な基準による評価であり，もう1つは競争的な評価である．政策波及を目指す場合には前者のケースが多く，後者の例は「よい統治賞」のように自治体の行政サービスの質をさらに高める場合にインセンティブ付けに用いられることが多い．

国家レベルの賞の場合は国内すべての自治体に対し，特定の県や郡の賞の場合は当該領域内の自治体に対し，申請書がそれぞれ配布され，評価を希望する自治体は評価シートに記入のうえ，評価実施機関に送り返す．こうした機関に所属する職員は外部委員と共に評価委員会を構成し，書類審査及び訪問調査の両方を実施するのが通常である．

自治体の中には，こうした賞の授与が出来レースになっているとか，地方行政の関与を嫌い距離を保つところもある．豊かな自治体ほど賞を取るのに有利であるとか，賞の授与は自治体の本当のパフォーマンスを評価していないという批判もしばしば聞かれる．しかし選考手続きは一定の手続きに従った共通フォーマットで行われ，審査には外部委員が入ることが多く，自治体の主要分野において賞が付与されていることを考慮すると，自治体賞を自治体パフォーマンスの代替変数と見なしてもよいように思われる．

2回のタイ自治体サーベイ（2006年と2013/4年）では，いずれでも付与された賞の名称と付与機関名を質問票で尋ねた（過去3年まで遡って最大5つまで）．自治体賞は3年に遡って列挙してもらい，質問票回収後は受賞年次が外れているものや単なる感謝状に過ぎないものを除外したうえで，政策領域ごとに33種類に分類した（表6-1）．重要な賞については，評価・授与する中央省局の担当者に面談し，審査過程についても確認を行った．

いずれのサーベイ結果の分析についても，その他も含めて過去3年間に受賞経験があるかないかを従属変数にした．

仮説

ここまでの議論を踏まえると，以上のように設定した独立変数や従属変数について，作業仮説として，以下の9つを示すことができる．

表6-1 2013/4年自治体サーベイの自治体賞分類とその数

分類番号	小分類	受賞自治体数 (2013/4)	大分類	大分類 (2013/4)
1	財政関係	10		
2	行政サービス	23		
3	透明性	3		
4	職場環境	0	グッド・ガバナンス	39 (8.4%)
5	登録業務	2		
6	データ収集	0		
7	リーダーシップ	1		
8	住民参加	1	民主主義	1 (0.2%)
9	選挙	0		
10	麻薬撲滅関連	2		
11	治安維持	3	治安と秩序の維持	12 (2.6%)
12	防災	6		
13	交通安全	1		
14	生業促進	4	生業推進	4 (0.9%)
15	生鮮市場管理	15		
16	食品の安全	2		
17	健康関係	13		
18	精神衛生向上	1	保健衛生・環境保全	83 (18%)
19	公衆衛生	29		
20	スポーツ振興	5		
21	環境	17		
22	植林と森林保全	1		
23	コミュニティ開発	4	コミュニティ開発	4 (0.9%)
24	景観保護	0		
25	生活環境	17	都市計画	18 (3.9%)
26	都市計画	2		
27	障害者保護	6		
28	青年・女性・家族扶助	29	社会福祉	65 (14.1%)
29	保育所扶助	4		
30	社会保険	25		
31	教育推進	16	教育	16 (3.5%)
32	文化	40	文化とイデオロギー	42 (9.1%)
33	イデオロギー	2		
99	その他	61	その他	61 (13.2%)

（出所）筆者作成.

1．ネットワーク要因

仮説1　地方名望家や中央政府出先機関末端の職員との接触頻度が多い自治体の方が，自治体賞を受賞しやすい．

仮説2　地方出先官僚との接触頻度が多い自治体の方が，自治体賞を受賞しやすい．

仮説3　他の自治体の首長や助役との接触頻度が多い自治体の方が，自治体賞を受賞しやすい．

仮説4　住民組織の訪問経験がある自治体の方が，自治体賞を受賞しやすい．

2．首長の属人的要因

仮説5　首長に実業家経験や政治職（地方議会議員，カムナン・村長など）がある自治体の方が，自治体賞を受賞しやすい．

仮説6　政策決定において首長がリーダーシップを重視する自治体の方が，自治体賞を受賞しやすい．

3．助役のキャリア経験

仮説7　助役としてのキャリア経験が長い自治体の方が，自治体賞を受賞しやすい．

仮説8　当該自治体での助役としてのキャリア経験が長い自治体の方が，自治体賞を受賞しやすい．

4．自治体の種類と設置年

仮説8　設置年が古いテーサバーンの方が，自治体賞を受賞しやすい．

仮説9　設置年が古いタムボン自治体の方が，自治体賞を受賞しやすい．

次節では，これらの仮説が適合的なのかどうか，検証してみよう．

5　二項ロジスティック回帰分析モデルと分析結果

第1回タイ自治体サーベイ（2006年）の分析

　自治体のパフォーマンスに影響を及ぼしうる独立変数として，①自治体の設置年（1995年以前，1996〜98年，1999年以降），②自治体のステークホルダーの自治体への訪問頻度（訪問頻度を得点化し，その平均値をとった．平均値1は，カムナン／村

長，教員，保健所職員による訪問，平均値２：地方自治振興局官僚，郡長／副郡長による訪問，平均値３は他の自治体首長，助役の訪問である），③都市・農村の区分（テーサバーンは都市，タムボン自治体は農村），④首長の政治・行政職の経験の有無（テーサバーン議会議員，タムボン自治体議会議員，カムナン・村長，村落委員会委員・住民組織メンバー），⑤首長の職歴（経営者，農業，教員・警察官・その他公務員），⑥首長の政策決定スタイル選好（新しいプロジェクトを行うときに誰の意見をもっとも参考にするかという質問に対し，「自らのアイデア」と答えた首長と「住民」と答えた首長をそれぞれカウント），⑦助役のキャリア（助役としての経験月数と当該自治体での勤務月数）を取り上げる．

　また，従属変数である自治体のパフォーマンスは，自治体賞の受賞経験の有無を代替変数とする．2013/4年データとの比較を前提とするので，受賞経験がある／なしでの二項ロジスティック回帰分析を用いる．分析に使用したサンプルの分布と分析結果は，**表６-２**と**表６-３**の通りである．

　モデルは適合しているといえるが，擬似決定係数の値は0.041とかなり低い．

　自治体ステークホルダーの中では，カムナン・村長，教員，保健所職員の訪問頻度が受賞経験に有意な正の影響を持つと認められる．他方，住民組織の訪問については影響が認められない．首長の政治経験については，市議会議員，村落委員会／住民組織メンバーの経験に有意な正の影響がある．首長にこれらの経験がある自治体の方が，受賞経験がある．首長の前職については，農業が負の影響力を持っている．新しいプロジェクトのアイデアについては，「首長自身」という回答に負の影響力がある．首長がこのように答えている自治体は，受賞経験がないような状況である．助役のキャリアについても，当該自治体での勤務月数が関わっている結果となった．自治体の設置年については影響が認められなかったが，都市と農村の区分は影響が認められる．

第２回サーベイ（2013/4年）の分析

　前節で触れたように，第２回自治体サーベイは第１回とは異なりサンプル数が少なく，分析に投入する独立変数の数も限定せざるをえなかった．第１回サーベイ分析では独立変数として投入した住民団体の接触頻度，助役のキャリア，及び首長の政策決定スタイルは，第２回サーベイの分析からは外してある．また，サンプルを2006年以前設置のテーサバーン，2007年以降設置のテーサバーン，タムボン自治体の３つに分割して分析する．第２回サーベイではサ

表6-2 第1回タイ自治体サーベイ（2006年）分析サンプル

				割合
従属変数	受賞経験	経験なし	790	46.6%
		経験あり	905	53.4%
独立変数	住民組織の訪問経験	訪問あり	134	7.9%
	設置年	1995年以前	185	10.9%
		1996～98年	281	16.6%
		1999年以降	1229	72.5%
	都市／農村区分	「都市自治体」	328	19.4%
		「農村自治体」	1367	80.6%
	首長経験（複数回答）			
	市議会議員	経験あり	110	6.5%
	TAO議員	経験あり	783	46.2%
	カムナン／村長	経験あり	375	22.1%
	村落委員会／住民組織メンバー	経験あり	360	21.2%
	首長前職	経営者	430	25.4%
		農業	627	37.0%
		教員／警察官／その他公務員	321	18.9%
	首長版調査票問1.2	「首長自身」	365	21.5%
	（1番目）	「住民」	1101	65.0%
	（以下は連続変数 各変数の数値は平均値，カッコ内は標準偏差）			
	助役としての勤務月数		109.890	(45.570)
	当該自治体での勤務月数		56.330	(39.481)
	訪問頻度合計1（$\alpha=0.664$）		0.535	(0.388)
	訪問頻度合計2（$\alpha=0.596$）		0.443	(0.416)
	訪問頻度合計3（$\alpha=0.735$）		0.280	(0.400)
		N	1695	
		除外サンプル	1028	

（注）訪問頻度合計1～3は，訪問頻度を得点化し，その平均値をとったもの
　　　訪問頻度合計1：カムナン／村長，教員，保健所職員
　　　訪問頻度合計2：地方自治振興局官僚，郡長／副郡長
　　　訪問頻度合計3：他の自治体首長，助役
　　　"α" はクロンバックのアルファ係数
（出所）第1回タイ自治体サーベイ（2006年）より筆者ら作成.

表6-3　第1回タイ自治体サーベイのロジスティック回帰分析結果

		B	標準誤差	Wald	Exp(B)	EXP(B)の95%信頼区間	
						下限	上限
訪問頻度合計	助役としての勤務月数	0.000	0.001	0.046	1.000	0.998	1.003
	当該自治体での勤務月数	0.002+	0.001	3.370	1.002	1.000	1.005
	訪問頻度合計1	0.286*	0.139	4.224	1.332	1.013	1.750
	訪問頻度合計2	0.007	0.131	0.003	1.007	0.779	1.301
	訪問頻度合計3	0.053	0.139	0.145	1.054	0.803	1.385
	住民組織訪問経験ダミー	0.263	0.187	1.968	1.300	0.901	1.877
設置年ダミー (1999年以降=0)	1995年以前	0.111	0.210	0.278	1.117	0.740	1.688
	1996年〜1998年	0.243	0.179	1.842	1.276	0.898	1.813
都市／農村 (「農村」=0)	「都市自治体」	0.369*	0.174	4.471	1.446	1.027	2.036
	市議会議員	0.605*	0.261	5.382	1.832	1.098	3.056
	TAO議員	-0.143	0.114	1.574	0.866	0.692	1.084
首長経験ダミー	首長経験（カムナン/村長）	-0.202	0.128	2.490	0.817	0.635	1.050
	首長経験（村落委員会/住民組織メンバー）	0.281*	0.124	5.118	1.325	1.038	1.690
首長前職ダミー	首長前職（経営者）	-0.268+	0.153	3.054	0.765	0.566	1.033
	首長前職（農業）	-0.332*	0.145	5.257	0.717	0.540	0.953
	首長前職（教員/警察官/その他公務員）	-0.142	0.165	0.745	0.867	0.628	1.198
首長版問1.2 回答ダミー	「首長自身」	-0.375*	0.173	4.719	0.687	0.490	0.964
	「住民」	-0.034	0.149	0.053	0.966	0.722	1.293
定数		0.230					

N	1695	
Negelkerke R²	0.041	
Hosmer と Lemeshow の検定	χ²=6.383　　df=8　　p=0.604	

（注）*: p<0.05，　+: p<0.1
（出所）第1回タイ自治体サーベイ（2006年）から筆者ら分析.

ンプルを無作為抽出する段階でテーサバーンとタムボン自治体を別々の母集団として取り扱った．また，テーサバーンを2006年を画期として2種類のサンプルに分けたのは，両者の間に業務内容や立地条件に事実上の差が認められるためである．

それ以外の独立変数は第1回タイ自治体サーベイ分析とほぼ同様で，①首長の政治・行政職経験の有無（自治体議員，カムナン・村長，村落委員会・住民組織メンバー），②自治体ステークホルダーによる自治体への訪問頻度である．訪問頻度は第1回タイ自治体サーベイ分析で使用した訪問頻度合計1〜3同様の方法で計算した．訪問頻度合計2を構成する変数を分割したもので，「訪問頻度合

表6-4　第2回タイ自治体サーベイ（2013/14年）分析サンプル

		2006年以前設置 テーサバーン		2007年以降設置 テーサバーン		TAO	
			割合		割合		割合
従属変数	受賞経験						
	経験なし	55	54.5%	31	37.3%	160	73.1%
	経験あり	46	45.5%	52	62.7%	59	26.9%
独立変数	首長経験（複数回答）						
	自治体議員	57	56.4%	41	49.4%	97	44.3%
	カムナン／村長	11	10.9%	17	20.5%	60	27.4%
	村落委員会／ 住民組織メンバー	9	8.9%	11	13.3%	51	23.3%
	訪問頻度合計	訪問頻度合計の数値は平均値，カッコ内は標準偏差					
	訪問頻度合計1 ($\alpha=0.661$)	1.550	(1.186)	2.030	(1.005)	1.420	(1.108)
	訪問頻度合計4 ($\alpha=0.651$)	0.750	(0.719)	0.900	(0.822)	0.600	(0.781)
	訪問頻度合計5 ($\alpha=0.515$)	0.250	(0.612)	0.600	(0.781)	0.510	(0.722)
	N	101		83		219	
	除外サンプル	14		11		34	

（注）訪問頻度1は表6-2と同様．訪問頻度4，5は訪問頻度1〜3と同様の方法で訪問頻度を得点化し，その平均値をとったもの．

訪問頻度4：地方自治振興局官僚，郡長／副郡長

訪問頻度5：社会開発人間安全保障省官僚，コミュニティ開発局官僚

"α"はクロンバックのアルファ係数

（出所）第2回タイ自治体サーベイ（2013/4年）から筆者ら作成．

表6-5　第2回タイ自治体サーベイのロジスティック回帰分析結果（2006年以前設置のテーサバーン）

2006年以前設置テーサバーン

		B	標準誤差	Wald	Exp (B)	EXP（B）の95%信頼区間	
						下限	上限
訪問頻度	訪問頻度合計1	-0.117	0.181	0.420	0.889	0.623	1.268
	訪問頻度合計4	-0.254	0.313	0.661	0.775	0.420	1.432
	訪問頻度合計5	0.049	0.265	0.034	1.050	0.624	1.767
首長経験ダミー	自治議会議員	-0.279	0.424	0.435	0.756	0.330	1.735
	カムナン/村長	-0.425	0.668	0.405	0.654	0.176	2.422
	村落委員会/住民組織メンバー	0.018	0.727	0.001	1.019	0.245	4.235
定数		0.711	0.490	2.104	2.035		

N	101
Negelkerke R^2	0.024
Hosmer と Lemeshow の検定	$\chi^2 = 10.447$　　df = 8　　p = 0.235

計4」を地方自治振興局官僚，郡長／副郡長による訪問，「訪問頻度合計5」を社会開発人間安全保障省官僚，コミュニティ開発局官僚による訪問とした．従属変数も第1回タイ自治体サーベイ分析と同様，自治体賞の受賞歴の有無をパフォーマンスの代替変数とした．各変数の分布は**表6-4**の通りである．そして分析結果は，**表6-5～表6-7**の通りである．

　表6-5から，2006年以前設置のテーサバーンでは，受賞経験に影響力を持つ独立変数がないことがわかる．擬似決定係数の値も小さく，モデルの説明力が低い．次に**表6-6**からは，2007年以降設置のテーサバーンについても，HosmerとLemeshowの検定をクリアしておらず，モデル自体が適合していない．首長の政治経験について村落委員会／住民組織メンバーであることの係数値が高いもののオッズ比（Exp（B））の信頼区間が広く，安定していない．最後に，タムボン自治体については，**表6-7**から，社会開発人間安全保障省職員・コミュニティ開発局職員の訪問頻度が多い自治体であることが，受賞経験に正の効果をもつ．しかし擬似決定係数の値は小さい．

解釈

　第1回タイ自治体サーベイは2006年9月に軍事クーデタ発生の直前に実施さ

表6-6 第2回タイ自治体サーベイのロジスティック回帰分析結果（2007年以降設置のテーサバーン）

2007年以降設置テーサバーン

		B	標準誤差	Wald	Exp(B)	EXP (B) の 95% 信頼区間	
						下限	上限
訪問頻度	訪問頻度合計1	-0.033	0.267	0.015	0.967	0.574	1.631
	訪問頻度合計4	0.148	0.3	0.242	1.159	0.643	2.089
	訪問頻度合計5	0.511	0.298	2.941	1.667	0.93	2.988
首長経験ダミー	自治体議員	0.253	0.511	0.245	1.288	0.473	3.509
	カムナン/村長	-0.213	0.633	0.114	0.808	0.234	2.792
	村落委員会/住民組織メンバー	1.152+	0.704	2.679	3.165	0.796	12.58
定数		-1.276	0.616	4.298	0.279		
N		83					
Negelkerke R^2		0.124					
Hosmer と Lemeshow の検定		$\chi^2=16.623$		df $=8$	p $=0.034$		

+ : $p < 0.1$

表6-7 第2回タイ自治体サーベイのロジスティック回帰分析結果（タムボン自治体）

TAO

		B	標準誤差	Wald	Exp(B)	EXP (B) の 95% 信頼区間	
						下限	上限
訪問頻度	訪問頻度合計1	-0.164	0.162	1.018	0.849	0.617	1.167
	訪問頻度合計4	-0.167	0.236	0.504	0.846	0.533	1.343
	訪問頻度合計5	0.711**	0.255	7.808	2.037	1.237	3.354
首長経験ダミー	自治体議員	-0.147	0.328	0.200	0.864	0.454	1.642
	カムナン/村長	0.399	0.354	1.272	1.491	0.745	2.984
	村落委員会/住民組織メンバー	-0.002	0.378	0.000	0.998	0.476	2.093
定数		-1.107	0.321	11.902	0.330		
N		218					
Negelkerke R^2		0.060					
Hosmer と Lemeshow の検定		$\chi^2=4.244$		df $=8$	p $=0.835$		

** : $p < 0.01$

れた．地方分権計画に基づく権限移譲や財源移譲が曲がりなりにも行われていた時期である．タムボン自治体設置からまだ10年しか経っておらず，直接公選で選ばれた首長が第１期目を務めていた時期である．この時期は首長自身の経歴や職歴，さらには政策志向（リーダーシップ志向か住民志向か）が自治体のパフォーマンスに一定の影響を及ぼしたと推察される．自治体設置年も影響を及ぼしている．

　これに対して第２回タイ自治体サーベイを実施した2013年から2014年にかけては，2006年クーデタ以降続く国政の混乱の余波で，地方分権も2007年憲法が規定したようには進められず，閉塞感が漂っていた時期である．全体としてモデルの説明力が低い理由についてはさらに精査が必要だが，タムボン自治体についてコミュニティ開発局職員と社会開発・人間安全保障省職員の訪問頻度と受賞経験の間に正の関係があるのは，タイの自治体が現在抱えるもっとも大きな課題の１つが高齢者など社会的弱者支援であるからと推察される．

おわりに

　本章は，2006年と2013年から14年にかけてタイの基礎自治体を対象に行われたエリートサーベイで得られたデータを比較しながら分析を行った．人員や予算が少ないタイ自治体の特徴を踏まえ，自治体ステークホルダーや住民との関係，首長の経歴や政策決定スタイルなどが自治体のパフォーマンスに与えるのではないかと仮定し，分析を行った．その結果，第１回タイ自治体サーベイについては，モデルの擬似決定係数は低いものの，モデルの適合性は確認できた．しかし，第２回タイ自治体サーベイについては，タムボン自治体を除き，モデルの有効性を確認できなかった．ただし，サンプル数が全体的に少なかったことが影響している可能性は否定できない．

　以上の結果は何を意味するのであろうか．自治体の設置年によってパフォーマンスが決まってくるということは，タイの自治体が地方分権にもかかわらず平準化されていないことを示唆する．言い換えれば，同じ住民でありながら，住んでいるところで得られる行政サービスに大きな違いが存在するということである．ただし，第２回サーベイでは自治体設置年は影響をさほど及ぼしていないことを考えると，設置年の違いは地方分権開始から15年を経て，あまり大きな違いを持たなくなったと解釈できよう．外部資源へのアクセスや首長の属

性もパフォーマンスと関係していることは部分的に確認できたが，それほど強いものではない．

タイ自治体のパフォーマンスの規定要因をより精密に分析するためには，多くの課題が横たわる．とりわけ，パフォーマンスの代替変数をどのように取得するかは大きな課題である．また，タイの自治体は種類が同じでも出自が異なるケースがあり，一定のサンプル数を確保しなければならない．そうした点で，自治体サーベイを行うにあたってのサンプリングと予算の確保がきわめて重要である．

注

1）タイの各種統計は末端の地方行政単位（県，郡，タムボン）毎に集められることが多いが，地方自治体の領域とは微妙にずれていることが少なくない．また，教育や保健といった業務は特に農村部では自治体に完全に委譲されているところがきわめて少ない．これら２つの理由から，タイの社会経済統計データを目的変数として使用することは断念した．

2）タイの地方自治制度や地方分権の詳しい経過については，永井 [2008a; 2012]，Supasawad [2010]，Kowit [2016] などを参照．

3）2006年から2012年までに自治体に移管されたのは498校で，これは教育省基礎教育委員会事務所の管轄下にある３万2097校のわずか1.5％に過ぎない．保健所については，2010年時点で28カ所の保健所が自治体に移譲済みで，７カ所の保健所が移譲中であった．（2010年２月２日，内務省地方自治振興局での永井の面談）．

4）バンコク都知事は1985年以来，住民による直接選挙で選ばれている．バンコク都には地方行政の出先機関が重複して存在しない．

5）衛生区は郡役所所在地に代表される政治行政上の要衝や経済的に繁栄したところを選んで設置されていたため，タムボンの一部分だけが衛生区に編入されていたのである．

6）地方分権実施計画はタックシン政権（2001年２月～2006年９月）の2002年10月に閣議で承認された．

7）タックシン元首相を支持するグループ（いわゆる「赤シャツ派」．都市低所得層や北部・東北タイの農民が多い）とそれに反対するグループ（いわゆる「黄シャツ派」．都市中間層，官僚など既得権益層に多い）の一連の対立である．詳しくは，Siripan [2012]，玉田 [2013] などを参照．

8）2007年114件，2008年348件，2009年59件，2010年320件，2011年49件，2012年201件，2013年143件，2014年23件である．

◆参考文献◆
邦文献

玉田芳史 [2013]「民主化と抵抗――新局面に入ったタイの政治――」『国際問題』No.

625, pp. 18-30.

永井史男［2006］「タイの民主化と地方分権化——タムボン自治体創設の制度論的説明
　　——」，玉田芳史・木村幹編『民主化とナショナリズムの現地点』ミネルヴァ書房，
　　pp. 103-124.

————［2008a］「地方分権改革：「合理化なき近代化」の帰結」，玉田芳史・船津鶴代編
　　『タイの政治・行政の変革——1991-2006年——』（研究双書 No. 568），日本貿易振興
　　機構アジア経済研究所，pp. 117-158.

————［2008b］「政党，選挙，地方政治：タイ国の地方分権化を事例に」，高橋伸夫・
　　竹中千春・山本信人編『現代アジア研究　2　市民社会』慶応義塾大学出版会，pp.
　　85-108.

————［2012］「タイの地方自治——「ガバメント」強化の限界と「ガバナンス」導入
　　——」，船津鶴代・永井史男編『変わりゆく東南アジアの地方自治』（アジ研選書28），
　　日本貿易振興機構アジア経済研究所，pp.105-133.

永井史男・籠谷和弘・船津鶴代［2017］「〈資料〉タイ地方自治体エリートサーヴェイ調
　　査」『法学雑誌』（大阪市立大学）63(4)，pp. 78-104.

永井史男・船津鶴代［2018］「東南アジアの地方自治サーヴェイ研究——背景と経緯
　　——」，船津鶴代・籠谷和弘・永井史男編『東南アジアの自治体サーベイ——比較の
　　ための解題とデータ作成——』（調査研究報告書），独立行政法人日本貿易振興機構ア
　　ジア経済研究所，pp. 1-14.

外国語文献

Kowit P.［2016］*Kanpokkhrong Thongthin Thai*〔タイ地方自治：原則と将来の新地平〕，
　　chabap 9, Bangkok: Winyachon.

Mutebi, A. B.［2004］"Recentralising while Decentralising: Centre-Local Relations and "CEO"
　　Governors in Thailand," *The Asia Pacific Journal of Public Administration*, 26(1), pp. 33-53.

Nagai, F., Nakharin M. and Funatsu, T. eds.［2008］*Local Government in Thailand — Analysis of
　　the Local Administrative Organization Survey—*, (Joint Research Program Series No.147)
　　IDE-JETRO.

Siripan N. S.［2012］"Thailand," T. Inoguchi and J. Brondel eds., *Political Parties and
　　Democracy*, New York: Palgrave McMillan, pp. 143-164.

Supasawad C.［2010］"Local governance in Thailand: the politics of decentralization and the roles
　　of bureaucrats, politicians, and the people," Institute of Developing Economies, Japan External
　　Trade Organization, (V.R.F. series; no. 459).

Surichai W. G., Surangrut J., Sayamol C. and Nithi N.［2014］"Social Capital in Thailand:
　　Unraveling the Myths of Rural-Urban Divide," *The Senshu Social Capital Review*, 5, pp.
　　93-108.

第7章
フィリピン地方自治体の官僚組織の影響力
―― 自治体パフォーマンスとの関係性 ――

菊地端夫

はじめに

　フィリピンの地方自治については長年，首長や地元選出議員と有権者の間の「パトロン・クライアント」関係が重要であるとされてきた．首長や議員はパトロンとして有権者にさまざまな資源を提供し，その見返りとして選挙の際の支持を要求した．中央では国会議員が"ポークバレル（優先開発支援基金）"という制度に代表される財源やポストなどの資源にアクセスする権限を有し，こういった権限を利用し地域を差配する地方政治の運営がフィリピンの地方自治の特徴であり，中央集権的ではあるが脆弱な官僚制と，地方割拠的な政治により地方自治が営まれてきた［Brillantes and Sonco II 2010］．

　1991年の地方政府法（Local Government Code of the Philippines in 1991）の成立は，中央政府の関与の低下と自治体の裁量の拡大，また自治体が行う開発やさまざまな行政サービスの運営に市民社会セクターによる参加を促した．これまでは政治エリートからの圧力に弱く，また財源や人的資源など行政資源の制約を抱える自治体が，市民社会セクターの参加により偏りのない効果的な政策を実施することが期待された．行財政上の弱い「ガバメント」を補完する市民社会セクターによる「ガバナンス」，また政治的に偏りのある「ガバメント」を公平にする「ガバナンス」が自治体レベルで期待されたのである［片山 2001; 高橋 2008; 船津・永井編 2012］．

　そのため，フィリピンの地方自治については，主にフィリピン政治に関連して中央に連なる政治家一族（Political Family）や政治王国（Political Dynasty）の"城"や"本拠"として地方政治が描かれるか，または1991年地方政府法の成

立により，地方政治の特定利益に利用されてきた自治体が市民社会セクターの関わりによってどう変化してきたか，という問題意識を中心に研究が行われてきた．こういった見方はいずれも，フィリピンの地方自治においては地方「政治」が重要であることを示している一方，地方「行政」や地方の官僚制の果たす役割や影響力については，相対的に関心が薄かったといえる．

しかしながら，自治体の官僚機構が果たす役割やパフォーマンスは，組織としての自治体の政策形成能力や政策実施能力に大きくかかわっており，地方「政治」のみならず地方「行政」もまた，自治体全般のパフォーマンスを規定する要因の1つである［片山 2001; 森田 1998; Azfar, Gurgur, Kahkonen et al. 2000; Domingo and Reyes 2010; Hou, Moynihan and Ingraham 2003］．とりわけ1991年の地方政府法成立以降，中央政府による監督権が縮小し各政策領域における自治体の行政権限が大きく拡大したことから，自治体の行財政上の組織能力の強化は，自治体のパフォーマンス向上には不可欠な要素となりつつある［Manor 1999; Rood 1998］．

そこで本章では，フィリピン地方自治体における官僚制（行政）組織とパフォーマンスに焦点を当て，300の自治体の計画開発調整官への全国サーベイ調査に基づき，官僚制組織が自治体のパフォーマンスに与える影響について実証的に明らかにすることを試みる．次節では，本章が対象とする計画開発調整官の位置づけとサーベイ調査の概要について説明する．第2節ではサーベイ調査を用いた分析の枠組みを示す．続く第3節で分析の結果を紹介し，自治体のパフォーマンスを規定する要因について検討を行う．

1　フィリピン地方自治と自治体官僚制

フィリピンの地方自治体の中で重要な会議体が，地方開発評議会である．地方開発評議会は，包括的開発計画（年次，中期，長期）や公共投資プログラム（年次，中期）の案の策定という自治体の開発計画全般に関わり，自治体の中でも特に重要な評議会となっている（第4章を参照）．計画開発調整官はこの地方開発評議会の事務局長として位置づけられており，開発に関わるさまざまな利害や利益，そして資源の調整の要となる重要なポストである［山田 1998］．計画開発調整官の具体的な姿に関してはこれまでの研究では明らかになっておらず，今回のサーベイ調査によって，次のような詳細なプロファイルを把握することができた［西村・菊地・小林ほか 2015］．

最初に，計画開発調整官の性別については，回答者の約66％が男性，約34％が女性であった．平均年齢は50.62歳であり，最頻値は49歳であった．最も若い計画開発調整官は30歳であり，最高年齢が65歳であった．1991年地方政府法は計画開発調整官に就く者の要件として大学卒業以上の教育歴に加えて町レベルでは３年以上，市レベル以上では５年以上の関連した業務歴を求めていることから，20歳代で計画開発調整官に就任することは極めて稀であるということであろう．事前の予想では自治体のレベルによって計画開発調整官の平均年齢が異なると思われたが，市と町，また自治体の人口によって平均年齢に有意な差は認められなかった．

　続いて計画開発調整官の最終学歴について聞いたところ，回答者全てが学士以上の学歴を有しており，学士が約75％，修士が約23％，博士号を有する者も１％（３名）であった．上述のように地方政府法は計画開発調整官に就任する者の要件として学士以上の学歴を求めていることから，すべての回答者が学士以上の学歴を有していることは驚きではない．また町よりも市の計画開発調整官がより高学歴である傾向が確認できたが，求められる専門性や能力の違いによるものと思われる［Capuno 2010］．

　学歴に関連し取得した学位の専攻領域についても聞いたところ，回答者の大学・大学院での専攻で最も多かったのが土木（39.7％），次いで化学（8.3％），行政学（7.7％），経営学（5.3％），会計学（５％）の順であった．地方政府法は計画開発調整官が取得すべき望ましい専攻について都市計画，開発学，経済学，行政学を例示している．この例示との関連では化学専攻の割合が高かったが，その理由は不明である．学位の取得時期については，1980年代が最も多く，次いで1970年代，1990年代，2000年代となった．計画開発調整官のポストに就くには学位取得のうえ最低３年から５年の関連した職歴が求められることから，近年の学位取得は主に修士以上の学位と推定できる．

　続いて自治体に採用される以前の職歴について聞いたところ，自由回答に寄せられた内容はさまざまであったが，民間企業の職歴を有すると推測できる職歴（24％）と政府機関での職歴を有すると推測できる職歴の割合（22.7％）はほぼ半々であった．前職の所属が民間企業か政府機関かが判然としない回答が「その他」に含まれているが，総じて関連する職種の経験を有していることが分かった．また，小中学校の教員の経歴を有している回答が４％あった．特に農村部では法律が求める学歴や経験を有する者が当該自治体に少ない場合があ

ると推定できる.

計画開発調整官に就任した年については,最も多かったのが1990年代であり,次いで2000年代,1980年代となった.1974年と最も古い時期に就任したと回答した者が2人おり,1980年以前と回答した者も13名確認できた.彼・彼女らは約40年間近く計画開発調整官のポストに就いていたことになる.ただし,現在の計画開発調整官のポストは1991年の地方政府法で定められたものであり,それ以前の計画開発調整官のポストの職位や権限との相違については不明である.また,計画開発調整官のポストは任命職であるため,統一地方選挙が行われた年(1987年,1992年,1995年,1998年,2001年,2004年,2007年,2010年)もしくはその翌年に就任した割合が比較的高い傾向が確認できた[矢野 2008].

計画開発調整官は自治体内のさまざまな開発ニーズを調整し,事業間の優先順位と資源配分の決定にかかわるため,計画開発調整官自身が考える重要政策分野を把握することは,自治体がどういった開発を志向しているのかを表す指標の1つとなり得る[Moon and Norris 2005; Zhang and Feiock 2009].そのため,最後に自治体内のニーズを満たすため現状よりもより一層,多くの資源を投入するべき領域について聞いたところ,福祉などの社会サービス分野と回答した割合が最も多く36.7%,次いで経済開発(24%),インフラ整備(23.7%),環境保護(11.7%)の順となった.道路などのインフラ整備と経済開発はともに経済開発志向の政策領域である一方,社会サービスと環境保護は社会開発志向の政策領域である.それぞれ経済開発志向の割合が47.7%(24%+23.7%),社会開発志向の割合が48.4%(36.7%+11.7%)であり,回答した開発局長の政策志向は経済開発派と社会開発派に二分されていることが分かった.

2　自治体のパフォーマンスと行政上の要因の検討

本節では,計画開発調整官へのサーベイ調査を用いて,官僚制組織の特徴が自治体のパフォーマンスに与える影響の把握を試みる.用いるデータは,2011年から2012年にかけて実施した300の自治体の計画開発調整官へのサーベイ調査と,フィリピン内務自治省(Department of Interior and Local Government)が2009年より集計・公表している自治体のパフォーマンスデータであるLGPMS(Local Government Performance Management System)である.

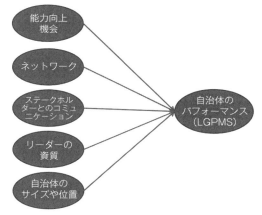

図7-1　自治体のパフォーマンスを規定する諸要因（仮説）
(出所) 筆者作成.

分析の枠組みと説明変数

フィリピンに限らず，先進国，途上国の双方において住民生活に関わる主要な行政サービスの担い手として，自治体の位置づけやそのパフォーマンスのあり方はますます重要になってきている［Hou, Moynihan and Ingraham 2003; Walker and Andrews 2015］．自治体の行政運営上の組織能力は，財務運営や人事管理，情報管理など，組織運営にとって欠かせない基本的な運営能力に基づくものであり，またこういった基礎的な運営能力は，他のアクターとの関わりによってそのパフォーマンスは大きく左右される．図7-1が，本研究において検討を行う自治体のパフォーマンスを規定する自治体行政側に関わる要因仮説である．

能力向上機会

自治体のパフォーマンスを規定する行政的要因として，第1に組織を構成する職員の能力向上機会がどれだけ与えられるかが重要である．具体的には，職員に研修機会がどれだけ与えられるかという変数が自治体のパフォーマンスに影響を与えるであろう．パフォーマンスが低いから研修機会を増やすとも考えられるが，一般的には，研修機会を頻繁に与える自治体のほうが，パフォーマンスの向上に敏感であると考えられるから，研修の頻度は，自治体のパフォーマンスに正の影響を与えると考えられる．なお，今回の分析では研修頻度に関

わるデータは首長へのアンケートデータを利用する．首長が自治体の職員に研修を受けさせている頻度は，年に4回以上と答えた割合が約66％と高く，1カ月に一度以上と答えた割合も約28％であった．

他の政府機関とのネットワーク

第2の要因として挙げられるのが，他の自治体，もしくは異なる階層の政府とのネットワークである．フィリピンの自治体は1991年地方政府法により中央政府から大幅な権限移譲を受けたが，中央政府の関与や影響力が全くなくなったわけではない．理論的にも政府の役割が拡大する福祉国家化の進行に伴い，中央地方関係はより相互依存関係になるとされる［秋月 2001］．また地方分権により中央政府と自治体の制度的上の分離が進む中，両者の調和的で効果的な政策実施のための調整メカニズムが必要となる［佐々木 2005; Green 2005］．そのための異なる政府階層間のタテのネットワーク，ならびに自治体間のヨコのネットワークの双方が自治体のパフォーマンスに影響を与えることになるであろう［Agranoff and Mcguire 2003］．計画開発調整官へのサーベイ調査ではネットワークの強度を測る変数として過去1年間の他の政府機関との接触頻度につい

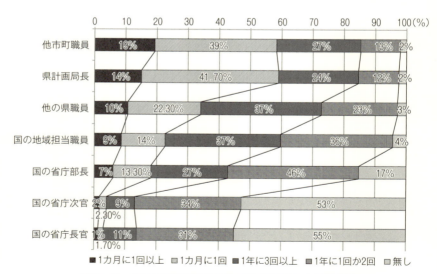

図7-2 計画開発調整官の他の政府機関との接触頻度

(出所) 筆者作成．

て聞いており，分析ではこの設問への回答を用いる（図7-2）.

ステークホルダーとのコミュニケーション

1991年地方政府法は，自治体に設置されるさまざまな会議体の構成メンバーに NGO や PO（People's Organization）の参加を義務付けた．自治体のさまざまな政策領域に関わる広範なステークホルダーによる関与を促すことにより，政策実施の効果を高めることが目指されている［Ishi, Hossain and Rees 2007; Legaspi 2010］．そのため自治体のパフォーマンスを規定する第3の要因として，さまざまなステークホルダーとのコミュニケーションが考えられる．ここでは，自治体が策定し実施する政策のステークホルダーは，自治体の議員やバランガイキャプテンなど伝統的なステークホルダーと，地方政府法によって関与が法定化した NGO/PO などの市民社会セクターに分けることが可能である．

計画開発調整官へのサーベイ調査ではそれぞれ，地方議会議員やバランガイキャプテン，NGO/PO，そして民間企業関係者との接触頻度を聞いているため，ステークホルダーとのコミュニケーションを測る変数として分析に用いる．

計画開発調整官の当該自治体の議員との接触頻度については，1週間に一度（24%）が最も多く，次いで1週間に数回（22%），1カ月に2，3回（16.7%），毎日（16.3%）であった．またバランガイキャプテンとの接触頻度は，1週間に数回会うと答えた割合が最も多く（25.7%），次いで1カ月に一度（21.3%），1カ月に2，3回（17.3%），毎日（17%）であった．議員との接触頻度がバランガイキャプテンとの接触頻度よりも少し高い理由として，普段同じ建物内で執務をしていることがあげられるだろう．

続いて NGO/PO への接触頻度でもっとも回答が多かったのが「1カ月に1回」（36.7%）であり，次いで「1カ月に2，3回」（29%），「1週間に1,2回」（23.7%）であった．企業関係者への接触頻度も同様に，「1カ月に1回」（48.3%）が最も多く，次いで「1カ月に2，3回」（18%），「1週間に1回以上」（17.7%）となっている．さらに先述のように地方開発評議会の一定割合のメンバーは NGO/PO が占めるが，地方開発評議会の実質的な議論をリードし方向性を決める執行理事会に NGO/PO が参加しているかについての質問を，ステークホルダーとの実質的なコミュニケーションが行われているかどうかを測る変数として用いる．

さらには，地方開発評議会の総会が開催される頻度（法律では年に2回以上開催することが義務付けられている）を，ステークホルダーとのコミュニケーションの強度を測る変数として用いることとする．

計画開発調整官の資質

自治体のパフォーマンスを規定する第四の行政的要因が，計画開発調整官自身の資質である．計画開発調整官は，自治体の中長期的な開発計画とそれに基づく公共投資プログラムを策定する地方開発評議会の事務局長の立場から，さまざまな利害の調整や開発要望のとりまとめや成長予測や財政的な裏付けなどに関わる．調整能力や幅広く行財政に関わる知識が求められるポジションであるため，計画開発調整官の資質もまた，自治体のパフォーマンスを規定する要因の1つである［川中 1996; Capuno 2010; Moon and Norris 2005］．

計画開発調整官へのインタビュー調査では，前節で紹介したような具体的なプロファイルなどについて質問を行っており，その内，計画開発調整官の性別，教育の程度，経験年数，そして政策志向などの変数の違いがパフォーマンスに与える影響について分析を試みる．

自治体のステイタス・所在地（コントロール変数）

最後に，自治体のパフォーマンスに影響を与える要因として考えられるのが，自治体のステイタスや所在地である．フィリピンの基礎自治体は大別して市（City）か町（Municipality）に分類されるが，市のほうが人口，面積，そして歳入規模が大きい．そのため自治体のステイタスは自治体のパフォーマンスに直接影響を与える可能性があるから，本分析では統制変数として自治体のステイタスをダミー変数として投入することとする．

同様に，自治体の所在地に関してルソン島，ビサヤ諸島，ミンダナオ島という3つの島グループに分類が可能である．島グループ間での経済格差が存在することから，当該自治体がどの島グループに属しているかによって自治体のパフォーマンスが元々異なってくる可能性があるから，統制変数として島グループのダミー変数（3つに分かれるため，ルソン島ダミー，ビサヤ島ダミーの2つのダミー変数を投入）を分析に用いることにする．

以上，自治体のパフォーマンスを規定すると考えられるこれらの5つの仮説要因と測定する変数の関係を整理したのが，表7-1である．

表7-1　自治体のパフォーマンスを規定する要因仮説と変数

要因	変数
能力向上機会	研修頻度（首長データを利用）
ネットワーク	他の政府機関との接触頻度
ステークホルダーとの コミュニケーション	NGO/PO，Business People との接触頻度
	バランガイキャプテン， 自治体議員との接触頻度
	地方開発評議会の総会開催頻度
	地方開発評議会執行理事会への NGO の参加の有無
リーダーの質	計画開発調整官の経験年数
	計画開発調整官の性別
	計画開発調整官の教育
	計画開発調整官の政策志向（社会開発か経済開発か）
自治体のサイズや位置 （統制変数）	市（City）か町（Municipality）か
	島グループ（ルソン島，ビサヤ島ダミー）

自治体のパフォーマンス：LGPMS の概要

　本分析で用いる被説明変数は，フィリピン内務自治省が2009年より集計・公表している LGPMS（Local Government Performance Management System）である．LGPMS は，自治体の自己評価に基づいたパフォーマンス指標であり，パフォーマンスを行政，社会，経済，環境，ガバナンスの評価基盤の五つの領域に分け，1から5までの5点スケールで自己評価を行う仕組みである．

　分析では，計画開発調整官へのサーベイ調査と同時期の2011年度版のLGPMS データを用いる．また LGPMS を構成する上記の要素のうち，行政ガバナンス，社会ガバナンス，ガバナンスの評価基礎，の各カテゴリーと，これら3つのカテゴリーの平均を従属変数として利用する．経済ガバナンスと環境ガバナンスのスコアを被説明変数として用いない理由は，両カテゴリーともにたとえば漁業支援や沿岸海洋生態管理は沿岸地域の自治体のみが対象となっているなど，全自治体に共通したスコアとなっておらず，分析において他のカテゴリーとの比較が困難となるためである．

　被説明変数となる具体的な項目は，行政ガバナンスは，自治立法，開発計画，歳入確保，資源配分利活用，顧客対応（Customer Service），人的資源管理の各項目であり，社会ガバナンスについては，保健サービス，教育，住宅・基礎

インフラ，平和安全災害リスク管理，またガバナンスの評価基礎は，住民参加，透明性，財務情報の開示，となっている．行政ガバナンス各項目の平均値は4.196，社会ガバナンス各項目の平均値は4.409，ガバナンスの評価基礎各項目の平均値は4.514であった．

3 分析の結果と概要

計画開発調整官に対して行ったサーベイ調査を基に，先に仮説としてあげた自治体のパフォーマンスを規定する要因を独立変数，LGPMS2011データを従属変数とする重回帰分析を実施した結果の概要は表7-2の通りである．

本分析で用いたサンプルは計画開発調整官へのインタビューデータの300サンプルであるが，全ての質問に答えていないサンプルがあることから，独立変数の変数毎に欠損値が発生し，有効サンプル数は253となっている．なお，全てのモデルについて多重共線性の有無を確認するため VIF（Variance Inflation Factor）を求めたが，いずれも2を大きくこえるような値はでなかったため，多重共線性の問題はないと考えられる．

研修頻度と自治体パフォーマンス

研修頻度とパフォーマンスの関係については，どのモデルにおいても有意な結果がみられなかった．研修頻度の質問の回答をカテゴリー化し，「年間2回以上」を1とするダミー変数でも分析を行ってみたが，結果は同様であった．

地方政府法の成立から20年以上が経過し，分権改革の焦点は制度改革による中央から地方への権限委譲から，委譲された権限を行使する人材の能力開発に焦点が移ったとされる［永井 2004; Co and Cordero 2012］．また委譲された権限の行使が必ずしも自治体で上手く機能しない理由として，自治体職員の専門性の欠如など，能力開発の重要性が長く指摘されてきた［佐久間 2011; 西村 2009］．そのため内務自治省の外部部局である自治体アカデミー（Local Government Academy）やフィリピン大学などにより自治体職員向けの数多くの研修が行われており，日本を含めた海外からの援助も「ひとづくり」への投資が中心となっている．

しかしながら，計画開発調整官の職歴が民間経験者と政府組織経験者で半数ずつであったことに明らかなように，フィリピンの自治体では職位に必要な能

力を持った人材を内部で養成するというよりは専門性を有した人材を外部から調達する開放型の昇進システムが採用されていることから，能力開発を図る変数として研修頻度と自治体のパフォーマンスには明確な影響は認められなかった可能性がある．

他の政府機関とのネットワーク

他の自治体や異なる階層の政府機関とのネットワークについては，全体としては国の省庁の次官（undersecretary of the departments）レベルとの接触の頻度が自治体のパフォーマンスに有意な差をもたらしていることが明らかになった．全般的には，国との垂直的な行政ネットワークの強度が自治体のパフォーマンスに影響を与えているといえる．

ここでの分析結果が示すのは，これまで言われてきたような地元選出の国会議員を通じた政治ルートによる中央への働きかけ以外にも，行政上の垂直的なルートによる働きかけが自治体のパフォーマンスに関わっており，さらに補助金などの資源配分に最も影響力を与えるのが省庁の次官である可能性があるということである．

1991年地方政府法は，自治体レベルでの開発計画の策定を計画開発調整官を事務局長とする地方開発評議会に委ね，またさらに上位の州レベルでの開発計画の策定にあたっては州内の各市町の開発計画に含まれる事業と自らが実施する事業を統合させる形で，ボトムアップ型の計画策定が採用された．上位の計画が下位の計画を包摂する形で調整されるのが特徴である［高端 2013; 山田 1998］．そのため，計画間調整において上位政府との行政上の垂直的な交渉ルートが開かれ，下位の計画のどの事業が上位の開発計画や優先事業と関連付けられるかが重要となった．

1991年地方政府法による地方分権は中央と自治体の間を制度上は分離する方向に働いたが，ボトムアップによる開発計画の策定プロセスが，行政上のインフォーマルな中央地方関係の強化につながり，政治上の中央地方関係に加えて，行政上の中央地方関係もまた自治体の行政運営とパフォーマンスに影響を与えるようになったと考えられる［Green 2005］．

ステークホルダーとの関係

自治体内のステークホルダーとの関係では，全般的には自治体議員やバラン

164

第Ⅱ部　ネットワーク・住民参加・地方自治

表7－2　重回帰分析の結果

	自治立法 Beta	開発計画 Beta	歳入確保 Beta	資源配分利用 Beta	顧客対応 Beta	人的資源管理 Beta	保険サービス Beta	教育 Beta	住宅・基礎インフラ Beta	平和安全災害リスク管理 Beta
研修頻度	0.076	0.063	0.042	0.061	0.074	-0.025	0.040	-0.067	0.108	-0.019
接触頻度他市町村職員	-0.078	-0.021	-0.006	-0.003	-0.019	-0.022	-0.047	-0.061	-0.041	-0.113
接触頻度県計画局長	0.078	0.080	-0.012	0.014	-0.014	0.014	0.074	0.059	-0.041	0.024
接触頻度他の県職員	-0.064	-0.058	-0.010	0.007	-0.032	-0.016	0.041	-0.009	0.073	0.078
接触頻度他の地域担当職員	0.205**	0.081	0.083	-0.014	0.063	-0.033	0.018	0.109	-0.001	0.109
接触頻度国の省庁部長	-0.355***	-0.166*	-0.092	0.016	-0.125	-0.165*	-0.039	-0.049	-0.039	-0.252**
接触頻度国の省庁次官	0.070	0.219**	0.250**	0.167*	0.027	0.032	0.024	0.112	0.147	0.109
接触頻度国の省庁長官	-0.051	-0.095	-0.107	-0.031	0.082	0.014	-0.114	0.000	-0.138	-0.028
バランガイキャプテン接触頻度	0.144	0.043	-0.025	-0.172*	0.161	0.325***	0.118	0.068	0.083	0.116
自治体職員接触頻度	0.005	0.053	-0.006	0.143	-0.007	-0.101	-0.037	0.038	-0.078	0.007
NGP/PO接触頻度	0.166**	0.092	0.095	-0.006	0.147	0.085	0.166*	0.067	-0.005	0.110
ビジネス接触頻度	0.096	-0.001	-0.043	0.005	-0.008	-0.055	-0.060	0.008	0.005	-0.120
LDC総会開催頻度	-0.083	0.071	-0.082	0.152*	-0.026	-0.072	-0.008	-0.063	0.046	0.002
LDC執行理事会へのNPO参加有無ダミー	0.094	0.087	0.040	-0.011	-0.016	0.003	-0.057	-0.039	-0.001	0.132*
性別ダミー　男	0.073	-0.065	0.071	0.082	0.102	0.000	-0.032	0.017	-0.143*	0.010
教育ダミー　修士以上	-0.025	0.071	0.116	-0.088	-0.053	-0.010	0.054	0.071	0.013	-0.075
社会開発志向ダミー1	0.116	0.186***	0.160*	0.078	0.136*	0.058	0.080	0.130*	0.162*	0.226***
MPDO勤続年数	0.003	-0.057	0.084	-0.015	0.075	0.119	0.071	0.110	0.041	0.016
市ダミー1	0.313***	0.235***	-0.027	0.345***	0.065	0.139*	0.244***	0.232**	-0.028	0.314***
ルソン島ダミー	0.126	0.015	0.152	0.176*	0.049	0.156	0.087	0.178*	-0.014	0.061
ビサヤ島ダミー	-0.036	-0.065	0.121	0.014	-0.002	0.170*	0.041	0.003	-0.112	0.036
Number of Observation	253	253	253	253	253	253	253	253	253	253
Adjusted R2	0.205	0.139	0.039	0.151	0.024	0.075	0.089	0.115	0.024	0.167
F(p-value)	4.104(0.000)	2.947(0.000)	1.483(0.084)	3.141(0.000)	1.294(0.180)	1.978(0.008)	2.043(0.006)	2.566(0.000)	1.294(0.180)	3412(0.000)

(注) *$p < 0.05$, **$p < 0.01$, ***$p < 0.001$

165

第7章　フィリピン地方自治体の官僚組織の影響力

	参加	透明性	財務情報の開示	行政ガバナンス Cronbach α (0.576)	社会ガバナンス Cronbach α (0.510)	ガバナンスの評価基礎 Cronbach α (0.564)	全LGPMSスコア Cronbach α (0.762)
	Beta	Beta	Beta	Beta	Beta	Beta	Beta
研修頻度	-0.057	0.023	0.000	0.087	0.057	-0.020	0.051
接触頻度他市町村職員	0.037	0.127	0.012	-0.044	-0.082	0.086	-0.021
接触頻度県計画局長	0.003	-0.012	-0.007	0.049	0.009	-0.006	0.019
接触頻度他の県職員	0.045	-0.018	0.088	-0.047	0.074	0.039	0.036
接触頻度国の地域担当職員	-0.080	-0.080	-0.085	0.117	0.060	-0.105	0.029
接触頻度国の省庁部長	-0.111	-0.001	-0.089	-0.252**	-0.108	-0.084	-0.176*
接触頻度国の省庁次官	0.142	0.204*	0.043	0.240**	0.164	0.189**	0.241**
接触頻度国の省庁長官	-0.069	-0.121	0.078	-0.071	-0.123	-0.076	-0.116
バランガイキャプテン接触頻度	0.104	0.011	0.161*	0.093	0.127	0.105	0.137
自治体職員接触頻度	0.045	0.012	-0.143	0.043	-0.047	-0.008	-0.012
NGP/PO接触頻度	0.224**	0.128	0.133*	0.157*	0.073	0.220**	0.180**
ビジネス接触頻度	-0.061	-0.109	0.042	0.006	-0.034	-0.075	-0.045
LDC総会開催頻度	-0.046	-0.075	-0.175**	-0.002	0.012	-0.109	-0.039
LDC執行理事会へのNPO参加有無ダミー	0.060	0.048	0.089	0.061	0.009	0.080	0.058
性別ダミー 男1	0.008	-0.078	-0.032	0.085	-0.097	-0.043	-0.036
教育ダミー 修士以上1	0.058	0.102	0.031	0.000	0.022	0.090	0.047
社会開発志向ダミー1	0.091	0.146*	0.154*	0.209***	0.218***	0.162*	0.246***
MPDO勤続年数	0.044	-0.028	0.000	0.052	0.077	0.010	0.061
市ダミー1	0.064	0.237***	0.174*	0.339***	0.169**	0.198***	0.282***
ルソン島ダミー	-0.094	0.113	0.119	0.216**	0.073	0.037	0.127
ビサヤ島ダミー	-0.066	0.062	-0.071	0.080	-0.060	-0.024	-0.018
Number of Observation	253	253	253	253	253	253	253
Adjusted R2	0.053	0.122	0.097	0.258	0.101	0.133	0.29
F(p-value)	1.675(0.036)	2.678(0.000)	2.288(0.002)	5.208(0.000)	2.350(0.078)	2.848(0.000)	4.503(0.000)

(注) *$p<0.05$, **$p<0.01$, ***$p<0.001$

ガイキャプテンという旧型のステークホルダーよりも，NGO/PO という新しいステークホルダーとの関係がより高いパフォーマンスに結びつくことが明らかになった．しかも，保健サービスのように NGO/PO が政策や事業の担い手になるような分野だけでなく，立法事務や住民参加，財政運営の説明責任などのガバナンスに関わる領域にも有意な影響を与えている．

地方分権改革において NGO/PO を中心とした市民社会セクターの参加を義務付けたのは，世襲政治家を中心とした一部の政治エリートによる開発資源の専横を防ぎ，専門性をもった NGO の関与によって自治体の行政運営の効率性と有効性，さらに民主性を高めようという狙いがあった［Adriano 2014; Ishim Hossain and Rees 2007; Legaspi 2010］．分析の結果は，こういった狙いがある程度達成されていることを示しているといえる．

しかしながら，地方分権改革と自治体の行政運営への NGO/PO の関わりについては，NGO は多角的な存在で NGO 全体の凝集性は必ずしも高くなく，コミュニティを基盤としたバランガイキャプテンや自治体議員など，"古い"ステークホルダーとの関わりも依然，重要である［高橋 2008］．また，1991年地方政府法は地方開発協議会のメンバーのうち25％以上を NGO セクターの代表とするよう規定しているが，一般的に専門性を有し市民的公共性を体現するとされる NGO と，地域内の業界団体や共益団体であり，領域性と大衆性を有する PO との違いや反目が指摘される場合もある［笠井 2008］．日下［2013］は，フィリピンのこれまでの利益による政治が中間層によって道徳的に"正しい"政治に代えられることにより，かえって社会的な寛容性が失われ，大衆層に対して排除の論理が働くことを指摘している．本研究では NGO と PO の参加を分けないで質問しているが，こういったステークホルダー間の違いや関係については留意が必要であろう．

計画開発調整官の政策志向

計画開発調整官の資質については，性別，勤務歴，教育歴は有効な説明変数とはならなかったが，計画開発調整官が考える政策志向の違い，具体的には社会開発を志向する計画開発調整官の自治体が高いパフォーマンスに結びついていることが明らかになった．特に，行政ガバナンス，社会ガバナンス，ガバナンスの評価基盤の三カテゴリーにおいて，社会開発を志向する計画開発調整官が所属する自治体において，パフォーマンスが有意に高いことが明らかになっ

た．

計画開発調整官は，自治体の開発計画や投資プログラムを決定する地方開発協議会の事務局長を担い，開発に関わるさまざまな利害や利益，そして資源の調整の要となるポストである［山田 1998］．また当該自治体の開発計画は上位政府の開発計画に統合されるため，計画開発調整官の差配や意向，さらに垂直的な行政ルート上の関係が，開発計画の実質化に影響を及ぼすことが考えられる．

またロウィの政策分類に基づけば，環境や衛生，教育などに関わる社会開発志向の政策は再分配政策に位置づけられ，経済開発志向の政策は分配政策に位置づけられる［Lowi 1972］．ロウィの類型は政策の影響を受ける人々に対する強制力の程度によって分類されているものであるが，政策を実施する主体である行政の側からみれば，政策遂行のための執行力・調整力の高さの違いと言い換えられる．

社会開発志向の政策は，限られた資源の効率的，有効的な配分と調整が求められることから，より高度な管理能力が問われることになる．さらに環境施策は政策の執行と実施能力（enforcement and implementation capacity）を必要とするから，社会開発志向の自治体は行政運営上の能力が高いことを示しているかもしれない．LGPMS を分析した Adriano［2014］は，ガバナンス上の質（Quality of Governance）と開発（Local Development）の間には明確な関係がみられないと指摘したが，本分析の結果は，少なくとも社会開発分野に限ってはガバナンス上の質との関係が存在することを示しているといえる．

自治体のステイタス

統制変数として投入した自治体のステイタスに関するダミー変数は，各モデルで重要な変数であることが明らかになった．自治体が市となるか町（Municipality）となるかは，基本的には人口と歳入の額によって決まるため，この2つが自治体のパフォーマンスに影響を与えているといえる．自治体の立地を示す島グループに関するダミー変数についても，首都圏を有するルソン島ダミーが有意な変数であることが明らかになった．Capuno［2005］は自治体のガバナンスの改善と経済成長には一定の初期条件が必要であることを明らかにしたが，本分析の結果も同様に自治体の所在場所や人口，経済規模が高いパフォーマンスに必要であることを示唆している．ただし，国とのネットワークや NGO な

どステークホルダーとの強度，計画開発調整官の社会開発への政策志向は，これら自治体のステイタスや所在地を考慮にいれても，なお重要な要素であることが明らかになった．

フィリピンに限らず，自治体の行財政運営上のパフォーマンスが自治体の所在地（とりわけ大都市地域）や財政規模によって規定されることは広く知られている．フィリピンにおいても地方分権改革後，財政上，そして組織能力上の理由から委譲された権限や事務を行使できない自治体の存在が問題視されることがある．中央政府と自治体の財政調整制度である内国歳入割当（IRA：Internal Revenue Allotment）についても，逆に自治体間の財政力格差を広げていると指摘される［高端 2013］．ただし，1991年地方政府法による分権改革の前後で，自治体間のこういった格差が広がったかどうかは，別に慎重な検討が必要であると思われる．

おわりに

本章では，これまでの研究が関心をあまり寄せてこなかったフィリピン地方自治体における官僚制とパフォーマンスに焦点を当て，自治体の行政上のトップである計画開発長官へのサーベイ調査に基づき，官僚制組織が自治体のパフォーマンスに与える影響について，実証的に明らかにすることを試みた．

分析の結果明らかになったのは，計画開発調整官という自治体官僚のトップが有する他の政府機関とのネットワークや自治体内の NGO や PO といった市民社会セクターとの関係，さらには自治体の包括的な開発計画や公共投資プログラムを司る計画開発調整官自身の政策志向が，自治体のさまざまなパフォーマンスを規定する要因の1つであるということである．もちろん，フィリピンの地方自治においては現在でも「政治」はきわめて重要な要素であることには変わりはない．しかし本章での分析の結果は，中央による画一的な統制を廃し地方の実情にあった効果的な行政運営を目指した地方分権改革から20年を経て，地方「行政」や地方の官僚制もまた，地方分権改革の成否にかかわる要素の1つになりつつあることを示唆している［川中 1996; 2009］．

ただし，地方「行政」全般が地方政治に加えて重要であることが明らかになった一方，計画開発調整官という行政上のリーダーの資質（政策志向），行政上の中央地方関係とネットワークの強度，また NGO/PO といった地域内のス

テークホルダーとの関係の内，どれが最も重要であるかについては，一定の法則性を見出すことができなかった．LGPMS の行政ガバナンスカテゴリーでは行政上の中央地方関係に関わる標準偏回帰係数が最も大きく，ガバナンスの評価基盤カテゴリーでは NGO/PO との関係に関わる標準偏回帰係数が最も大きいなど，測定されるパフォーマンスの領域や分野によって，行政上のどの要因が重要なのかは一様ではない．

　また，本章の分析では，従属変数である自治体のパフォーマンスについて内務自治省が全ての自治体について集計公表している LGPMS の指標を用いたが，LGPMS は自治体の担当者による自己評価を基にしたパフォーマンス指標である．そのためより客観的な指標については，フィリピン国家生産性会議 (National Competitiveness Council) が公表している全自治体の生産性に関するデータや，財務省が公表している各自治体の地方税の徴収率 (Collection Efficiency)，さらにはよりアウトカム志向の指標として，公衆衛生状況を示す各自治体の施設での分娩率 (Facility Based Delivery) や，子どもの予防接種率 (Fully Immunized Child) などのデータを被説明変数として利用することも考えられる．しかし，体系的に確立された形で計測・収集され，ある程度の信頼性がある指標として，現在のところは各自治体の自己申告に基づいた LGPMS に頼らざるを得ないのが実情である [Rood 1998]．

　さらには，本章の分析では地域社会での人と人とのつながりや信頼などの社会関係資本や，住民の自治体活動への参加が自治体のパフォーマンスにどのように関わっているのかについて検討を行っていない．地方「政治」と地方「行政」に加え，地域社会における社会関係資本が自治体全体のパフォーマンスにどのように関わっているかを明らかにすることも，今後の研究課題である．

◆参考文献◆
邦文献
秋月謙吾 [2001]『行政・地方自治』東京大学出版会.
笠井賢紀 [2008]「参加行政と公共性——フィリピン・ケソン市の事例から——」慶應義塾大学大学院政策・メディア研究科修士論文.
片山裕 [2001]「フィリピンにおける地方分権について」，国際協力事業団国際協力総合研修所『地方行政と地方分権 報告書』国際協力事業団.
川中豪 [1996]「フィリピンの官僚制」『ASEAN 諸国の官僚制』アジア経済研究所.
———— [2009]「地方政治」，大野拓司・寺田勇文編著『現代フィリピンを知るための61

章（第2版）』明石書店.

日下渉［2013］『反市民の政治学』法政大学出版局.

佐久間美穂［2011］「フィリピンにおける地方分権の現状と課題」国際開発センター.

佐々木雅子［2005］「フィリピン共和国における広域行政・地方自治体連合化の取り組み」『横浜国際社会科学研究』10(2).

高橋華生［2008］「フィリピンの脱集権化と都市開発行政の分断――地方分権と広域計画の両立に向けて――」『ソシオゴロス』32.

高端正幸［2013］「現代フィリピンにおける「地方分権」と政府間財政関係」横浜国立大学大学院国際社会科学研究科　博士論文.

永井史男［2004］「フィリピンにおける中央・地方関係――人事行政の観点から――」『中央・地方政府間の人的リンケージに関する国際比較研究（平成14, 15年度科学研究費補助金基盤研究B（課題番号14320030；研究代表者：稲継裕昭）研究成果報告書）』.

西村謙一［2009］「フィリピンにおける地方分権化論」『大阪大学国際教育センター研究論集　多文化社会と留学生交流』13.

西村謙一・菊地端夫・小林盾・永井史男［2015］「フィリピン地方自治体エリートサーヴェイ調査（1）」『法学雑誌』（大阪市立大学），61(3).

船津鶴代・永井史男編［2012］「変わりゆく東南アジアの地方自治」アジア経済研究所.

森田朗編［1998］『アジアの地方制度』東京大学出版会.

矢野秀徳［2008］「現代フィリピンにおける立法動向」『修道法学』30(1).

山田恭稔［1998］「地方開発における自治体と中央政府機関の機能関係――フィリピン「1991年自治体法」の移行期終了時における一考察――」『国際協力研究』27.

外国語文献

Adriano, M.N.［2014］"Quality of Governance and Local Development: The Case of Top Nine Performing Local Government Units in the Philippines," *Asia Pacific Journal of Multidisciplinary Research*, 2(4).

Agranoff, R. and McGuire, M.［2003］*Collaborative Public Management*, Washington, D.C.: Georgetown University Press.

Azfar, O., Gurgur, T., Kahkonen, S., Lanyi, A. and Meagher, P.［2000］"Decentralization and Governance: An Empirical Investigation of Public Service Delivery in the Philippines," *A joint paper by Center for Institutional Reform and the Informal Sector, University of Maryland and the World Bank*, College Park, MD; Center for Institutional Reform and the Informal Sector, University of Maryland.

Brillantes, A. J. and Sonco II, J. T.［2010］"Decentralization and Local Governance in the Philippines," in E. Berman ed., *Public Administration in Southeast Asia: Thailand, Philippines, Malaysia, Hong Kong, and Macao*, Boca Raton, FL: CRC Press.

Capuno, J.［2005］"The Quality of Local Governance and Development under Decentralization in the Philippines," *Discussion Paper No. 506, School of Economics, University of the Philippines*.

――――［2010］"Leadership and Innovation under Decentralization: A Case Study of Selected

Local Governments in the Philippines," *Discussion Paper No. 2010-10, School of Economics, University of the Philippines.*

Co, E. E. A. and Cordero, R.R. [2012] "Professionalization of the Philippine Local Government Workforce under Devolution." in EROPA Local Government Center ed., *Local Governance Under Stress: Integrated Human Capacity Building In the Age of Decentralization,* Tokyo: EROPA Local Government Center.

Domingo, M.O. and Reyes, D.R. [2010] "Performance Management Reforms in the Philippines," E. Berman ed., *Public Administration in Southeast Asia: Thailand, Philippines, Malaysia, Hong Kong, and Macao,* Boca Raton, FL: CRC Press.

Green, A. E. [2005] "Managing Human Resources in a Decentralized Context," in The World Bank ed., *East Asia Decentralize: Making Local Government Work,* Washington D.C.: The World Bank.

Hou, Y., Moynihan, D. and Ingraham, P. [2003] "Capacity, Management, and Performance: Exploring the Links," *The American Review of Public Administration,* 33(3).

Ishii, R., Hossain, F. and Rees, C. [2007] "Participating in Decentralized Local Governance: Two Contrasting Cases from the Philippines," *Public Organization Review,* 7.

Legaspi, P. E. [2010]. "The Changing Role of Local Government Under a Decentralized Sate: The Case of the Philippines," *Public Management Review,* 3(1).

Lowi, T.J. [1972] "Four Systems of Policy, Politics, and Choice," *Public Administration Review,* 32(4).

Manor, J. [1999] *The Political Economy of Democratic Decentralization.* Washington D.C.: The World Bank.

Moon, J. and Norris, D. [2005] "Does Managerial Orientation matter? The Adoption of Reinventing Government and E-Government at the Municipal Level," *Information Systems Journal,* 15.

Rood, S. [1998] "An Assessment of the State of Knowledge Concerning Decentralized Governance under the Philippines' 1991 Local Government Code," *Philippine Journal of Public Administration,* 42 (1 and 2).

Walker, R. and Andrews, R. [2015] "Local Government Management and Performance: A Review of Evidence," *Journal of Public Administration Research and Theory,* 25(1).

Zhang, Y.and Feiock, R. [2009] "City Managers' Policy Leadership in Council-Manager Cities," *Journal of Public Administration Research and Theory,* 20(2).

第 *8* 章

フィリピンの社会関係資本
——首長の社会関係資本は自治体パフォーマンスを向上させるのか——

小林　盾・大﨑裕子

■ はじめに

　地方自治体の首長が住民や政治家とネットワークを形成すると，自治体のパフォーマンスが向上するのだろうか．それとも，かえってパフォーマンスを低下させるのだろうか．ネットワークによって住民や自治体外部との連帯が深まり，効率的で効果的な自治体運営ができるかもしれない．しかし，そうしたネットワークは，情実政治につながる結果，むしろ自治体運営を非効率化させるかもしれない．

　さらに，もしかしたら「住民とのネットワーク」と「政治家とのネットワーク」など，ネットワークの種類によって役割が異なるかもしれない．そこで，この章ではネットワークの役割を「社会関係資本」としてとらえ，以下のリサーチクエスチョンにアタックしていくことにする（社会関係資本については第1節で説明）．

リサーチクエスチョン　自治体首長の社会関係資本が豊かだと，自治体パフォーマンスを向上させるのか．社会関係資本の種類によって，役割が異なるのか．

　これを解明できれば，地方分権が民主主義を促進するための具体的なメカニズムが，明らかになるだろう．しかし，もし未解明のままだと，ともすれば不必要に（ときにはかえって逆効果にもかかわらず）ネットワーク作りに注力してしまうかもしれない．

　この章では，フィリピンを事例とし，基礎自治体である市町を分析する．

フィリピンは，東南アジア諸国の中でタイやインドネシアと並び，政治体制が比較的安定している．アメリカによって，東南アジアでもっともはやく民主的制度が導入された．その一方，「政治家一族」や「情実政治」が広く浸透しているともいわれる．

1 首長の社会関係資本の豊かさ

パットナムの社会関係資本論

パットナムは，イタリアの州を事例として分析した［Putnam 1993］．そのとき，地域における人びとのネットワークの役割が「社会関係資本（ソーシャルキャピタル）」として概念化された．社会関係資本は，「信頼，互酬性の規範，市民参加のネットワーク」として定義される［大﨑 2014］．

分析の結果，主に北イタリアでは社会関係資本が豊かなため，（優先投票の少なさ，国民投票への参加，新聞講読，文化団体といった）市民度が高く，また（相互扶助協会，協同組合，大衆政党，投票率，任意団体といった）市民的伝統が強かった．その結果，政策実現など自治体パフォーマンスが高かった．南イタリアでは対照的であった．

社会関係資本と自治体パフォーマンスについては，州会議員と有権者が接触すると，地域の市民度が低下した［Putnam 1993: 邦訳 122］．これは情実政治の現れと見なせるため，自治体パフォーマンスを下げかねない．しかし，社会関係資本とパフォーマンスの直接の関係は，解明されていない（その後の理論的・実証的展開については金［2005］，坂本［2005］に詳しく，日本の自治体については辻中・伊藤編［2010］参照）．

結束型社会関係資本と橋渡し型社会関係資本の役割

そこで，この章では首長の社会関係資本と自治体パフォーマンスの関係を，分析しよう．まず，資本であることから，投資し回収するというメカニズムを以下のように仮定する（社会関係資本の投資メカニズムについては Lin［2001］）．このとき，結束と橋渡しという社会関係資本の2つの機能に着目しておこう（地域における社会関係資本については内閣府国民生活局編［2002］，宮川・大守編［2004］．金［2005］，坂本［2005］など先行研究ではこれらの区別をしていないが，それではもしかしたら自治体パフォーマンスへの効果の違いを見逃してしまうかもしれ

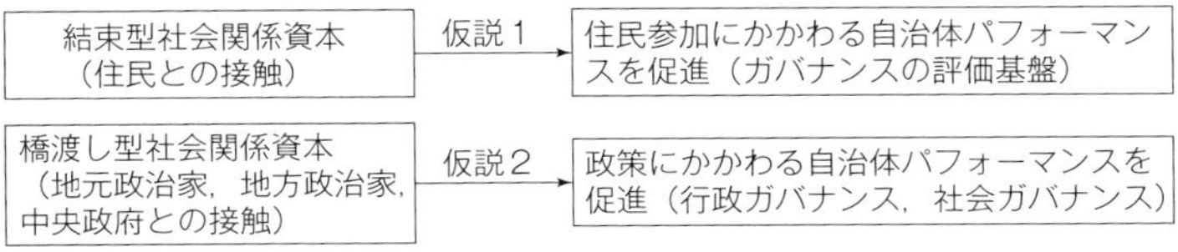

結束型社会関係資本 （住民との接触）	→ 仮説 1 →	住民参加にかかわる自治体パフォーマンスを促進（ガバナンスの評価基盤）
橋渡し型社会関係資本 （地元政治家，地方政治家， 中央政府との接触）	→ 仮説 2 →	政策にかかわる自治体パフォーマンスを促進（行政ガバナンス，社会ガバナンス）

図 8-1　仮説

(注) 矢印は因果関係を表す．かっこ内は操作的定義（実際の測定）．

ない．また，先行研究では社会関係資本を市民相互の関係の特性と捉えるが，この章では首長の特性へと概念を拡大してみたい．

定義　社会関係資本のうち，ネットワーク内で人びとをまとめる機能を持つものを「結束型社会関係資本」と呼ぶ．これに対し，ネットワークとネットワークとをつなげる機能を持つものを「橋渡し型社会関係資本」と呼ぶ．

仮定　首長が，関係者に接触することで豊かな（結束型または橋渡し型）社会関係資本を蓄積し，自治体パフォーマンスとして回収する．

　それでは，首長の社会関係資本がどのような形で自治体パフォーマンスに影響するのだろうか．首長の社会関係資本が豊かなほど，自治体パフォーマンスが良好なのだろうか．ここでは，住民との接触と，政治家との接触に分けて，次の2つのシナリオを想定してみたい（図8-1）．

仮説1（住民との接触の効果）　首長が住民と多く接触するほど，それが結束型社会関係資本として住民との連帯を促進するため，住民参加にかかわる自治体パフォーマンスが高いだろう．

仮説2（政治家との接触の効果）　首長が政治家と多く接触するほど，それが橋渡し型社会関係資本として政策実現を促進するため，政策立案や政策実現にかかわる自治体パフォーマンスが高いだろう．

　仮説1は，社会関係資本がアクター間の自発的な協調行動を促進しうるという，Putnam［1993］や坂本［2005］の主張を踏まえている．

2　フィリピン地方自治体エリートサーベイ調査

300市町の分析

　データとして，2011年フィリピン地方自治体エリートサーベイ調査の首長票を用いる．単位は市町であり，母集団はムスリム・ミンダナオ自治地域を除くすべての1515市町である．この中から，ランダムサンプリングによって300市町を抽出し標本とした．北から母集団番号を振り，人口規模を考慮して系統抽出を行った．

　調査票は首長票と計画開発調整官票の2種類を用いて，各市町にて別々に訪問面接調査を実施した．計画開発調整官は，市町における官僚制のトップである．調査期間は，首長票が2011年10月から2012年10月，計画開発調整官票が2011年10月から2012年4月までであった．どちらも有効回収率は100％で，有効回収数は300ケースであった（調査方法はKobayashi, Nishimura and Kikuchi [2013]，基礎集計は西村・菊地・小林ほか[2015]，調査票は西村・菊地・小林ほか[2016]）．

　実査は，フィリピンの調査会社Social Weather Stationsに依頼した．ただし，首長票3ケースのみ，日本人研究者が回収した．図8-2は，予備調査と実査の様子である．

　標本となる300市町は，全81州のうち70州とマニラ首都圏に渡る．母集団である1515市町と比べると，島グループごとの市町の比率は，おおむね一致していた．人口グループごとでは，サンプリング方法を反映して，大規模な市町が

図8-2　調査の様子

（注）レソ町における予備調査の様子（左，2010年9月），カブヤオ町における実査の様子（右，2012年10月）．左写真で左が計画開発調整官，中央が小林．右写真で左が首長，右が小林．

標本に多い．その結果，一般に町より市のほうが大規模なので，市が標本に多くなっている．さらにその結果として，歳入ランクのよい市町が多い．300市町で人口合計4234万2634人であり，母集団1515市町の人口合計8427万5983人のおよそ半分をカバーする．

自治体パフォーマンスを測定する

従属変数となる市町のパフォーマンスは，どのように測れるだろうか．ここでは，フィリピン内務自治省による地方ガバナンス・パフォーマンス管理システム（Local Governance Performance Management System, LGPMS）の評価を用いる．2011年分について取り寄せた．

内務自治省は，最低＝1点から最高＝5点で，20項目について自治体パフォーマンスを測定している．5つの分野に分けられていて，この章では，住民参加，透明性，財政説明責任の3項目による「ガバナンスの評価基盤」，自治立法，開発計画，財源調達力，資源配分・利用，住民サービス，人事管理・人材育成の5項目からなる「行政ガバナンス」，そして保健サービス，教育サービス支援，基礎的住宅インフラ，治安維持と災害対策の5項目からなる「社会ガバナンス」の3分野13項目を，自治体パフォーマンスとして用いる．

情報を集約するため，分野ごとに平均を求めて，新変数とする（分野ごとのクロンバックのアルファは0.52〜0.58）．こうして，ガバナンスの評価基盤，行政ガバナンス，社会ガバナンスという3つの自治体パフォーマンスを，従属変数として得られた．

このうち，ガバナンスの評価基盤は，仮説1の「住民参加にかかわる自治体パフォーマンス」と位置づけられる．一方，行政ガバナンスと社会ガバナンスは，仮説2の「政策立案や実現にかかわる自治体パフォーマンス」と位置づけられるだろう．

他に「経済ガバナンス」として農業への支援，漁業への支援，企業支援・産業振興の3項目が，「環境ガバナンス」として森林生態系管理，陸水生態系管理，沿岸海洋生態系管理，都市生態系管理の4項目があった．しかし，非該当による欠損値が多かったため使用しない（たとえば内陸地域であれば沿岸海洋生態系管理が欠損値となる）．

首長の社会関係資本を測定する

　独立変数には，首長が関係者にどれくらい接触しているかという「首長の接触頻度」を，首長の社会関係資本として用いる．調査の中で，以下のように首長に2つの質問をした．

質問1　下のリストに挙げた人々とはどの程度の頻度で会いますか（1つのみ選択）
（項目）バランガイ長，地方議員，NGOメンバー，地元POのメンバー，ロータリークラブなどの市民団体のメンバー，民間企業関係者，NGO・市民団体・地元POメンバー以外の一般住民
（選択肢）週数回，週1回，月2・3回，月1回，年数回，なし

質問2　昨年，あなたは，下のリストに挙げた人々とどの程度の頻度で会いましたか（1つのみ選択）
（項目）知事（首都圏外の自治体のみ），地方選出の下院議員，政党リスト選出の下院議員，上院議員，中央省庁の次官，中央省庁の長官，大統領
（選択肢）月1回以上，月1回，年数回，年1回，なし

　こうした接触が多いほど，首長の社会関係資本が豊かであるとみなせる．ここでも仮説に基づいて，情報を集約しよう．まず，一般住民，非政府組織（NGO），住民組織（PO），市民団体，企業との接触は，（政治家ではなく）住民との結束型社会関係資本と言える．そこで，これらをまとめて「住民との接触」とし，仮説1で用いる．

　他の接触は，政治家との橋渡し型社会関係資本と言えるので，仮説2で用いる．バランガイ長，地方議員との接触をまとめて「地元政治家との接触」，州知事，地方選出の下院議員（選挙区下院議員）との接触は「地方政治家との接触」，そして大統領，中央省庁の次官・長官，上院議員，政党リスト選出の下院議員（比例区下院議員）との接触は「中央政府との接触」とまとめる．地元政治家はおおむね市町内，地方政治家は州レベル（地方選出の下院議員は州内で選出），中央政府はフィリピン全体の国レベルとなる（政党リスト選出の下院議員は全国区）．

　「平均してどれだけ会ったか」より「合計してどれだけか」のほうが，ここでは重要である．そこで，接触の種類ごとに，「平均」ではなく接触頻度の

「合計」を計算して新変数とした．なお，因子分析を行ったところ，一般住民が「地方政治家との接触」に入ったが，それ以外はこの分類通りだった．

単位は月～回とし，回答が週数回＝8，週1回＝4，月2・3回＝2.5，月1回以上＝2，月1回＝1，年数回（必要に応じ，ときどきも）＝0.2，年1回＝0.1，なし（分からない，無回答，拒否も）＝0とした．

分析では，3つの島グループ（ルソン島をベースラインとして，ビサヤダミーではビサヤ諸島＝1，それ以外＝0，ミンダナオダミーではミンダナオ島＝1，それ以外＝0），人口（単位は人），市町（市ダミーを用い，市＝1，町＝0），歳入ランク（最高＝1等から最低＝6等）で統制する．

3　分析結果

自治体パフォーマンス，接触頻度の平均

従属変数である自治体パフォーマンスの記述統計は，**表8-1**となった．どれも分布は一山であり，ピークは4.00から5.00の間にあった．平均はそれぞれ，4.51, 4.20, 4.41なので，ガバナンスの評価基盤，社会ガバナンス，行政ガバナンスの順に高かった．パフォーマンス同士の相関係数は，0.453（ガバナンスの評価基盤と行政ガバナンス）から0.521（行政ガバナンスと社会ガバナンス）の間だった．

独立変数である首長の接触頻度はどうか．記述統計は**表8-1**となった．分布はどれも，おおむね一山だった．平均でみると，住民との接触がもっとも多く月14.52回，次に地元政治家（市町内の政治家）との接触が9.81回だった．地

表8-1　従属変数（自治体パフォーマンス）と独立変数（首長の接触頻度）の記述統計

		平均	中央値	標準偏差	最小	最大
従属変数	ガバナンスの評価基盤	4.51	4.59	0.39	2.76	5.00
	行政ガバナンス	4.20	4.21	0.36	2.71	4.88
	社会ガバナンス	4.41	4.54	0.49	2.71	5.00
独立変数	住民との接触	14.52	12.00	10.36	0.00	40.00
	地元政治家との接触	9.81	10.50	4.95	0.00	16.00
	地方政治家との接触	1.90	2.00	1.32	0.00	4.00
	中央政府との接触	1.00	0.60	1.25	0.00	8.10

(注) N＝300市町．従属変数は地方ガバナンスパフォーマンス管理システムの評価から作成（2011年，範囲は1～5）．独立変数は2つの質問から作成（単位は月回数）．

方政治家 (州レベル) は1.90回, 中央政府 (国レベル) だと1.00回と, 範囲が拡大するほど減少した. 自然なことだろう. 接触頻度同士の相関係数は, 0.080 (地元政治家と中央政府) から0.486 (住民と地元政治家) の間にあった. なお, フィリピンにおけるこうした首長の接触頻度は, この調査によって初めて明らかにされた.

接触頻度によって自治体パフォーマンスは異なるか

では, 独立変数である接触頻度によって, 自治体パフォーマンスに違いはあるのだろうか. そこで, 接触頻度の中央値を境に, 各接触頻度を2グループに分けて, 従属変数である自治体パフォーマンスの平均を比較してみよう. それが図8-3である.

折れ線グラフがおおむね右上がりであるため, 全体的に接触が多く社会関係資本が豊かなほど, 自治体パフォーマンスが向上することがみてとれる. 分散分析による有意な違いに着目すると, 住民との接触は, 行政ガバナンスと社会

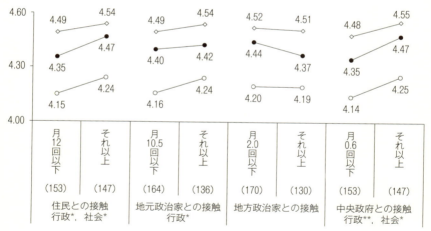

図8-3 独立変数 (首長の接触頻度) グループ別の従属変数 (自治体パフォーマンス) の平均

(注) $N=300$市町. 接触頻度グループは, もっとも少ないケースから中央値までを低頻度グループ, それ以上を高頻度グループとした. かっこ内は市町数. 「行政*」は行政ガバナンスで有意な差があることを意味する. 分散分析で ***$p<.001$, **$p<.01$, *$p<.05$, †$p<.10$.

ガバナンスでパフォーマンスを促進した．地元政治家との接触は，行政ガバナンスのみで促進した．地方政治家との接触は，どのパフォーマンスを増やすことも減らすこともなかった．中央政府と接触すると，行政ガバナンスと社会ガバナンスでパフォーマンスを促進した．

他に，（図表は省略するが）統制変数による違いをみると（分散分析で有意な差のみ），島グループ別ではルソン島でどのパフォーマンスも高く，接触もおおむね多かった．ただし，地方政治家との接触はビサヤ諸島がもっとも多かった．

人口別では，人口が多いほど，すべてのパフォーマンスが高く，住民や中央政府との接触が多かった．地元政治家と地方政治家については，5万人から10万人の中規模市町でもっとも多かった．

市町別では，市ほど，どのパフォーマンスでも高く，また住民や中央政府との接触が多かった．地元政治家との接触については差がなく，地方政治家との接触については町のほうが多かった．歳入ランク別では，1等ほど，全パフォーマンスが高かった．ただし，接触頻度については差がなかった．

回帰分析で互いに統制すると

それでは，接触頻度の効果は，島グループなどで統制しても残るのだろうか．そこで，3つのパフォーマンスをそれぞれ従属変数として，回帰分析で独立変数と統制変数の効果を同時に調べた．結果が**表8-2**に報告されている．

独立変数である首長の社会関係資本の効果は，どうだろうか．住民との接触は，社会ガバナンスでパフォーマンスを有意に促進した（係数0.131）．社会ガバナンスには，保健，教育，住宅，治安といった住民に身近なものばかりなので，住民と接触することで首長がニーズを広く収集できたのだろう．

政治家との接触のうち，地元政治家と地方政治家との接触は，有意な効果を持たなかった．中央政府との接触は，行政ガバナンスでパフォーマンスを有意に促進した（係数0.108）．中央政府との人脈が，市町と中央との橋渡しに役立ったのだろう．

ガバナンスの評価基盤は，首長がだれと接触しようと影響されなかった．より複雑なメカニズムが，働いているようだ．

次に，統制変数の効果をみると，ルソン島ほど行政ガバナンスと社会ガバナンスでパフォーマンスが高かった．人口は効果を持たなかった．市ほど，すべてのパフォーマンスが高かった．歳入ランクが高い（1等に近い）ほど，行政ガ

表8-2　回帰分析の結果

	従属変数		
	ガバナンスの評価基盤	行政ガバナンス	社会ガバナンス
統制変数			
ビサヤダミー	−0.098	−0.100 †	−0.124 *
ミンダナオダミー	−0.064	−0.171 **	−0.073
人口（～人）	0.062	0.007	0.090
市ダミー	0.203 **	0.311 ***	0.138 *
歳入ランク（～等）	−0.117 †	−0.191 ***	−0.091
独立変数			
住民との接触	0.092	−0.004	0.131 *
地元政治家との接触	−0.062	0.069	−0.057
地方政治家との接触	−0.020	−0.009	−0.082
中央政府との接触	0.007	0.108 *	0.088
決定係数	0.113	0.226	0.133

（注）$N = 300$市町．値は標準化係数．ビサヤダミーとミンダナオダミーのベースラインはルソン島，市ダミーのベースラインは町．***$p < .001$，**$p < .01$，*$p < .05$，†$p < .10$．

バナンスとガバナンスの評価基盤でパフォーマンスがよかった．

　なお，マルチレベル分析を行った結果，3つのパフォーマンスすべてにおいて，たしかに州の影響があった．とはいえ，そうした州の影響を考慮しても，分析結果全体の傾向に違いはなかった．

　また，経済ガバナンスと環境ガバナンスのパフォーマンスをそれぞれ従属変数として回帰分析を実施したところ，4つの独立変数はどれも有意な効果を持たなかった．また，政治家との接触をすべて合計して1変数としてみたが，どの自治体パフォーマンスにも有意な効果を持たなかった．

4　異なる社会関係資本，異なる自治体パフォーマンス

　これらから，2つの仮説はどう検証されるだろうか．仮説1通りなら，住民との接触が結束型社会関係資本として，ガバナンスの評価基盤のパフォーマンスを向上させるはずである．

　しかし，分析結果から，住民との接触は社会ガバナンスのパフォーマンスを向上させたが，ガバナンスの評価基盤には影響しなかった．したがって，仮説

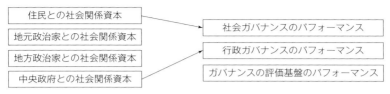

図8-4 分析結果の要約

(注) 矢印は，表8-2における有意な効果を表す（矢印がないなら有意な効果がない）．社会関係資本は接触頻度で測定された．

1は支持されなかった．むしろ，住民との交流は社会政策におけるニーズ収集に，役立っているのかもしれない．

仮説2はどうか．仮説通りなら，政治家との3種類の接触が橋渡し型社会関係資本として，行政ガバナンスと社会ガバナンスのパフォーマンスを促進させる．

分析結果から，中央政府との接触は行政ガバナンスのパフォーマンスを向上させたが，社会ガバナンスには影響しなかった．また，地元政治家や地方政治家との接触は，どのパフォーマンスにも影響しなかった．中央政府や政治家とのネットワーク形成が情実政治につながって，パフォーマンスを低下させる可能性もあったが，今回は観察されなかった．したがって，仮説2は部分的に支持された（図8-4）．

以上から，冒頭のリサーチクエスチョンに以下のように回答できるだろう．

リサーチクエスチョンへの回答 フィリピンの300市町を事例として分析した結果，自治体首長の社会関係資本が豊かなほど，自治体パフォーマンスが向上することがあった．ただし，社会関係資本の種類によって効果が異なり，住民との接触は社会ガバナンスを，中央政府との接触は行政ガバナンスを向上させた．つまり，異なる社会関係資本は異なるパフォーマンスを促進した．

おわりに

こうして，地方分権が民主主義を促進するための1つのメカニズムが，示されたと言えよう．具体的には，住民との社会関係資本が社会ガバナンスで，中央政府との社会関係資本は行政ガバナンスで役立つことが分かった．いわば，

図8-5　フィリピン（左），インドネシア（右）におけるウェルビーイングのインタビュー調査

（注）フィリピンでは2016年2月にマニラ近郊のマンダルーヨン市にて，インドネシアでは2016年3月にジョグジャカルタ近郊のクブメン県にて実施．

（4つの社会関係資本という）水路のうち，パフォーマンスという外海につながるのは，住民と中央政府との社会関係資本だけであり，しかもそれぞれ別の海に注いでいたことになる．これまで首長の社会関係資本が，自治体パフォーマンスとどう関連するのかは未解明だった．

残された課題として，フィリピンにおけるこうしたメカニズムが，他の社会にどこまで一般化できるのかを，検証していく必要がある．

また，首長の社会関係資本の効果として，この章では自治体パフォーマンスを取りあげた．他に，たとえば住民の満足度や幸福感や健康といったウェルビーイング（善き生）を用いることもできるだろう（ウェルビーイング概念については小林［2017］）．そのための予備調査として，2016年2月と3月にフィリピン，インドネシアでインタビュー調査を実施した（図8-5）．

謝辞

　　本研究は JSPS 科研費 JP21252003（基盤研究 A，東南アジアにおける地方自治サーヴェイ調査：タイ，インドネシア，フィリピンの比較，永井史男代表），JP25283009（基盤研究 B，東南アジアの自治体エリートサーヴェイ分析：タイ，インドネシア，フィリピンの比較，永井史男代表），JP15H02600（基盤研究 A，東南アジア地方自治ガバナンスに関する住民意識調査：フィリピンとインドネシアの比較，西村謙一代表）の助成を受けたものです．執筆に当たり，岡本正明氏，川端健嗣氏，菊地端夫氏，永井史

男氏，西村謙一氏，ワフユ・プラスティアワン氏から有益なコメントをいただきました．この章は小林・西村・大﨑［2016］をもとにして，大幅に書きなおしました．

◆参考文献◆
邦文献

大﨑裕子［2014］「コミュニティ――なぜ地域に違いがあるのか　ソーシャル・キャピタル――」，小林盾・金井雅之・佐藤嘉倫・内藤準・浜田宏・武藤正義編『社会学入門――社会をモデルでよむ――』朝倉書店．

金基成［2005］「社会関係資本と地方政府の役割――制度と文化の相互強化的好循環の可能性――」『公共政策研究』5．

小林盾［2017］『ライフスタイルの社会学――データからみる日本社会の多様な格差――』東京大学出版会．

小林盾・西村謙一・大﨑裕子［2016］「首長のソーシャル・キャピタルは自治体パフォーマンスを向上させるのか――フィリピンを事例とした300市町調査の計量分析――」『アジア太平洋研究』41．

坂本治也［2005］「地方政府を機能させるもの？――ソーシャル・キャピタルからシビック・パワーへ――」『公共政策研究』5．

辻中豊・伊藤修一郎編［2010］『ローカル・ガバナンス――地方政府と市民社会――』木鐸社．

内閣府国民生活局編［2002］『ソーシャル・キャピタル――豊かな人間関係と市民活動の好循環を求めて――』．

西村謙一・菊地端夫・小林盾・永井史男［2015］「フィリピン地方自治体エリートサーヴェイ調査（1）」『法学雑誌』（大阪市立大学），61(3)．

―――――［2016］「フィリピン地方自治体エリートサーヴェイ調査（2）」『法学雑誌』（大阪市立大学），62(1)．

宮川公男・大守隆編［2004］『ソーシャル・キャピタル――現代経済社会のガバナンスの基礎――』東洋経済新報社．

外国語文献

Kobayashi, J., Nishimura, K. and Kikuchi M.［2013］"Efforts for 100% Response Rate: Local Government Survey in the Philippines as a Case," *Bulletin of the Faculty of Humanities Seikei University*, 48.

Lin, N.［2001］*Social Capital: A Theory of Social Structure and Action*, Cambridge: Cambridge University Press（筒井淳也他訳『ソーシャル・キャピタル――社会構造と行為の理論――』ミネルヴァ書房，2008年）．

Putnam, R.［1993］*Making Democracy Work: Civic Traditions in Modern Italy*, Princeton University Press（河田潤一訳『哲学する民主主義』NTT 出版，2001年）．

第**9**章

インドネシアにおける地方自治体間の財政移転
――州からの補助金獲得のポリティクス――

籠谷和弘・長谷川拓也

はじめに

政府間財政移転には，中央政府から地方自治体への財政移転のほかに，規模はそれと比べると非常に小さいものの，広域自治体と基礎自治体間における財政移転がある．本章では，インドネシアにおける州から県市への補助金（*Bantuan keuangan*）に着目したい．

インドネシアに限らず，一般に政府間財政移転において，重視されていることの1つが地域間格差の是正である．これは同程度の税負担にもかかわらず，地域によって受益できる公共サービスが著しく異なることは公平性に欠けるという価値判断に基づく［Boadway 2007］．しかしながら先行研究は，そうした配分は実際には政治的な介入を受けやすく，期待された結果をもたらさないことも多いことを示している［Port and Sanguinetti 2001; Johansson 2003など］．

そのような政治的要因を分析する研究では，議会，政党など，陳情を受ける側の選挙戦略や政治介入過程に着目するものが多い．一方で，陳情をする側が主要政治アクターと日常的に築いているネットワークに着目したものはほとんどない．特に途上国の自治体の場合，ロビー活動を担う主体の1つは，その自治体の官僚である．本章では，そうした官僚のネットワークが補助金配分に影響を与える重要な要因となると考え，その検証を行う．

インドネシア研究の文脈において，本章の意義は2つあると考える．第1は，財源を分配するアクターとしての州政府にスポットを当てる点である．インドネシアでは，多くの権限が州を飛び越えて県市に委譲され，州はそれらを監督する役割に限定されると論じられてきた［Bünte 2009］．UNDP［2009］によ

ると，州は中央政府と県市の間の「欠落した環（missing link）」であるとも表現されている．本章の議論は，そうした見方を多少修正させるものとなり得る．第2は，州からの補助金分配に影響を及ぼすアクターとして，州知事や州高官に加え，州議会議員を分析の対象に含めている点である．地方議会議員の自治体予算に対する影響はメディアでの情報も限定され，明らかでないことが多い．本章では，そうした州議会議員の役割をあらためて検証する．

　以下次節では，インドネシアの地方自治体への財政移転の特徴を概観した後，先行研究やメディアでその分配がどのように論じられてきたかを考察する．第2節では，州の県市への補助金とはどのようなものか，法令に言及しながら説明する．また，そうした補助金によるプログラムが州の予算に計上される過程について説明する．第3節では，データ分析を行う．第4節では，現地でのインタビュー調査で得られた情報により分析結果を補完する．そして，最後に簡潔な結論を提示したい．

1　インドネシアの財政移転

自治体の歳入と歳出の特徴

　インドネシアの地方分権化は，スハルト政権崩壊直後の切迫した状況のなかで始まった．地方の不満に対処し，国家の統一を保つことを第1課題として，制度設計が行われている．その後2回（2004年，2014年）地方行政法が改正されたものの，制度設計時からの主な特徴はおおむね残っている．ここでは本研究に関わる4つの特徴を挙げ，県市の置かれている状況を概観したい．

　第1に，州ではなく，県市に大幅な権限が委譲されている．これは，州が分離独立の単位となりやすいと懸念されたためである．1999年の地方行政法（法律1999年第22号）では，基本的な行政サービス11分野は，県市が担うものと明記されている[1]．それに対して州の権限は，複数県市にまたがる事項の調整等，非常に限定されたものであった［松井 2003］．法律が改正されるごとに州の権限は強化されたものの［岡本 2012］，地方自治の主役は県市であることに変わりはない．

　第2に，多くの税源や天然資源からの収入を中央政府が管理しており，自治体の自主財源が乏しい．県市における自主財源からの収入は，平均して歳入の8％程である（2008～2013年の平均値）．県市は中央政府からの資金に大きく依存

しており，それは歳入の90％以上を占める［Lewis 2014］.

　中央政府からの財政移転は，主に①一般割当金（DAU），②特別割当金（DAK），③歳入分与の3つからなる．このうち，使途を特定しない一般割当金の占める割合が最も大きい．2001年から2009年の間での推移を纏めた Lewis ［2014］によれば，これは県市全歳入の60％程度を占める．特別割当金は，使途を特定したもので，特にインフラ整備，教育，保健の分野のものが多い．県市の歳入の8％程度を占める．歳入分与には，土地建物税や個人所得税のほか，天然資源からの利益の分与もあり，県市の歳入の17％程度を占める［Lewis 2014］.

　第3に，天然資源が豊富な地域とそうでない地域で自治体財政力に大きな差がある．県市の合計で比較すると，最も多い州（西パプア）の1人あたり歳入額は，最も少ない州（西ジャワ）の8.9倍ある（2017年決算額）.

　第4に，歳出に占める人件費の割合が高い．常に歳出の半分程度を占めており，予算の硬直性が高い．特にジャワ島の県市は人件費の占める割合が全国平均よりも大きく6割に迫り，インフラ整備などの投資的経費は2割に満たない［Arianto and Erman 2014］.

　以上を見れば，ほとんどの県市にとって事業予算獲得の重要性は高いことが分かる．財政移転金の獲得競争が激しく繰り広げられる中で，中央政府や国会議員に賄賂を伴うロビー活動を行う自治体もある．一方で，自治体間の格差は大きいままであり，それを是正する倫理的な要請も大きい．規模は違うものの，州の補助金決定に関しても，同様の状況にあると考えられる．すなわち，州内の地域間格差を是正する必要性や倫理的要請は高い一方で，補助金獲得のための県市からのロビーが行われている.

財政移転に関する先行研究と汚職事件

　インドネシアの財政移転についての先行研究は，最も大きな割合を占める一般割当金に集中している．一般割当金が，資源に乏しく紛争で荒れ果てた地域に多く配分されることで地域間経済格差を是正していると評価される一方［Tatchalerm and Achakorn 2017］，配分額が過度に複雑な公式で決定されていることにより，配分に透明性や公平性を欠くという指摘もある［Shah, Qibthiyyah and Dita 2012］．配分への政治的な影響に関しては，地方自治体のロビー活動と国会の介入により，配分が前年度を下まわらない「損失補填の原則」が導入されたた

め（2002～2008年），財政力の高い自治体が優位になっていることを指摘したものがある［Hofman et.al. 2006］．

そのほか，中央政府各省庁の地方自治体への委任事務の配分を分析したものがある［Lewis 2016など］．特に Gonschorek, Schulze and Sjahrir［2018］は，大統領選挙での当選ペアの得票率が低かった地域に対して，委任事務でより多くの配分がなされていることを計量分析で示し，政治的影響を指摘している点で重要である．

こうした先行研究だけでなく，政治的介入を示唆する贈収賄事件が発生している．2012年から2018年の間で，中央政府からの財政移転に関して４つの大きな案件が発覚している．特に2018年の特別割当金をめぐる事件では，贈賄側として少なくとも９つの自治体の関与が疑われ，既に２名の財務省官僚，２名の国会議員が逮捕されている．また州と県市間の財政移転についても，汚職案件が発生している．東ジャワ州トゥルンアグン県の県知事が，汚職事件の裁判で，企業からのキックバックの一部を州から補助金を得るためのロビーに使った，と2018年に証言している．ただし州から県市への財政移転に関する例は，管見の限りこれのみであり，数は非常に少ない．

これら先行研究や汚職事件は，財政移転において，地域間格差の是正など客観的な基準だけでなく，それとは何か別のことが考慮されて決定していることを示唆している．これは中央政府からの財政移転だけでなく，州から県市へのものにおいても同様のことが言える可能性がある．

2　州から県市への補助金

県市への補助金に関する規程

次に，州から県市への補助金について概観しよう．州と県市の間の財政移転には２種類あり，１つが補助金である．もう１つは歳入分与で，州税として集めた税金の一部を県市に配分するものである．[2] 歳入分与は管轄区域内で集められた額に従って自動的に配分額が決まるが，補助金の配分額は州の裁量で決められる．

財務ガイドライン（内務省令2006年第13号）によれば，補助金の目的は県市自治体の財政力の均等化と向上（第43条第１項）にある．一般補助金と特別補助金に分類される（同47条）．明確な限定はされないが，一般補助金は財政力均等化

に力点が置かれ、特別補助金は財政力向上に力点が置かれている。一般補助金は、その使用に対するすべての権限が県市に委ねられる。配分額の決定は、内務省令によれば県市の自主財源額、人口、貧困者数、面積などの指標による公式（州によって異なる）を用いるとされる。一方、特別補助金は、その使途の対象や実施法などをすべて州が決定する。これは、県市の行政権限にあたる業務（インフラ整備、教育、保健など）を州予算で実施したい場合に用いられる。

州補助金の地域的差異と全国的傾向

各州の全体的な傾向として、毎年、少なくとも歳出の8％前後は県市への補助金に割かれる。総額も歳出に占める割合も2014年までは増え続けていたが、それ以降は減少傾向にある（図9-1）。その理由の1つとして、2014年の地方行政法改正が挙げられる（改正の詳しい内容は長谷川［2018］などを参照のこと）。州の権限と責任が大きくなり、たとえば、これまで県市が担っていた高校教育は州へと委譲された。その結果、補助金へ割ける額が減ったと考えられる。しかし県市の権限は依然として大きく、補助金という形式で州が県市へ委ねなければならない任務は数多い。したがって、補助金はこれからもある程度の重要性は維持されると考えられる。

補助金で実施できる事業分野や内容に細かい規定はなく、州ごとに多様な事業が実施されている。また、これにどれだけ予算を割くかも、州ごとのバラツキは大きい。表9-1は、ジャワ島にある5州の補助金について示したもので

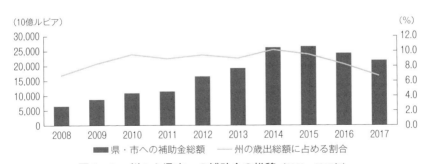

図9-1　州から県市への補助金の推移（2008～2017年）

(注) 使用したデータにおける「補助金」には、県市への補助金の他に、政党への補助金が含まれる。ただし、それは全体の1％にも満たない。
(出所) 財務省のHP（http://www.djpk.kemenkeu.go.id/）で得られた年度別の州歳出概要資料より筆者（長谷川）作成。

表 9-1　ジャワ島 5 州の県市への補助金総額と歳出に占める割合（2012年度予算）

	バンテン州	西ジャワ州	中ジャワ州	ジョクジャカルタ特別州	東ジャワ州
県・市の数	8	26	35	5	38
歳出（単位：10億ルピア）	4,134	15,804	11,245	2,124	12,215
県・市への補助金（単位：10億ルピア）	365	2,996	1,887	54	1,490
歳出に占める割合（%）	9	19	17	3	12

（出所）財務省の HP で得られる情報より筆者（長谷川）作成.

ある．県市にとって，州からの補助金が歳入に占める割合は平均 2 ％前後で，あまり大きいとは言えない．しかし予算に余裕のない自治体にとって，インフラ整備などさまざまなかたちで用いられる州からの補助金は貴重である．また，州予算で計上される補助金総額は無視できないほど多く，これの獲得競争が起こることは容易に推察できる．

州予算編成過程における州議会の役割

　県市への補助金は，州の予算編成過程で決められる．インドネシアの会計年度は 1 月に始まり12月に終わる．州の予算編成に関わる作業は，前年度の 3 月から本格的に始まる．

　予算編成過程で重要となるのは，州レベルでの開発計画会議である．開発計画会議は村落から始まって各レベルの自治体で開催され，国家レベルのものもある．優先的に実施すべき案件について，自治体官僚，地方議会議員，住民が一緒になって討議する場である．討議結果はボトムアップ式に，村落から郡，県を経て州レベルまで上げられる．州開発計画会議では，下から上がってきた要望と，州の局・庁ごとの要望，そして州議会議員からの要望の，3 つをあわせて話し合われる．開発計画会議は，案件が予算に組み込まれるための唯一の正式ルートである．討議結果は年次行動計画として結実し，州の年次予算案の土台となる．その後，州政府と州議会の話し合いを経て最終合意に至れば，予算が確定する．

　以上の過程のおおよその日程が，開発計画会議は 3 月，年次行動計画が 5 月，議会への予算案提出が 9 月，その承認が11月とそれぞれなっている．州議

会は開発計画会議と州政府との話し合いの２つの場面に関与しており，予算編成では州知事と州官僚に加え，州議会の役割も大きいことが分かる．

さらに2010年からは，休会中に選挙区を訪れて受理した住民からの要望をまとめたものを地方議会議員が首長に提出することが，法令と内務省令で正式に制度化された（政令2010年第16号および内務省令2010年第54号）．これは，直訳すれば地方議会の「意向（*Pokok-pokok pikiran*）」と呼ばれるもので，年１度，年次行動計画の決定前に取り纏められることになっている．実は地方議会の意向を伝えること自体は，それ以前の政令でも言及されていた（政令2004年第25号）．しかし「意向」に関する具体的な内容は，関連する内務省令で明確化されていなかった．2010年の政令および内務省令によって，具体的な事業案におよぶ詳細な「意向」を議会の総会で決定し，文書で伝えられることになった．予算編成初期段階における地方議会の権限について，2010年を１つの分水嶺としてフォーマルな制度が整えられていったと言える．

議員予算枠

ただし，地方首長は「意向」を考慮する必要があるのみで，予算に組み込む義務まではない．ここで注目すべきは，「議員予算枠」とでも呼ぶべき非公式に定着しつつある制度である．多くの場合，個々の地方議会議員に自分の思い通りにできる予算枠が与えられている．

こうした取り決めは，地域によっては分権化開始時からあったと考えられ，地方議会と官僚側が毎年交渉を重ねていくなかで徐々に形づくられていったものである．地方議会による「意向」提出の制度化をきっかけとして，さらに多くの地方自治体がこの「議員予算枠」を採用するようになってきている．

いずれにせよ，上記の公式，非公式の制度を考慮すると，県市への補助金配分決定の分析には，州知事，州官僚，州議会の３者を含める必要があると分かる．県市はこの３者と親密なネットワークを築くことができれば，予算についての情報も入り，補助金を獲得できる可能性が増えると推測される．

県市のロビーの担い手

では，どのアクターが州へのロビーを行うのか．もちろん，県市の首長自らが行うこともある．しかし直接選挙で選出される首長は，経験値やバックグラウンドがさまざまであり，州にロビーをするための関係性を築けていないこと

もある．長い時間をかけてネットワークを築いているのは県市の官僚たちであり，ロビーをする際に地方首長が頼るのは，特に官房長や局・庁の長など自治体官僚幹部である．

官房長は，自治体の最高位にある官僚である．そのポストに就けるのは，自治体の局長クラスの職位経験などいくつかの条件を満たした，経験豊富な官僚に限られる．[3) 首長と官房長の関係が険悪でない限り，州へのロビーは官房長が統括指揮をしているとみてよく，官房長自身かその他の県市高官によって実行されていると思われる．

3　データ分析

ジャワ島における州補助金

この節では，州からの補助金配分を規定する要因に関わる計量分析を行う．分析には，エリートサーベイデータと州補助金データを使用する．補助金額は，財務省ホームページで公開されているものを用いるが，公開データの制約上，一般補助金と特別補助金を合わせた数値となる．また予算数値であり，必ずしも実際の支出額ではない．しかし予算は州との交渉結果が反映されたもので，分析には大きな問題はないと判断した．

ジャワ島県市への州からの補助金額の概観は，**表 9-2** の通りである．補助金の推移を見る際に考慮すべきこととして，州知事の交代がある．バンテン州では2007年初め，西ジャワ州と中ジャワ州では2008年初め，そして東ジャワ州では2009年初めにそれぞれ新知事が就任している．平均値を見ると，全州でおおむね毎年増えており，特に東ジャワ州は2010年から大幅に増加した．

東ジャワ州での急激な増加は，新知事の政策が要因として挙げられる．新州知事は村落自治の強化を選挙公約の1つに掲げ，2010年に村落への補助金プログラムを始めた．原則1村につき1億ルピア（約100万円）に満たない事業への補助で，個々の規模は小さい．しかし東ジャワ州には約5600の村があり，合計は大きな金額となる．この補助金は州から県市への補助金にカテゴリーされ，県市は州とともに事業実施の監督にあたる．

標準偏差は，2009年から2010年に，西ジャワを除く全州で拡大している．2010年から2011年も，ジョクジャカルタ州と東ジャワ州を除き拡大が見られる．最大額も同時期に増大傾向にあるが，これらは補助金配分の格差拡大を示

表 9 - 2　ジャワ島における州から県市への補助金（2008〜2011年　単位：百万ルピア）

		2008年	2009年	2010年	2011年
バンテン	平均値	20,000.0	15,833.3	7,465.0	29,928.6
	度数	5	6	6	7
	標準偏差	0.0	2,041.2	3,893.3	22,547.0
	最小値	20,000.0	15,000.0	0.0	15,000.0
	最大値	20,000.0	20,000.0	11,000.0	79,500.0
西ジャワ	平均値	28,153.8	32,398.4	22,601.1	34,935.0
	度数	26	22	26	26
	標準偏差	15,840.7	28,998.8	24,505.0	50,419.0
	最小値	3,000.0	13,500.0	0.0	0.0
	最大値	61,250.0	153,297.0	74,984.6	210,515.3
中ジャワ	平均値	16,136.0	13,074.8	22,897.9	30,529.2
	度数	35	35	35	35
	標準偏差	4,665.7	4,632.5	9,727.5	20,567.0
	最小値	4,854.1	1,205.0	9,760.3	14,477.4
	最大値	26,011.8	24,381.0	55,258.9	85,255.7
ジョクジャカルタ	平均値	6,024.8	14,955.6	21,432.4	13,234.1
	度数	2	5	5	5
	標準偏差	8,444.0	2,200.6	10,179.5	4,507.8
	最小値	54.0	12,366.0	9,400.0	8,080.0
	最大値	11,995.6	17,878.0	32,483.3	20,350.0
東ジャワ	平均値	967.4	470.9	17,849.6	14,764.3
	度数	12	16	30	30
	標準偏差	1,388.4	433.4	19,150.5	15,179.7
	最小値	11.0	27.0	0.0	0.0
	最大値	3,878.7	1,488.0	63,570.5	64,976.9
合計	平均値	17,755.2	16,044.0	20,357.8	26,169.2
	度数	80	84	102	103
	標準偏差	13,164.6	18,534.1	17,492.3	30,558.3
	最小値	11.0	27.0	0.0	0.0
	最大値	61,250.0	153,297.0	74,984.6	210,515.3

（出所）財務省の HP で得られる情報より筆者作成.

表 9-3　県市歳入額と州補助金の相関 (上段：相関係数，下段：回答数)

		1人あたり州補助金		
		2009年	2010年	2011年
1人あたり歳入	2008年	0.524**	0.628**	0.380**
		83	101	101
	2009年		0.672**	0.375**
			102	102
	2010年			0.383**
				103

(注) ** : $p < 0.01$

している．

補助金は地域間格差を是正する配分となっているか

　補助金配分の目的の1つは，財政力均等化であった．まず，補助金配分が財政力均等化に貢献しているかを検証する．財政力の指標として，住民1人あたりの歳入額を用いる．検証する仮説は，前年度の歳入額が少ない県市には，州からより多くの補助金が配分される（仮説1），となる．

　表 9-3 は，2008年から2010年の歳入額と，その後の補助金額との相関を示している．前年の1人あたり歳入は，翌年の1人あたり州補助金と正の相関がある．つまり前年度に歳入が多かった県市に，より多くの州補助金が配分される傾向がある．財政力格差是正より，むしろ格差を広げるものであり，仮説1は支持されない．

州とのネットワークが補助金配分にもたらす影響

①　使用する変数

　次に，格差是正以外の要因が州の補助金配分に影響しているかを分析する．本章では，県市高官と州とのネットワークが配分に影響すると考えた．したがって検証する仮説は，官房長と州知事や州高官，州議会議員とのネットワークが緊密な県市には，補助金がより多く配分される（仮説2），である．

　エリートサーベイ調査からは，2種類の項目を用いる[4]．まず，県市官房長が州の知事，州政府高官，議員とそれぞれ直接会う頻度である．回答の選択肢は5段階だが，「月に1回」以上とそれ未満で回答を統合し，2値変数として利

用する．官房長が月1回以上接触している県市はそれぞれ，州議会議員が13（回答数の12.6%），州知事27（同26.2%），州高官46（44.7%）である．ただし，州知事と州高官への接触頻度は，相関が非常に強い．多重共線性による問題を回避するため，後に行うロジスティック回帰分析では，州知事との接触頻度は独立変数として使用しない．もう1つは，県市官房長による州政府へのロビー経験である．選択肢は「はい」と「いいえ」の2択で，経験がある県市は55（回答数の53.4%）である．

　仮説2の検証は，2つの方法で行う．まず，州議会議員や州政府（知事，高官）との接触頻度に影響を持つ要因の分析である．次に，2010年から2011年の州補助金増減に影響を持つ要因の分析である．以下この変数を「州補助金増減（2010→2011）」と略記する（他の年代についても同様）．エリートサーベイは2011年11月から2012年3月までにインタビューが実施された．その際，州関係者との接触頻度に関する質問では，その時期を特定していない．また，ロビーは「過去に経験があるか」という質問で，いつの経験かは明確でない．ただ，両者とも日常的な行動を回答したであろうと推測できる．よって回答された接触頻度は，少なくとも2011年の州補助金獲得における，当時の実態を反映していると判断した．そして仮説2が正しければ，州補助金変化（2009→2010）は，州議会議員や州政府との接触頻度に影響を持つ．州補助金が減少した自治体は，補助金獲得のため彼らとの接触を増やすためである．

　これらの分析で利用する変数をまとめておこう．まず，先述した州関係者との接触頻度とロビー経験がある．そして，州補助金増減（2009→2010）（2010→2011）も利用する．これらは具体的な金額ではなく，前年から「増加」「減少（変化なしを含む）」という2値変数として用いる．補助金が増加した県市は，それぞれ72（回答数の69.9%），57（同55.3%）であった．そのほか補助金額に影響があると思われる変数として，仮説1の検証結果から，2009年と2010年の1人あたり歳入額を利用する．

　なお先述のように，2010年から東ジャワ州で大幅な補助金増加があった．これを考慮し，東ジャワ州県市である／ないというダミー変数を加えた分析を予備的に行った．しかしこの変数に効果があるとは言えず，分析では利用しないこととした．

表9-4　州議会議員との接触頻度に関するロジスティック回帰分析

	B	標準誤差	Wald	Exp(B)	EXP(B)の95%信頼区間	
					下限	上限
2009年1人あたり歳入 （単位：百万ルピア）	0.596	0.819	0.530	1.815	0.472	6.984
2009〜2010年州補助金増減 （非増加＝0）	-1.512*	0.744	4.129	0.220	0.065	0.750
接触頻度2区分（州政府高官） （月1回未満＝0）	3.481**	1.158	9.043	32.506	4.841	218.252
定数	-3.942**	1.383	8.130	0.019		
Negelkerke R^2	0.331					
Hosmerと Lemeshow の検定	$\chi^2=5.205$	df=8	p=0.735			
N	102					

（注）**：$p<0.01$，*：$p<0.05$

② 州議会議員との接触頻度

　まず補助金増減（2009→2010）と州議会議員との接触頻度との関係について見よう．従属変数は州議会議員との接触頻度で，2値変数なのでロジスティック回帰分析を行う（基準：「月1回未満」）．独立変数は州補助金増減（2009→2010），2009年歳入額，また州高官との接触頻度（州との日常的な接触を示す変数として投入）の3つである．結果を**表9-4**にまとめた．

　州補助金増減（2009→2010）は影響力があると判断でき，係数の符号は負である．つまり補助金が減少した自治体は，官房長と州議会議員との接触が多い．州高官との接触頻度も影響があり，補助金増減よりも係数の絶対値は大きい．しかしオッズ比（Exp（B））信頼区間の幅が非常に広い．Hosmerと Lemeshowの検定をクリアし擬似決定係数の値も高いが，モデルの安定性は高いと言えない．州議会議員との接触頻度が月1回以上である自治体は13しかなく，安定性の低さはそれに起因すると考えられる．しかしこの結果から，日常的な州との接触だけでなく，前の時期における州補助金の減少が，州議会議員との接触の動因になる可能性があることが分かる．

　さらに，州知事，州高官との接触頻度を従属変数とした同様の分析を行った．それぞれ独立変数として州補助金増減（2009→2010），2009年歳入額，そして日常的な接触を示す変数として州議会議員との接触頻度の3つを用いている．結果，州補助金増減（2009→2010）は州知事／州高官との接触頻度に影響力

表9-5 州補助金増減（2010→2011）に関するロジスティック回帰分析

	B	標準誤差	Wald	Exp(B)	EXP(B)の95%信頼区間	
					下限	上限
2010年1人あたり歳入 （単位：百万ルピア）	-0.079	0.407	0.038	0.924	0.416	2.050
接触頻度2区分（州議会議員） （月1回未満＝0）	-0.060	0.674	0.008	0.942	0.251	3.532
接触頻度2区分（州政府高官） （月1回未満＝0）	0.514	0.449	1.308	1.671	0.693	4.031
州政府へのロビー経験 （経験なし＝0）	0.850*	0.411	4.264	2.339	1.044	5.239
定数	-0.369	0.561	0.434	0.691		
Negelkerke R^2	0.082					
HosmerとLemeshowの検定	$\chi^2=6.237$	df=8	p=0.621			
N	103					

（注）*: $p < 0.05$

を持たないことが分かった．州議会議員に限定されるが，州補助金獲得が県市官房長の州への接触の動因になり得ることが示された．

③ 2010年から2011年の州補助金変化

次に，州補助金増減（2010→2011）を従属変数とし，これを規定する要因を検証しよう．やはり2値変数なのでロジスティック回帰分析を用いる（基準：「減少」）．独立変数は，官房長の接触頻度（州議会議員，州高官），州政府へのロビー経験，2010年の1人あたり歳入額である（表9-5）．

擬似決定係数が0.08と，モデルの説明力は比較的低い．そして，州議会議員と州政府高官との接触頻度は影響力があると言えない．唯一，州政府へのロビー経験が影響力があると言える．係数の符号は正で，官房長に州政府へのロビー経験がある自治体であることが，補助金増加に影響する．

②③をまとめると，仮説2はおおむね支持されたと言える．県市と州のネットワークが補助金獲得につながる可能性があることが，計量分析で示された．また③での分析から，歳入額という格差是正に関する変数は補助金増減に効果を持たないことも示された．

4　県市のロビー活動と州議会議員の影響の現状

　計量分析で示された結果が現在どうなっているかを知るため，筆者（長谷川）が2017年8月，バンテン州，東ジャワ州，そして比較のために西スマトラ州で自治体官僚や地方議会議員にインタビューを行った．州へのロビーについては政治的機微に関わることでもあり，具体的な話を聞くことができなかった．しかし県市への補助金配分において，州議会議員の影響が無視できないことを示す証言を得ることはできた．

　3州すべてで，非公式な取り決めである「議員予算枠」は既に定着していた．呼び名は地域によって異なる．「住民要望ネットワーク枠」（東ジャワ州），「（住民）要望資金枠」（バンテン州），「議員意向枠」（西スマトラ州）などである．東ジャワ州では，2009年あたりから議員予算枠が目立ち始め，2011年からインタビュー時まで，1人あたりおよそ50億から80億ルピアにもなったとされる[5]．西スマトラ州では，州議会議員によると1人およそ40億ルピアである[6]．

　「議員予算枠」の使い道は大きく①助成金や社会扶助，②州公共事業局管轄のインフラ整備，③県市への補助金に分けられる[7]．①は個人への奨学金，宗教団体や児童養護施設等の活動費，礼拝施設や村道の整備など小規模インフラ整備等に使う．②は比較的大規模のインフラ整備であり，ときに複数の議員分を合わせて使用される．③は，主に県市管轄となる小規模インフラ整備に用いられる．

　州議会議員からの個々の案件は，小規模なインフラ整備事業になりやすい．したがって，県市への補助金で実施しなければならない事業となることも多い．州地域開発企画庁事務局長の証言（2017年8月22日）によれば，西スマトラ州の場合，2017年の県市への補助金による事業の8割以上は，議員予算枠での要請によるインフラ整備事業であった．一方ジャワ島では総額も非常に大きく，実施している事業の種類も豊富なので，州議会議員の影響はそれほど極端に強くないとも言える．特に東ジャワ州では，議員は県市への補助金よりも助成金や社会扶助を重視しているため，補助金への議員の影響は小さいとの証言もあった[8]．しかし他の予算項目と比べると，県市への補助金は州議会議員の意向が反映されやすい項目であると言える．

　州政府官僚に話を聞くと，県市への補助金の目的は，地域間格差の是正にあ

ると強調されることが多い[9]．元バンテン州副知事（在任期間：2007〜2012年）モハマド・マスドゥキも，県市が最低行政サービス基準を満たせているか，主要な行政分野で十分に責任を果たせているかを判断材料として補助金を提供していたと証言している（2017年8月11日．同氏への筆者たちによるインタビュー）．しかしながら，第3節のデータ分析結果や上記の議員予算枠に関する証言から，そうではない別の論理によっても配分が決定していることが示されている．

おわりに

州から県市への補助金は，これまで現地メディアでも研究者の間でも，あまり言及されてこなかった．しかし補助金で実施される事業内容にはインフラ整備も多く，財政力の高い一部の自治体を除き，多くの県市にとって重要なものであることは間違いない．分権化後，事業予算を引っ張ってくるための県市の選択肢は増え，中央政府へのロビーだけでなく，州政府へのロビーも重要となっている．

本章での検証の結果，県市への補助金配分は，自治体間の財政力格差を是正するものとなっていないことが示された．一方，官房長が州政府と緊密なネットワークを持つ県市には，より多く配分されている可能性が示された．インドネシアは，自治体財政力の地域間格差が大きい国である．中央政府からの一般割当金や特別割当金によって調整されているものの，政治的配慮や制度的な問題により，期待されるほど是正はされていない．本章の検証により，州内の分配においても同様のパターンがみられることが分かった．州内でも，県市間での財政力格差はさらに広がる可能性がある．

しかし，ネガティブな要素のみではない．中央政府へのそれと違い，県市から州へのロビーでは贈収賄の摘発が少ない．州議会からの政治的介入により従来の配分が変更されたとしても，それは賄賂を伴ったロビーによるものとは限らないと言える．そして県市への補助金は，基本的には，開発計画会議という正式な予算編成ルートを経て決まっている．議員予算枠からの要望であっても，県市からの要請があることが望ましいとされ，時には議員が県市に頼んで要望を出してもらうこともある[10]．

近年，インドネシア政府は予算編成プロセスの電子化に取り組んでおり，開発計画会議もそれが進んでいる．県市ごとにアカウントが与えられ，州の開発

計画会議にオンラインで要望を出すシステムである．2016年頃から実施が始まり，2019年までにすべての県市で導入される予定である．これにより，要望リストへのアクセスやその要望リストに載っているかどうかのチェックも容易化されている．汚職撲滅委員会も電子化を後押ししており，要望リストに載っていない案件を予算に組み込むことには細心の注意を払うように指導している[11]．このように予算編成過程がオープン化していくなかで，県市への補助金の配分も決まっていくと考えてよいだろう．

注

1）11分野とは，インフラ整備，保健，教育・文化，農業，運輸・通信，通商・産業，投資，環境，土地，協同組合，労働のことである．

2）地方税法（法律2009年第28号）によれば，州税には，自動車税，自動車名義変更税，自動車燃料税，地表水利用税，タバコ税の5種類がある．それぞれ3割から7割が県市に配分される．

3）エリートサーベイ調査によると，回答者の84.5％が県市の公務員から官房長となっている．中央政府や州の公務員から県市の官房長になるのはまれであり，それぞれ6.8％と3.9％しかない．

4）質問項目と単純集計結果については，岡本・砂原・籠谷ほか［2014］を参照．

5）2017年8月13日，東ジャワ州に関するオンラインニュース（kenalsatu.com）編集委員ユリサルソ・ヒダヤットによる証言．

6）2017年8月22日，西スマトラ州議会議員ラフマット・サレによる証言．

7）2017年8月22日，ラフマット・サレの証言．

8）2019年1月30日，ブラウィジャヤ大学教授ファイサル・アミルディンによる証言

9）2017年8月16日，東ジャワ州地域開発企画庁経済部局長による証言．

10）2017年8月21日，ソロック県知事グスマルによる証言．

11）2019年4月1日，南スマトラ州ムシ・ラワス県地域開発企画庁長官による証言．

◆参考文献◆

邦文献

岡本正明［2012］「逆コースを歩むインドネシアの地方自治——中央政府による「ガバメント」強化への試み——」，船津鶴代・永井史男編『変わりゆく東南アジアの地方自治』日本貿易振興機構アジア経済研究所，pp. 27-66.

岡本正明・砂原庸介・籠谷和弘・ワフユ プラスティアワン・永井史男［2014］「インドネシア地方自治体エリートサーヴェイ調査」『法学雑誌』（大阪市立大学），60(2)，pp. 78-117.

長谷川拓也［2018］「インドネシア地方自治の新展開——2014年地方行政法と2014年村落法——」，船津鶴代・籠谷和弘・永井史男編『東南アジアの地方自治サーヴェイ』日

本貿易振興機構アジア経済研究所，pp. 97-112.

松井和久［2003］「財政分権化と地方財政——中央の視点，地方の視点——」，松井和久編
『インドネシアの地方分権化——分権化をめぐる中央・地方のダイナミクスとリアリ
ティー——』アジア経済研究所，pp. 35-76.

外国語文献

Arianto A. P. and Erman A. R.［2014］"Local Governance and Development Outcomes," in H.
Hill ed., *Regional Dynamics in a Decentralized Indonesia*, Singapore: Institute of Southeast
Asian Studies, pp. 156-185.

Boadway, R.［2007］"Grants in a Federal Economy: A Conceptual Perspective," in R. Boadway
and A. Shah eds., *Intergovernmental Fiscal Transfers: Principles and Practice*, Washington:
World Bank, pp. 55-74.

Bünte, M.［2009］"Indonesia's Protracted Decentralization: Contested Reforms and Their
Unintended Consequences," in M. Bünte and A. Ufen eds., *Democratization in Post-Suharto
Indonesia*, New York: Routledge, pp. 102-123.

Gonschorek, G. J., Schulze, G. G. and Sjahrir, B. S.［2018］"To the Ones in Need or the Ones You
Need ? The Political Economy of Central Discretionary Grants — Empirical Evidence from
Indonesia," *European Journal of Political Economy*, 54, pp. 240-260.

Hofman, B. et.al.［2006］*Evaluating Fiscal Equalization in Indonesia*, Policy Research Working
Paper No. 3911, Washington: World Bank.

Johansson, E.［2003］"Intergovernmental Grants As a Tactical Instrument: Empirical Evidence
from Swedish Municipalities," *Journal of Public Economics*, 87, pp. 883-914.

Lewis, B. D.［2014］"Twelve Years of Fiscal Decentralization: A Balance Sheet," in H. Hill ed.,
Regional Dynamics in a Decentralized Indonesia, Singapore: Institute of Southeast Asian
Studies, pp. 135-155.

————［2016］"Is Central Government Intervention Bad for Local Outcomes? Mixed
Messages from Indonesia," *The Journal of Development Studies*, 52(2), pp. 300-313.

Porto, A. and Sanguinetti, P.［2001］"Political Determinants of Intergovernmental Grants:
Evidence from Argentina," *Economics and Politics*, 13(3), pp. 237-256.

Shah, A., Qibthiyyah R. and Dita, A.［2012］*General Purpose Central-Provincial-Local Transfers
(DAU) in Indonesia: From Gap Filling to Ensuring Fair Access to Essential Public Services
for All*, Policy Research Paper No. 6075, Jakarta: World Bank.

Tatchalerm S. and Achakorn W.［2017］"Fiscal Decentralization in Comparative Perspective:
Analysis of the Intergovernmental Grant Systems in Indonesia and Thailand," *Journal of
Comparative Policy Analysis: Research and Practice*, 19(3), pp. 245-261.

UNDP（United Nations Development Programme）［2009］*The Missing Link: The Province and
Its Role in Indonesia's Decentralization*, Policy Issues Paper, Jakarta: UNDP.

第**10**章

インドネシア地方自治体における政治的リーダーシップ，地方官僚制，及び自治体パフォーマンス

砂原庸介・岡本正明

はじめに

　政府の良い，あるいは悪いパフォーマンスとは，どのように説明できるものだろうか．この問いは，政治学の中心的な課題の１つであると考えられるが，同時に非常に扱いが難しいものである．まず説明の対象となるパフォーマンスをどのように測定するか，という問いが非常に困難である．政府が生み出したアウトプットか，それを受ける住民の満足度が問題か，といったことをはじめとして，特に行政学の分野において政府の業績測定についてさまざまな議論が提起されてきたが，研究者の間でも定まったコンセンサスを導くのは難しい．また，そのような業績を説明する変数を設定するのも容易ではない．たとえば経済成長率，１人当たり所得や人口集中度のように，経済・社会に関する変数をパフォーマンスととらえてそれを説明する要因の探究が重要だとする見方がある一方で，人々が選び出す代表のあり方と政府のパフォーマンスを分けて理解できないという考え方もありうる．有権者が自分たちの代表である政治家の責任を有効に問い，彼らの行動を十分にコントロールすることができる状態，すなわちアカウンタビリティの高い状況が望ましい状態が，良好な政府のパフォーマンスを導くという発想である．

　このように政府のパフォーマンスを説明する議論で，もっとも重要な貢献の１つは，パットナムによる「ソーシャル・キャピタル」という考え方だろう．パットナムは，地方分権改革後のイタリアの地方政府を対象として，地域に存在するソーシャル・キャピタルの大きさが，地方政府のパフォーマンスを規定し，そのソーシャル・キャピタルは，それぞれの地域によって歴史的に形成さ

れてきたものであると主張した [Putnum 1993]．この議論は多くの研究者に影響を与え，ソーシャル・キャピタルと地方政府の経済的・社会的パフォーマンスの関係を見つけようとする研究が相次いだ [Cusack 1999; Rice 2001; Knack 2002など]．このような研究は，市民にサーベイを行ったり，経済社会データを収集したりすることを通じて，それぞれが地域における政府のパフォーマンスを定義し，ソーシャル・キャピタルをはじめとした地方政府の特性との関係を分析している．

　しかしソーシャル・キャピタルの議論が示唆するように，地方政府のパフォーマンスは，その領域の事情のみで決まることになるだろうか．地方政府は，たとえ自分たちの領域の住民を民主的に代表するとしても，住民との関係のみで意思決定を行うわけではない．たとえばさまざまな事業のために利用する資源について考えてみると，住民から徴収する地方税以外にも，中央政府から交付される補助金を利用することができるし，政府以外の機関，たとえば国際機関などの補助を利用することもできるだろう．また，地方政府のために働く職員も，地方政府が自分の資源で採用する職員だけではなく，中央政府をはじめさまざまな機関から派遣される職員が存在しうるし，地方政府の事業のために働く NGO やボランティアなどを想定することもできるだろう．事業を遂行する地方政府は，自分たちの選挙民とそこで生み出される資源だけを考えて意思決定を行うのではなく，中央政府をはじめとした周囲のアクターとの関係を調整しながら意思決定を行うのである．

　本章の議論では，ソーシャル・キャピタルをはじめとした地域の経済・社会変数の重要性を否定するわけではないが，それとは異なる地方政府内での政治的な変数を強調したい．社会経済的環境や文化的な背景が近くても，有権者が選出した政治家のリーダーシップや，それを支える官僚組織の能力や特徴によって，パフォーマンスに違いが出るかもしれない．さらに，地方政府がどのように中央政府と政治的・行政的な関係を取り結ぶかということも，地方政府のパフォーマンスを異なるものにしうるだろう．とりわけ，政党を通じて中央政府と地方政府が良好な政治的関係を築くことができているかどうかということや，官僚機構のネットワークを通じて中央政府と地方政府の有効な調整が行われるかどうかといったことは，地方政府のパフォーマンスに大きな影響を与えることになると考えらえる．

　本章では，インドネシアにおいて行った，社会経済的に似たような環境にあ

るジャワ島に存在する100程度の地方政府を対象として，それぞれの地方政府で政治と官僚制をつなぐ重要な結節点である官房長を対象としたサーベイを行った．そのデータをもとに，地方政府のパフォーマンスと政治的リーダーシップ，官僚制との関係について議論を行う．

　本章の構成は以下のとおりである．まず，インドネシアを中心に地方政府のパフォーマンスを検討した先行研究を整理しつつ，説明の対象となる地方政府のパフォーマンスの測定について議論する．次に，サーベイデータを用いて，地方政府のパフォーマンスを説明する政治変数を提示する．そのうえで，両者の関係について回帰分析を行って，その結果を検討する．

1　インドネシアにおける地方政府のパフォーマンス

　本章で分析の対象とするインドネシアでは，1998年にスハルト体制が崩壊した後，国内での強い要求に加えて，世界銀行やIMFなどの働きかけのもとで，急速に民主化・地方分権化が進められた．民主化や地方分権化は，インドネシアの地方自治体における効率性の向上やグッドガバナンスの実現や透明化を図った新自由主義的な改革であると考えられるが，結果として地方における権力をめぐる政治闘争の激化や政治腐敗に繋がる面があることが指摘されている[Hadiz 2010]．また，それぞれの地方政府における権力闘争だけではなく，地方分権の結果としてそれぞれの地域のエゴを体現する地方政府の分割が急増して，地域間紛争が激しくなっているという報告もある[Firman 2009]．この意味では，民主化・地方分権化によって，地方政府のパフォーマンスが全体として向上したとは必ずしも言えない．

　他方で，体制転換によって民主化・地方分権化が進展したことは，インドネシアにおいて実験的な環境を生み出す効果を持った．それぞれの地域が，一斉に中央の統制から解き放たれてそれぞれに意思決定を行い，その意思決定の違いが直接的に地域の状況を変える可能性が生まれたのである．より住民に近いところでの意思決定を重視する世界銀行などの援助プロジェクトでは，住民に対してさまざまな方法で補助金を出して公共財の供給を行わせ，その効果を分析することで，それぞれの地域におけるソーシャル・キャピタルや住民の政治参加が，住民の高い満足度に繋がるという研究も示されている[Bebbington, Dharmawan, Fahmi et al. 2006; Olken 2010]．

本章の観点により近い研究は，エカートの研究である［Eckardt 2008］．この研究では，教育・医療・グッドガバナンスの分野における政府のパフォーマンスを，世界銀行が行った住民へのサーベイ調査を通じて評価し，それを統合することによって表している．そのうえで，そのパフォーマンスが地方政治における細分化の少なさ（Less political fragmentation），腐敗の少なさ，政治参加の充実，情報へのアクセスといったアカウンタビリティに関する指標によって影響を受けることを示している．

また，地方分権改革後に，首長のリーダーシップが，地方政府のパフォーマンスに違いを生み出すことを強調したのがフォン・リュプケの研究である［von Luebke 2009］．この研究では，西スマトラ地方やジャワ地方における複数の地方政府に注目して，県知事・市長のリーダーシップが強いと認められる地方政府が高いパフォーマンスを上げていることを主張する．県知事・市長のリーダーシップと対比的に分析されているのが，よいパフォーマンスを求める社会的な需要であるが，複数の地方政府の比較からはこの要因がパフォーマンスに影響を与えていることは認められていない．結局，よいパフォーマンスを求める社会的な要因よりも，人々の支持を受けた市長が改革へのインセンティブを持ち，腐敗を防ぐことなどによって，よいパフォーマンスが実現しているというのである．

政府のパフォーマンスを阻害させる要因として，一連の研究が重視するのは腐敗の影響である．腐敗は健全な社会的・経済的発展を阻害するものとして民主化以前から問題視されていたが［Server 1996］，民主化や地方分権化が進んだ2000年代にその問題が消失したわけではない．腐敗は政府の再分配プログラムを減じることが指摘されているし［Olken 2006］，子どもに対する教育費を増やしても就学率の向上につながらないというような指摘もある［Suryadarma 2012］．地方政府を対象として，そのような腐敗を低減させる要因について検討したのがヘンダーソンとクンチョロの研究である［Henderson and Kuncoro 2011］．この研究では，企業がプロジェクトを行うにあたってどのくらいの賄賂を政府に支払っているのかを調査したうえで，ゴルカルと闘争民主党（PDI-P）という世俗政党が強いところでは，プロジェクトの総額に対して賄賂の割合が多くなることを指摘している．反対に，2004年の地方選挙で民族覚醒党（PKB）と福祉正義党（PKS）という宗教政党が躍進したところでは，そのような汚職が少なくなる傾向にあることが示されており，腐敗に対して批判的な宗教政党がグッドガバナンスを導く可能性が示唆されている．

2　インドネシアにおけるマルチレベル・ガバナンス

　地方分権改革によって，地方政府ごとにそのパフォーマンスに違いが出現するようになったとはいえ，中央政府と地方政府の関係を無視できるわけではない．中央政府と地方政府は，さまざまな事業の執行に当たって，相互に協力する必要があると考えられる．とりわけ重要なのは，医療や教育のような社会福祉に関する分野である．なぜなら，インドネシアにおいて地方分権が進められていると言っても，単一国家という政体が維持されている以上，国民に対して平等な社会福祉サービスを志向する必要があると考えられるからである．社会福祉サービスの実施に当たっては，中央政府がガイドラインを設定したり，補助金を支出したりするような関与がありうる．地方政府が中央政府と円滑な関係を構築できているとすれば，そのような関与を受けつつ良好なサービスを住民に対して提供することができるだろう．ただし，たとえば人的管理などの分野において，もし中央政府のコントロールが強すぎると，地方政府が独自の戦略を構築できないという弊害も生じうる［Turner, Imbaruddin and Sutiyono 2009］．

　中央政府と地方政府は，事業の実施に当たって協力するだけではない．場合によっては，政治的に対立することもありうる．そのときにまず注目すべきは，大統領とその政党であると考えられる．民主化後のインドネシアにおいては，国民から直接選出されることになった大統領の権限が強まるとともに，大統領候補となりうるような党首を中心に政党が統合されており，候補者の擁立のような重要な決定は，カリスマ的な党首に忠実な少数のメンバーによって行われる傾向がある［Ufen 2008］．それらの政党は，最も重要な大統領選挙において，単独で大統領候補を擁立して選挙に勝つことが難しいために，連合を組んで選挙を戦うことになる．そのために，各政党の公約は明確なものにはなりにくいが，対立関係が強調されることになる．

　インドネシアでは，地方政府においても中央政府と同様に公選の首長制が導入されているため，中央地方関係が複雑になりうる．単一国家ではあるが，領土が広がり，各地域において多様な民族集団や利益集団が存在するインドネシアにおいては，国政と地方政治で同様の政治的競争が行われているわけではない．国政においては数多くの政党が存在し，国政政党の要件としてすべての地域で候補者を擁立しなければいけないが，だからといって候補者を擁立した地

域で必ず支持を受けているわけではない．そして地方政治においては，地方政治に特有の政党間競争が生まれることになる．地方政府の長を直接公選で選ぶに当たっては，大統領制と同様に，複数の政党が連合を組んで候補者を支持することになるが，その連合が必ずしも国政におけるそれと同じになるとは限らないのである．

その結果，日本の地方政治における「相乗り」と同様に，国政レベルでは対抗する政党が地方政治レベルでは協力して長を擁立するということがありうる．近年では，公選の首長制を導入しているヨーロッパにおいても同様の例が報告されている［Ştefuriuc 2009; Däubler and Marc 2009; Wilson 2009］．その場合，地方レベルで連合を組んでいる政党同士が，国政選挙を見据えて対立することもありうるために，連合内での合意が困難となる可能性が生じる．政党としては，大統領選挙に勝利することが最も重要であるために，地方政府のリーダーによる，政党にとって不利な決定は拒否しようとすると考えられるのである．国政で対立している政党が連合を組んでいる場合には，そのような原因に基づいて連合内での対立が生じやすくなると予想される．そして，そのような対立は首長によるリーダーシップの発揮を阻害する．首長が自らの考えを実現に移そうとしても，地方議会の合意を取ることが難しくなるからである．

3　地方政府のパフォーマンス評価

すでに述べたように，先行研究では，地方政府のパフォーマンスを測定するに当たって，腐敗の防止のようなグッドガバナンスに注目しつつ，地方政府の外部からの評価として企業や住民へのサーベイデータを用いている．その背景には，地方政府自身のアウトプットからパフォーマンスを評価するのが難しいことがあると考えられる．それに対して本章では，地方政府の官房長へのサーベイから，それぞれの地方政府が外部の評価機関から受賞を受けた数をパフォーマンスの指標として利用する．このような受賞の数を地方政府のパフォーマンスの代理変数として利用する方法は，たとえばアメリカの地方政府の格付けをグッドガバナンスの指標として用いた Knack［2002］などにも見られている．

筆者たちが行ったサーベイでは，ジャワ島の地方政府に対して，「グッドガバナンス」「教育」「公衆衛生」「インフラ」の4つの部門において，外部の評

表10-1　地方政府の受賞数

	受賞数				合計
	0	1～5	6～10	10～	
グッド・ガバナンス	21 21.21	64 64.65	9 9.09	5 5.05	99
教育	25 25.77	52 53.61	11 11.34	9 9.28	97
公衆衛生	16 16.49	67 69.07	10 10.31	4 4.12	97
インフラ	38 38.78	56 57.14	3 3.06	1 1.02	98

表10-2　部門を超えた受賞の重なり

		教育			公衆衛生		
		-5	6-	合計	-5	6-	合計
グッド・ガバナンス	-5	71 84.52	13 15.48	84	77 91.67	7 8.33	84
	6-	6 46.15	7 53.85	13	6 46.15	7 53.85	13
	Total	77 79.38	20 20.62	97	83 85.57	14 14.43	97

価機関からいくつの賞を受けているかを尋ねている．この質問への結果は**表10-1**に示されており，多くの地方政府がすべての分野においておおよそ1-5回の受賞を受け，おおよそ15％の優れた地方政府が6つ以上の賞を受けていることがわかる．「インフラ」部門のみは他の部門とは異なって受賞の数が少なく，6つ以上の賞を受けている地方政府は5％程度にとどまっている．

　受賞している部門間の関係を確認すると，**表10-2**のようになる．**表10-2**では，受賞数を5までで区切り，グッドガバナンスと教育・公衆衛生での評価の関係を示している．**表10-2**からは，グッドガバナンスで多くの賞を受けている地方政府は，教育・公衆衛生の部門でも同じように賞を受けていることが示されている．しかし，同じ地方政府がすべての部門で重複して受賞しているとまでは言えない．グッドガバナンスで評価を受けているものの，教育・公衆衛生ではそれほどまでに評価を受けていない地方政府もあれば，その逆も存在している．

このような傾向から，それぞれの賞は，地方政府の異なる側面を評価している傾向があると考えられる．グッドガバナンスについての賞は，たとえば財政の健全性や効率性という地方政府の経営全体について評価していると考えられる．地方政府のリーダーは，地方の議員をはじめとする地域住民のさまざまな要求を受け入れ，利害関係者の同意を得ながら将来の戦略を調整しなくてはならない．グッドガバナンスにおいて評価を得るためには，利害関係者の同意を得て，場合によっては反対を押し切ることができるような，強いリーダーシップが必要になるのである．それに対して，教育や公衆衛生の分野では異なる面が評価されていると考えられる．これらの評価は，地方政府全体というよりも，個々のプロジェクトについての評価に関係する．そのような個々のプロジェクトの管理を考えると，強いリーダーシップというよりは，地方政府の中でのさまざまな調整を行うコミュニケーションのスタイルが重要になるのではないか．プロジェクトを組織的に実現するためには，命令だけでプロジェクトに関わる官僚を規律付けることは難しく，個々の官僚が十分にその力を発揮できるような組織運営が重要になる．

4　地方政府における政治的要因：独立変数

政治的リーダーシップ

政治的リーダーシップは，地方政府のパフォーマンスの違いを考える上で重要な要因の１つであると考えられる．しかしながら，パフォーマンスと同様に，その代理変数を構成するのは難しい．そこで，本章では複数の方法で政治的リーダーシップを表現する変数を設定する．

まず，サーベイ調査を通じて得られたデータによるものである．筆者たちのサーベイでは，まず地方政府の首長（県知事／市長）のリーダーシップのスタイルについて，官僚トップの官房長に尋ねている．具体的な質問として，首長が地方政府のプロジェクトの場所を選定するときに，特定の作業チームによって選定を行うか，多くの関係者を巻き込むか，ということを聞いている．もし首長が利害関係者を巻き込もうとしないなら１，多くの関係者を巻き込もうとするなら４，という四点尺度で尋ねており，もし官房長が１あるいは２と回答しているならば，決定の効率性を重視する首長の政治的リーダーシップが強調される傾向が強く，３・４という回答であれば，下からの積み上げを重視する開

放的なスタイルであると解釈できる．サーベイによれば，8.7％の官房長のみが1と回答しているのに対して，38.8％は4と回答している．官房長の観点から見てリーダーシップを強調する首長は相対的に少ないのである．

　サーベイでは首長と官房長の関係についても尋ねている．具体的には，地方の利益を広範な利害関係者に働きかけるロビイングを行うときに，官房長のイニシアティブが重要か，首長の命令が重要かという質問を用意した．その結果はおおよそ半数の官房長が自らのイニシアティブが重要であると回答している．そのような地方政府においては，相対的に政治的リーダーシップが弱く，官僚側の一定の自律性が認められていると考えられる．

　サーベイデータ以外からも，政治的リーダーシップに関わるデータの収集を行った．まず，首長に対する人々の支持は，政治的リーダーシップを発揮するうえで重要な資源になると考えられることから，2011年にサーベイを行う前に行われた直近で首長が当選した選挙での得票率を集めた．得票率が低い首長は次の選挙での批判を恐れて大胆な決定を行うことが難しいだろう．反対に，有権者から広く支持されているリーダーであれば，仮に地方議会や官僚が首長に対して抵抗したとしても，有権者の支持を背景に自らの主張を維持することもできるだろう．

　次に，エカートと同様に，政治的な細分化（Fragmentation）を，リーダーシップへの重要な制約として捉え［Eckardt 2008］，首長選挙における選挙連合に注目した．インドネシアの地方選挙では，中央における政権党と反対党が首長選挙で連合を組む場合があるが，そのような連合が組まれている場合，中央での政治的対立が地方に持ち込まれ，リーダーの意思決定が困難になる可能性が高まると考えられる．中央の政治空間での対立構造に注目するために，本章では中央レベルで対立している政権党と野党が地方レベルで，日本でいう「相乗り」を形成しているかどうかについてのデータを収集したところ，サーベイを行った103の地方政府のうち，34の地方政府でこのような「相乗り」が行われていることがわかった．さらに，直前の首長選挙で，勝利した首長を支援する連合に加わった政党の数を調査した．政党は，小選挙区制で行われる首長選挙において選挙連合を組むが，国政選挙で対立している政党であるだけに，潜在的に紛争を抱えた連合となりやすい．そして，その数が増えれば増えるほど，地方政府の首長が行う政治的な調整が困難になり，良好なパフォーマンスを上げることが難しくなると予想できる．

さらに，ヘンダーソンらが分析しているように，宗教政党がとりわけグッド
ガバナンスの分野においてリーダーシップを発揮する可能性がある［Henderson
and Kuncoro 2011］．彼らの分析では，2000年代前半を対象として，民族覚醒党あ
るいは福祉正義党が腐敗を抑制してグッドガバナンスをもたらす傾向が指摘さ
れている．この研究に基づいて，本章でも首長を応援する選挙連合の中に，民
族覚醒党あるいは福祉正義党が含まれているかどうかを調査した．

官僚の自律性

　政治的リーダーシップに続いて注目するのは，官僚の自律性とネットワーク
である．専門性を持った官僚が，自律性を付与されて状況に応じて積極的に動
くことは，地方政府のパフォーマンスを向上させる可能性があると考えられ
る．また，多様なネットワークを地方政府の内外に張り巡らしていることは，
官僚がその専門的な能力を発揮するときに役立つ．反対に，政治に対して萎縮
するような官僚では，専門家としての能力を発揮することは難しいだろう．
　本章では，このような官僚の自律性を測るために，官房長がどのような政治
家や利害関係者とどのくらいの頻度で面会しているかを尋ねたサーベイ調査の
結果を用いる．官僚トップである官房長が，利害関係者と積極的に面会を行っ
ているか，あるいは特定の利害関係者と集中的に会っているか，という情報
は，官僚の自律性について捉えるのに有用であると考えられるからである．も
し首長の影響力が強すぎて官僚の自律性が抑圧されてしまうと，官房長が積極
的に行動することは難しい．サーベイ調査では，大臣や中央省庁の高官，国会
議員といった中央政府における利害関係者から，州・県市などの地方政府，国
際機関や NGO などの関係者との面会頻度を 5 段階に分けて尋ね，得られた
データについて主成分分析を行って，その特徴を集約した．
　固有値が 1 を超えた主成分は 3 つ存在したが，そのうち第 3 主成分は固有値
がほぼ 1 であったことから，上から 2 つの主成分を取り，その特徴について検
討する（表10-3）．第一主成分ではどの利害関係者であれ正の値をとっており，
官房長が直接面会する頻度が高いかどうかを表していると考えられる．そこ
で，この第一主成分は，官僚制が自律的な行動を行う可能性が高いかどうかを
表現するものと解釈した．官房長が直接利害関係者を訪問することは，そうで
ない時と比べて，自律的な行動の幅を広げる基礎になると考えられる．第二主
成分では，地方政府の関係者での正の値が，大臣や高位の官僚など中央政府の

表10-3　主成分分析の結果（第一主成分・第二主成分の固有値）

変数	第一主成分	第二主成分
大臣	0.321	-0.119
中央省庁高官（総局長，局長など）	0.285	-0.370
国会議員	0.288	-0.189
州議会議員	0.328	-0.161
あなたの県市の議会議員	0.212	0.206
州知事・州高官	0.342	-0.139
隣接する県市の首長，高官	0.316	-0.090
郡長	0.166	0.363
村長（県知事の場合）	0.220	0.486
国際機関	0.198	0.353
実業家・実業家連合	0.244	-0.359
NGO，社会組織活動家	0.322	0.189
その他	0.292	0.247

関係者で負の値が観察されている．また，実業家・実業家連合などでは負の値が示されているのに対して，村落など地方政府内のより小規模な自治体やNGOでは正の値が観察されている．これらのことから，第二主成分は，数値が大きくなるほどに地元の利害関係者を重視し，小さくなるほどに中央政府との関係を重視する志向であると解釈した．

　この2つの主成分から，主成分得点を設定するが，第一主成分の主成分得点が高いことは，官僚が自律的に利害関係者の調整を行うことを示唆していると考えられる．この主成分得点が高い，専門性を持つ官僚制が自律的に動くような地方政府では，地方政府のパフォーマンスが向上する可能性があるだろう．他方，第二主成分の主成分得点が低い地方政府では，官僚制が中央政府のネットワークに食い込まれており，それゆえに地域の利害に左右されにくくなることが予想される．中央政府との関係が重視されることによって，地方政府としての自律性を発揮することは難しくなるとしても，中央政府と密接な関係を必要とする社会福祉サービスの供給などについてはパフォーマンスが向上することが予測される．

5 回帰分析

前節で説明した変数を用いて，外部機関からの受賞数で示される地方政府のパフォーマンスを説明することを試みる．まず従属変数である受賞数については，サーベイでは受賞数を0，1-5，6-10，10以上というカテゴリーで尋ねていたために，6以上の受賞がある地方政府を1，5以下の地方政府を0とするダミー変数を設定し，基本的にロジスティック回帰分析による分析を行う．また，補足的に，上述のカテゴリーに1〜4という数値を当てはめた順序ロジスティック回帰分析を行う．

受賞数を説明する政治的リーダーシップの変数については，まずサーベイデータによって得られた2つのダミー変数を用いる．まず「意思決定の開放性」については，多様な利害関係者を巻き込み，より開放的である場合に1，そうでない場合に0をとるものである．集権的なほうがパフォーマンスを向上させるとすれば，この変数は負の効果を持つことになると考えられる．次に，「ロビイングへのイニシアティブ」については，首長の命令でロビイングが始まるとする回答があった場合に1，そうでない場合に0をとるダミー変数を設定した．やはり集権的なほうがパフォーマンスを向上させるとすれば，正の効果が予想できる．首長のリーダーシップへの制約としては，直近の選挙での得票率を用いたほか，既に述べたように中央政府の政権党と反対党がともに選挙連合を組んでいるかどうか，直前の選挙連合に組み込まれている政党の数をカウントした．最後に，宗教政党については，民族覚醒党（PKB）あるいは福祉正義党（PKS）が選挙連合に含まれている場合に1，そうでなければ0というダミー変数を与えた．

官僚の自律性については，サーベイから得られた官房長の面会データをもとにした主成分得点を利用している．すでに述べたように，第一主成分は活動が盛んかどうかという意味での官僚の自律性を表す変数であると解釈し，第二主成分は官僚と中央政府との関係の強さを表すものであるとしている．これらの変数について，官僚の自律性が高いほど地方政府のパフォーマンスが向上し，官僚の中央政府との関係が強いほど円滑に事業が実施され，パフォーマンスが向上するという仮説を設定する．

本章では，以上のような変数にもとづいて，ロジスティック回帰と順序ロジ

表10- 4　ロジスティック回帰モデル

	ロジスティック回帰分析			順序ロジスティック回帰分析		
	グッドガバナンス	教育	公衆衛生	グッドガバナンス	教育	公衆衛生
事業場所の選定	1.568	-3.537	0.956	0.331	0.125	0.824
	1.33	-0.48	0.96	0.59	0.23	1.29
ロビイングの主体	-1.234	0.201	0.297	-0.883+	0.105	0.034
	-1.52	0.30	0.36	-1.73	0.23	0.06
得票率	6.435*	-2.513	-0.511	5.680**	-0.076	-0.354
	2.14	-0.90	-0.16	2.79	-0.04	-0.16
政党相乗り	-2.139+	0.180	0.390	-1.251*	-0.580	-0.095
	-1.83	0.23	0.43	-2.10	-1.06	-0.15
選挙連合政党数	0.098	-0.024	-0.034	0.113	0.060	0.033
	0.72	-0.15	-0.21	1.17	0.68	0.3
宗教政党	-1.138	-0.509	1.112	-0.797	-0.450	0.401
	-1.16	-0.64	1.19	-1.4	-0.87	0.67
官僚の自律性	0.262	0.344+	0.598*	0.223+	0.311**	0.699**
	1.24	1.87	2.39	1.72	2.58	4.27
官僚の地域志向	-0.340	-0.446	-1.054**	-0.007	-0.185	-0.397+
	-1.00	-1.58	-2.72	-0.03	-0.95	-1.73
定数	-5.509**	-0.243	-3.911*			
	-2.93	-0.17	-2.21			
/cut1				0.548	-1.206	-1.631
/cut2				4.422	1.728	3.271
/cut3				5.540	2.849	4.388
Number of obs	83	82	82	83	82	82
LR chi2(7)	16.93	8.23	15.7	19.38	10.99	26.74
Prob > chi2	0.031	0.411	0.0469	0.013	0.2023	0.0008
Pseudo R2	0.2468	0.1148	0.2581	0.1206	0.0626	0.1849

（注）＋10％有意水準
　　＊ 5 ％有意水準
　　＊＊ 1 ％有意水準

スティック回帰を行った（表10- 4）．両者は共通して（1）グッドガバナンスの分野において，得票率や政治的な細分化という政治的リーダーシップが地方政府のパフォーマンスに対して予想された効果を示していること，（2）公衆衛生と教育の分野においては，政治的リーダーシップに関する変数よりも，官

僚の自律性に関する変数のほうが効果を及ぼしている傾向が示された．ただし，教育分野における回帰分析は，尤度比検定の結果から見ると，モデル全体が有意であるとはいえない．変数が多様で順序ロジスティックの解釈がやや複雑になるために，以下ではロジスティック回帰分析の結果について中心的に検討する．

　まずダミー変数の効果について，ロジスティック回帰分析によって推定された係数からオッズ比を計算した結果を示したのが図10-1である．点は推定値を，線の長さは90％信頼区間を示している．この図を見ると，オッズ比が1である縦線と信頼区間を示す線が交わらずに有意な効果があると考えられるのは，相乗りがグッドガバナンスの受賞に与える効果のみである．これについては，予想通り相乗りがあるためにグッドガバナンスの分野でのパフォーマンスが落ちることによるものであるとされる．事業場所の選定を首長が主導して行う場合は，グッドガバナンスの受賞に一定の効果があるように見えるが，既に述べたように首長が主導する自治体の数が相対的に少ないために誤差が多い結果となっている．興味深いのは，宗教政党の影響が，予想されたグッドガバナンスの分野ではほとんど見られないものの，公衆衛生の分野では推定値が大きくなっており，弱いながらも関係が示唆される点である．汚職や腐敗というガバナンスに関わる問題だけではなく，公衆衛生という具体的な問題でも宗教政

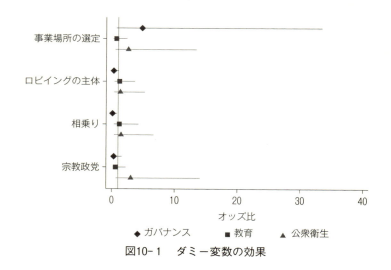

図10-1　ダミー変数の効果

党が影響力を持つ可能性が示唆される．

次に連続変数の効果について確認する．政治的リーダーシップに関わる得票率と選挙連合に参加する政党数の効果を見たのが図10-2と図10-3である．こ

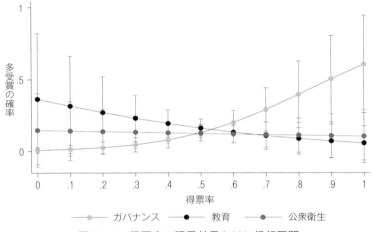

図10-2　得票率の限界効果と90％信頼区間

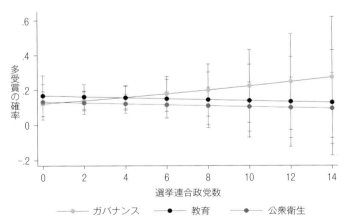

図10-3　選挙連合に参加した政党数の限界効果と90％信頼区間

れらの図からわかることは，まず高い得票率がグッドガバナンスの受賞に対して正の効果を持っていることである．首長の直近選挙での得票率が高いほど，多くの賞を受ける傾向にある．それに対して得票率は教育・公衆衛生分野の受賞に対しては顕著な影響があるとは言えない．次に，選挙連合に参加する政党数を見ると，グッドガバナンスの分野について，予想と反対に選挙連合が大きくなると受賞確率が上がっているが，選挙連合が大きくなると標準誤差も相当に大きくなっており，必ずしも有意な効果とは言えない．他方で，教育と公衆衛生については，弱い負の効果が観察されるとともに選挙連合が大きくなるにつれて標準誤差が大きくなって効果が有意とは言えなくなっている．いずれにしても，明確な効果が示されているとは言いがたい．

　最後に官僚制の影響を検討しよう．政治的リーダーシップに関わる変数と同様に，合成変数の限界効果を見たのが図10-4と図10-5である．官僚の自律性として使用した合成変数の効果を見ると，ガバナンス・教育・公衆衛生のすべての分野において，自律性が高まるほど多くの受賞を受ける確率が高まっていることがわかる．そしてその影響はグッドガバナンスよりも公衆衛生・教育においてより顕著であると言える．そして，官僚の地域志向として作成した変数の効果は，地域志向が高まると（中央への志向が弱まると）受賞確率が低くなる傾向がある．グッドガバナンスの分野ではその傾向が比較的弱いが，公衆衛生の分野でとりわけ顕著な傾向になっていると評価できるだろう．

　官僚制の影響は，グッドガバナンスの分野で相対的に弱く，公衆衛生・教育では強くなる傾向にある．これは，利害関係者の調整を行って，財政改革のような効率化を行うためには政治的リーダーシップが重要になるのに対して，公衆衛生あるいは教育のような社会福祉サービスの分野においては，専門性に優れた行政がある程度高い自律性を持って業務を進めたほうが，パフォーマンスが向上する可能性があるからであると考えられる．公衆衛生分野において，中央政府と密接な関係を持つ官房長が率いる官僚制のほうが高いパフォーマンスをあげる傾向があることも，地域の利害にとらわれないで淡々と専門的な意思決定を行うほうが，高いパフォーマンスであると評価されることにつながっていると理解できるだろう．

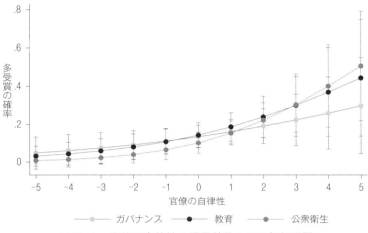

図10-4　官僚の自律性の限界効果と90％信頼区間

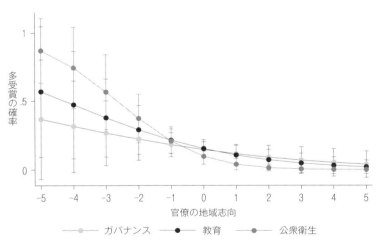

図10-5　官僚の地域志向の限界効果と90％信頼区間

おわりに

　本章では，1990年代後半から急速に民主化・地方分権化を進めたインドネシアを対象として，地方政府に関する政治的な変数から政府のパフォーマンスについて説明することを試みた．本章の知見は次のように整理できると考えられる．

　まず，グッドガバナンスという概念で表現されるような，地方政府全体のパフォーマンスを考慮する場合には，得票率や「相乗り」の有無のように，公選される首長のリーダーシップにかかわる変数が重要になる傾向が確認された．地方政府全体のパフォーマンスを向上させるためには，利益が相反する複数の分野をまたがった調整が必要になることが少なくないために，それを可能にするような政治的な影響力が求められると考えられるのである．それに対して，公衆衛生や教育のように，専門性を必要とする社会福祉サービスの分野においてパフォーマンスを向上させるためには，首長の政治的リーダーシップよりも官僚の自律性が大きな役割を果たすことが考えられる．そこでの自律性とは，積極的に活動することだけではなく，地域の利害から距離を置くということでもある．なお，グッドガバナンスの分野においても，公衆衛生や教育ほど顕著ではないが，同様の傾向は確認されている．

　本章は，政府のパフォーマンスについて住民などのサーベイデータを用いている先行研究と異なり，外部機関からの表彰というデータを用いているが，政治的な細分化が望ましくないなどの点で先行研究と同様の知見を導くことができている．他方，ヘンダーソンらの研究で示された，宗教政党の効果について，本章では発見されていない．近年宗教政党の世俗化も議論されている中で［Beuhler 2013; 岡本 2015］，宗教政党の意義については再検討の必要もあるということだと考えられる．

　もちろん本章の分析に難点も少なくない．政治的リーダーシップについては，主に直前の選挙のデータを広範に収集できたが，官僚の自律性については官房長へのサーベイから，官僚制全体に広げる議論を行うかたちとなっている．今回の分析では，個々の官僚を対象としてデータを収集することが難しいこと，また，官僚トップの官房長ですら自律性に制約があるような地方政府の場合には，一般の官僚においても制約が大きくなるのではないかということか

ら，官房長へのサーベイデータを用いている．今後は，地方政府のパフォーマンスの測定の方法のみならず，官僚制内部の特性をつかむためにどのようなデータを収集すればよいのかについてさらなる検討が求められる．

◆参考文献◆

邦文献

岡本正明［2015］『暴力と適応の政治学──インドネシア民主化と地方政治の安定──』京都大学学術出版会.

外国語文献

Bebbington, A. Dharmawan, L., Fahmi, E., and Guggenheim, S.［2006］"Local Capacity, Village Governance, and the Political Economy of Rural Development in Indonesia," *World Development*, 34(11), pp. 1958-1976.

Buehler, M.［2013］"Subnational Islamization through Secular Parties: Comparing Shari'a Politics in Two Indonesian Provinces," *Comparative Politics*, 46(1), pp. 63-82.

Cusack, T. R.［1999］"Social Capital, Institutional Structures, and Democratic Performance: A Comparative Study of German Local Governments," *European Journal of Political Research*, 35(1), pp. 1-34.

Däubler, T. and Marc, D.［2009］"Government Formation and Policy Formulation in the German States," *Regional & Federal Studies*, 19(1), pp. 73-95

Eckardt, S.［2008］"Political accountability, fiscal conditions and local government performance-cross-sectional evidence from Indonesia," *Public Administration and Development*, 28 (1), pp. 1-17.

Firman, T.［2009］"Decentralization Reform and Local-Government Proliferation in Indonesia: Towards a Fragmentation of Regional Development," *Review of Urban & Regional Development Studies*, 21(2-3), pp. 143-157.

Hadiz, V. R.［2010］*Localizing Power in Post-Authoritarian Indonesia: A Southeast Asia Perspective*, Stanford, California: Stanford Univ. Press.

Henderson, J. V. and Kuncoro, A.［2011］"Corruption and Local Democratization in Indonesia: The Role of Islamic Parties," *Journal of Development Economics*, 94(2), pp. 164-180.

Knack, S.［2002］"Social Capital and the Quality of Government: Evidence from the States," *American Journal of Political Science*, 46(4), pp. 772-785.

Olken, B.A.［2006］"Corruption and the Costs of Redistribution: Micro Evidence from Indonesia," *Journal of Public Economics*, 90(4/5), pp. 853-870.

────［2010］"Direct Democracy and Local Public Goods: Evidence from a Field Experiment in Indonesia," *American Political Science Review*, 104(02), pp. 243-267.

Putnam, R. D.［1993］*Making Democracy Work: Civic Traditions in Modern Italy*, Princeton, NJ: Princeton Univ. Press.

Rice, T. W.［2001］"Social Capital and Government Performance in Iowa Communities," *Journal of Urban Affairs*, 23(3/4), pp. 375-389.

Server, O. B. [1996] "Corruption: A major problem for urban management: Some evidence from Indonesia," *Habitat International*, 20(1), pp. 23-41.

Suryadarma, D. [2012] "How Corruption Diminishes the Effectiveness of Public Spending on Education in Indonesia," *Bulletin of Indonesian Economic Studies*, 48(1), pp. 85-100.

Ştefuriuc, I. [2009] "Explaining Government Formation in Multi-level Settings: Coalition Theory Revisited-Evidence from the Spanish Case," *Regional & Federal Studies*, 19(1), pp. 97-116.

Turner, M., Amir I. and Wahyu S. [2009] "Human Resource Management: The Forgotten Dimension of Decentralization in Indonesia," *Bulletin of Indonesian Economic Studies*, 45(2), pp. 231-249.

Ufen, A. [2008] "From Aliran to Dealignment: Political Parties in Post-Suharto Indonesia," *South East Asia Research*, 16(1), pp. 5-41.

von Luebke, C. [2009] "The Political Economy of Local Governance: Findings from an Indonesian Field Study," *Bulletin of Indonesian Economic Studies*, 45(2), pp. 201-230.

Wilson, A. [2009] "Coalition Formation and Party Systems in the Italian Regions," *Regional & Federal Studies*, 19(1), pp. 57-72.

あ と が き

本書は，2011年末から2014年半ばにかけてタイ，フィリピン，インドネシアのジャワ島において基礎自治体のエリート（首長と官僚トップ）を対象に実施したサーベイ調査で得られたデータをもとに，各国の公開資料や独自に収集した資料も加えて分析した，初めての成果である．サーベイ実施期間が2年半近くにも渡ったのは，2011年秋にタイ中部を中心に未曾有の洪水が起きて実施を1年以上遅らせたことや，回収率を上げるためタイで補足調査を行ったことによる．

近年政治学においては，量的データを使った計量分析が重視されるようになり，仮説と実証の検証が重要な作法となりつつある．とはいえ，質のよい統計データが比較的得やすい先進国ならいざしらず，本書が取り上げた東南アジア3カ国で計量分析を行うことは決して容易ではない．信頼のおけるデータが十分揃っておらず，あっても誤記・空欄部分が少なくないうえ，地方歳入・歳出のような基本的データでさえまとめて公開されていないからである（特にタイの地方財政データ）．

タイ政治研究においても，臨地研究に基づく質的研究が主流であり，筆者も19世紀タイ政治外交史の研究から出発し，2000年前後から地方分権研究に対象を広げたが，主な手法は現地でのフィールド調査，官庁や自治体でのインタビュー・資料収集であった．1999年以来，国際協力事業団（JICA．現国際協力機構）の専門家としてタイ内務省地方行政局にたびたび派遣されて数多くの自治体を訪れ，2002年夏には北部タイのラムパーン県に3カ月間滞在，地方からタイ政治の動きを観察する機会にも恵まれた．だが研究を進めるにつれ，自分が選んだ研究対象がどの程度タイ全体の代表性をもっているのかという問題に悩まされるようになった．この問題を解決する1つの方法として，統計的手法を用いたサーベイ調査による計量分析が頭に浮かんだものの，当時はそれを行う資金もノウハウもなく，悩みは深くなるばかりであった．

この大きな壁を打ち破る機会が2005年から2006年にかけて訪れた．日本貿易振興機構アジア経済研究所がタイ国立タマサート大学政治学部に委託して実施した（第1回）自治体エリートサーベイである．この委託研究で筆者に期待された当初の役回りは，いくつかの質問項目を提案するという些細なものであっ

た．しかし，諸事情により質問票全体の構想や現地でのプレテスト実施まで関わるようになり，タイでサーベイ調査実施の経験がある船津鶴代さんから懇切丁寧な指導を受けながら質問票を練り上げた．最終的にはタマサート大学のNakharin Mektrairat教授の決断で，バンコク都を除くすべての自治体に質問票を郵送するという予想外の展開になった．回収率は35％に達し，成功を収めた．

　これを受けアジア経済研究所で新たな研究会が2007年度と2008年度に立ちあがり，籠谷和弘さんが新たに加わって分析が始まったが，作業の多くはデータクリーニングに費やされた．大学院で学ぶ日本人学生やタイ人留学生の助けも借りながら，幕張，小田原，横浜，大阪と場所を変えながら，2600組にも及ぶ質問票をチェックした．地道で忍耐を要する作業だったが，学んだことも少なくない．何より，得られたデータは研究資料の宝庫であり，研究をそこで打ち切るのは余りに惜しいように思われた．

　そこで，このタイ自治体サーベイ研究をさらに深め，対象もインドネシアやフィリピンに広げて研究プロジェクトを立ち上げることを思いたち，2008年秋に日本学術振興会科学研究費補助金基盤研究（A）（海外学術）「東南アジアにおける地方自治サーヴェイ調査——タイ，インドネシア，フィリピンの比較」（研究代表者・永井史男）を申請した．本書の執筆者である岡本正明さん，小林盾さん，西村謙一さん，菊地端夫さん，砂原庸介さんにも声をかけた．幸いこの申請は翌春認められ，2009年4月から本格的な共同研究が始まった．同時にアジア経済研究所でも共同研究企画「東南アジアにおける自治体ガバナンスの比較研究」が立ち上がり，地方自治制度や住民参加に関する調査研究を並行して進めた（その成果が，船津・永井編『変わりゆく東南アジアの地方自治』アジア経済研究所，2012年である）．その後の研究プロセスは別稿で書いたので詳細はそちらに譲りたいが，3年目にインドネシアとフィリピンで，4年目にタイでそれぞれ実査を完了した．

　2013年も日本学術振興会科学研究費補助金基盤研究（B）「東南アジアの自治体エリートサーヴェイ分析——タイ，インドネシア，フィリピンの比較——」（研究代表者・永井史男）が引き続き採択されたことで，データクリーニング，単純集計，東南アジア現地の大学研究機関はじめ国内外での学会（ERO-PA，ISEAS，日本政治学会，アジア政経学会，日本タイ学会，アジア行政学会，Southeast Asian Studies in Asiaなど）で報告を繰り返しつつ分析精度を高めた．最終年度の2016年度には研究報告書をまとめ，2017年にはアジア経済研究所の研究プロ

ジェクト「東南アジアの自治体サーベイ：比較のための解題とデータ作成」で
3カ国のサーベイデータを比較可能な形で整理した（その成果は，調査研究報告書
にまとめられ，アジア経済研究所の Website からダウンロードできる．3カ国比較の英文単
純集計表も添付）．アジア経済研究所には，2018年と2019年度も研究プロジェク
トをお認めいただいた．そして，昨年夏に小林さんの口添えで成蹊大学文学部
学会から出版助成を得られることが決まり，本書はようやく日の目を見ること
になった．

　3カ国比較のおぼろげな構想は2000年に遡る．国際協力総合研修所（現 JICA
研究所）に「地方行政と地方分権」（座長：村松岐夫教授）という研究会が設置さ
れ，ここでタイ，フィリピン，インドネシアの地域研究者（フィリピンは片山裕
教授，インドネシアは岡本さん，タイは筆者がそれぞれ担当）と日本の行財政の専門家
（村松教授，持田信樹教授，林正寿教授，秋月謙吾教授）が集まって共同研究が組織さ
れた．当時私は，タイ内務省地方行政局駐在の短期専門家から帰任したばかり
で，ほぼ同じメンバーから構成されたタイ地方行政能力向上プログラム日タイ
共同研究会で秘書的役割を務めていた．タイ政治史しか知らない私にとって，
この研究会はたいへん刺激的であった．日本も視野に入れた地方行政の比較研
究の面白さに触れたからである．この共同研究で考えたことが，東南アジア地
方エリートサーベイ調査に大いに活かされたように今さらながら気づかされ
る．自治体パフォーマンスを中心的な目的変数に置いたのも，タイ地方行政能
力向上プロジェクトに関わったからである．

　本書は地域研究者，政治学者，行政学者，社会学者による学際的共同研究の
成果である．研究手法，研究対象国が異なるにもかかわらず，否，それゆえに
こそ，共同研究を継続できたように思えてならない．メンバーの誰か1人が欠
けても，本書の刊行は不可能だったに違いない．あまりにも共同作業が長きに
及んだため，最初のアイデアを誰が言い始めたのかさえわからなくなるほどで
ある．出版に漕ぎ着けるまで長い時間がかかったのは，ひとえに筆者の能力不足
による．統計的有意差が確認できても，それで納得のいく解釈が自動的に出て
くるわけではない．統計的有意差がクロス分析で出て喜んだのも束の間，回帰
分析でそれが消えてしまって当初の仮説が成り立たなくなり，地域研究者とし
てプライドが傷ついたことも一度や二度の話ではない．出版が決まってから時
間的制約のせいで最終的に本書に収めることのできなかった原稿も複数存在す
る．この間辛抱強く付き合っていただいた共同研究の先生方には，言葉では言

い尽くせないほど感謝の気持ちで一杯である.

本研究はほんの取り掛かりにしか過ぎない. 研究チーム編成, 研究資金調達, 自治体サンプリング方法, 質問票の作成方法, パフォーマンス変数の選定, 研究成果の取りまとめ方, 比較の方法, 現地への還元, データ公開のありかたなど, 課題は尽きない. 比較対象を東南アジア3カ国に限ったことへの批判もあろう. 世界の地方分権や民主化研究一般との突き合わせもまだまだ不十分である. 至らぬ点についてはご教示やご寛恕を乞い, もしチャンスがあれば次回以降のサーベイに期したいと考える次第である.

1点だけここで主張できることがあるとすれば, 定量分析が定性分析と手を携えることが十分可能だという点であろう. 統計的有意差が出ても, 最終的に解釈するのは研究者であり, それには長年に渡る定性研究の「勘」がたいへん重要である. 他方, そうした「勘」も実は研究者（とりわけ地域研究者）の一方的思い込みだったりすることが一再ならず「暴露」された. 他の国を対象にして自治体エリートサーベイ研究を行っても, この知見は十分適用可能ではなかろうか. 地域研究者, 政治学者, 行政学者, 社会学者, 財政学者などがそれぞれの強みを活かしながら, 共同で研究を進めることができる分野でもある. こうした研究は今後, もっと行われてもよいように思われる.

本研究は数多くの方々の協力と支援があって, 初めて実現した. 以下, この場を借りて, 可能な限りお名前を挙げさせていただきたい. 秋月謙吾, 持田信樹, 北村亘の3先生には基盤研究AとBに参画いただき, 大所高所からの貴重なアドバイスをいただいた. 増山幹高, 金宋郁の両先生には, 第1回タイサーベイにあたって質問票作成で貴重なアドバイスをいただいた. 渡邉大輔先生にはフィリピンとタイの自治体無作為抽出作業でお世話になった. インドネシアでのサーベイにあたっては, インドネシア大学の Eko Prasojo 先生と推薦状を出していただいたインドネシア内務省に感謝申し上げたい. 2回にわたるタイ自治体サーベイでは, Nakharin 先生とタイ内務省に推薦状を出していただいた. フィリピンでは League of Cities of the Philippines から推薦状を出していただいた. 井川博, 今田高俊, 川中豪, 小池治, 笹岡雄一, 山本信人, 山本英弘, Edna Co の諸先生方には, 2013年1月に明治大学で催された国際シンポジウムでお忙しい中にもかかわらず, コメンテーターを務めていただいた. 品田裕, 待鳥聡史両先生には, 質問票の質問項目や分析の方向性について貴重なアドバイスをいただいた.

Alex Brillantes 先生には，フィリピン大学行政ガバナンス学部（NCPAG）で2014年8月に開催されたフィリピン自治体サーベイに関するワークショップで討論者を務めていただいた．Achakorn Wongpreedee, Orathai Kokpol の両先生には，2014年11月のタイ・マハーサーラカーム大学で開催された ASEAN Connectivity 研究大会で3カ国自治体サーベイ分析のコメンテーターを引き受けていただいた．2015年6月に立教大学で開催されたアジア政経学会全国大会では，Sakon Varanyuwatana, Weerasak Khruathep の両先生に自治体サーベイ分析のコメンテーターを務めていただいた．2016年3月にジャカルタのインドネシア社会科学院（LIPI）で開催されたワークショップでは，Abdul Gisma, Siti Zuhro, Zulianshah Putra Zulkarnain の3先生からインドネシア自治体サーベイ分析について有益なコメントをいただいた．2019年5月にマニラのデラサール・カレッジで開催されたアジア行政学会では，NCPAG の Maria Mendoza 学部長にコメンテーターを務めていただいた．他にも，共同研究メンバーが単独で国内外の学会で数多くの報告を行っているが，ここでは割愛させていただく．

データクリーニングや現地調査は，数多くの方々の助力なしにはなしえなかった．第1回タイ自治体サーベイのデータクリーニングでは，高久聡司，角田隆一，村田維沙，Thawatchai Woorakittimalee, Ekawit Thaitongsuksakul, Khorapin Phuaphansawat の各氏にたいへんお世話になった．現地でのプレテスト実施では，Chumphon Naewchampha, Supasawad Chardchawarn, Channawoot Chairaksa, Saifon Suintramedhi, Kamoltip Changkamol, Thanyawat Rattanasak, Wahyu Prasetyawan, Maynard Matammu の各氏にお世話になった．3カ国におけるデータ収集では，フィリピンの Social Weather Stations（SWS），インドネシアの Lembaga Survei Indonesia（LSI），タイの Nielsen Thailand 社にたいへんお世話になった．いずれの調査機関にとっても系統的な自治体エリート調査は初めての試みだったが，外国人研究者の難しい要請によく応えていただいた．第1回タイ自治体サーベイの変数処理や第2回タイ自治体サーベイのデータクリーニング作業では，浅居孝彦，浅居聖子，石立郁美，伊藤雄馬，林育生，Yodtomorn Pimprapa の各氏にお世話になった．データ分析が進むにつれて，追加的な調査を行う必要にも迫られた．サンプル数が少なく，首長版質問票を十分に使えなかったインドネシアについては，特にこのことが妥当する．長谷川拓也さんが新たにメンバーに加わり，インドネシアにおける追加的調査やデータ分析にも深く関わるようになった．タイの追加的調査では，前述の Kamolthip さんと Wasan Luangpraphat 先生に特にお世話になった.

京都大学東南アジア研究所（現，京都大学東南アジア地域研究研究所）の公募共同研究プロジェクトにも科研メンバーで応募し，研究助成を得ることができた．2009年度と2010年度は「地方自治における住民参加に関する比較研究──タイ，フィリピン，インドネシア」（研究代表者・永井史男）というテーマで，2011年度と2012年度は「東南アジア地方自治論の構築──タイ，フィリピン，インドネシアの自治体サーヴェイを基に」（研究代表者：西村謙一）というテーマで，それぞれ共同研究を実施した．『法学雑誌』（大阪市立大学法学会）は，研究会メンバーで共同執筆した3カ国それぞれの単純集計データの掲載をお認めいただいた．また，本書の刊行にあたっては，成蹊大学文学部学会から出版助成金をいただいた．心より御礼申し上げたい．

船津さんには，科研プロジェクトを側面から支援する共同研究プロジェクトを何度も組織していただいた．筆者が研究プロジェクトの運営で行き詰まった時，救いの手を差し伸べてくださったのが船津さんである．実質的には本書の編者の1人と申し上げて過言ではない．籠谷さんには当初は数年の予定で参画いただいたハズが，15年近くに及んでしまった．本書でも専門的見地から他の原稿に貴重なコメントをいただいた．お2人にはここで改めて御礼申し上げたい．

最後になるが，大規模サーベイのきっかけを与えて下さった Nakharin 先生（現在，タイ国憲法裁判所判事）と Supasawad 先生（現在，タマサート大学副学長）に改めて御礼申し上げたい．もしお2人の存在がなければ，この研究プロジェクトはそもそも存在しなかったであろう．1995年にタマサート大学政治学部で開講されていた Nakharin 先生の地方自治に関する授業で，当時まだ学部生だった Supasawad さんと筆者が知り合ったことがこのような形になろうとは，想像すらできなかった．長年の信頼と友情に深く感謝したい．

本書の刊行に当たっては，晃洋書房の丸井清泰氏と福地成文氏にたいへんお世話になった．このような地味で目立たない研究成果に関心をもっていただき，ありがたい限りである．制約の多い条件のもとで予定通り刊行に漕ぎ着けていただき，心より御礼申し上げる．

2019年6月

共編者を代表して

永 井 史 男

人 名 索 引

〈A〉

アピシット V.(Abhisit V.)　　135
アキノ, C.(Aquino, C.)　　43, 49

〈B〉

プーミポン国王（ラーマ9世）(Bhumibol Aduly-
　adej〔Rāma Ⅸ〕)　　54

〈C〉

チャートチャーイ C.(Chartchai C.)　　37
チュアン L.(Chuan L.)　　133, 134

〈E〉

エカート, S.(Eckardt, S.)　　77, 208, 213

〈H〉

ハビビ, B. J.(Habibie, B. J.)　　49
ハッタ, M.(Hatta, M.)　　33
ヘンダーソン, J. V.(Henderson, J. V.)　　208, 214,
　222

〈K〉

カラ, J.(Kalla, J.)　　34
キングダン, J. W.(Kingdon, J. W.)　　74, 84
クリエンサック C.(Kriangsak C.)　　41

クンチョロ, A.(Kuncoro, A.)　　208

〈L〉

ロウイ, T. J.(Lowi, T. J.)　　167

〈M〉

マルコス, F.(Marcos, F.)　　30, 42, 49, 52, 62, 63
マッコイ, A. W.(McCoy, A. W.)　　30
ミグダル, J. S.(Migdal, J. S.)　　30

〈P〉

プレーム T.(Prem T.)　　37, 41
パットナム, R.(Putnam, R.)　　174, 205

〈S〉

スハルト(Soeharto)　　33, 34, 51, 53, 57, 58, 111,
　207
スチンダー K.(Suchinda K.)　　49
スカルノ(Sukarno)　　33, 111

〈T〉

タクシン S.(Thaksin S.)　　41, 134, 150

〈V〉

フォン・リュプケ, C.(von Luebke, C.)　　24, 110,
　208

事 項 索 引

〈ア 行〉

相乗り　210, 222
アジア通貨危機　109
暗黒の5月事件　49
一族政治（Clan Politics）　27
一般割当金　189, 201
インドネシアの法律
　22号法（1999年地方行政法）　57
　25号法（1999年中央地方財政均衡法）　57
　32号法（2004年地方行政法）　58
　33号法（2004年中央地方財政均衡法）　58
ウェルビーイング　184
衛生区　131, 133, 138, 150
NGO　→非政府組織
NGO/NPO　54
NGO・PO（NGO/PO）　90-92, 95-106, 159, 166, 168, 169
NPM　105
汚職の分権化　58
オリガーキー論　35
オリガーク　28-31, 33, 34
恩顧主義的関係　53

〈カ 行〉

回帰分析　181, 207
　重——　99, 101, 162
　順序ロジスティック——　216
　ロジスティック——　128, 142, 143, 197-199, 216, 218
戒厳令　52
開発計画　54, 55, 58, 61, 62, 90, 91, 94, 99-104, 165, 167
　——会議　192, 193, 201
下院議員　16, 28, 29, 37, 38, 43, 104, 178
　政党リスト選出の——　178
　地方選出の——　178
寡頭エリート　42, 50-52, 58
カトリック教会　53
ガバナンス　41, 98, 153, 162, 167, 218
　環境——　98, 177, 182
　行政——　98-100, 177, 179-183
　グッド・——（良い統治）　2, 18, 23, 31, 63, 105, 109, 207, 208, 210-212, 214, 215, 217, 218, 222
　経済——　98, 177, 182
　社会——　98, 177, 179-183
　地方——　23
　——の評価基盤　177, 179, 182
カムナン　12, 19, 21, 24, 42, 74, 76, 77, 80, 82, 84, 130-133, 136, 138, 142, 143, 146
官房長　5, 6, 8, 9, 13, 21, 23, 59, 61, 110, 112, 114-123, 194, 196-199, 201, 202, 210, 212, 214, 216, 220, 222, 223
管理監督　57, 132, 133
官僚の自律性　214, 216, 220, 222
議員予算枠　23, 193, 200-202
規制緩和　109
9・30事件　51, 111
草の根経済振興政策　55
クーデタ
　軍事——　36, 37, 147
　（2006年）——　37, 134, 149
　（2014年）——　64, 85
クローニー　30, 52
計画開発調整官　5, 8, 10, 93, 94, 101, 102, 154, 156, 158-163, 166-169, 176
権威主義体制　1, 19, 27, 33, 42, 49, 109
公選制
　間接——　55
　直接——　55, 58, 64
国際協力機構（JICA）　1

国際通貨基金（International Monetary Fund: IMF）
　　109
国民党　　28, 51
国連開発計画　　1
国家平和秩序維持評議会（National Council for
　　Peace and Order: NCPO）　　64, 71, 85
国家論　　29, 30
コミュニティ組織法　　54
ゴルカル　　51, 53, 208

〈サ　行〉────────────────

財政移転　　22, 187-190
歳入分与　　189
資源配分利用　　100, 103
自治体
　　基礎──　　4, 74, 75, 78, 80, 84, 130, 132, 134,
　　　　138, 149, 160, 175, 187
　　県──　　16, 71, 73, 74, 79, 80, 128, 130, 133
　　広域──　　128, 130, 187
　　特別──　　128, 130
　　──賞　　127, 128, 139, 140, 142, 143, 147
執行委員会　　96
失敗国家　　109
市民
　　──参加　　31, 53, 54, 89, 90, 92, 94, 97
　　──社会　　22, 55, 136, 153, 154, 166, 168
　　──社会組織　　58, 64
　　──組織　　65
　　──団体　　178
社会関係資本（ソーシャル・キャピタル）　　18,
　　　22, 24, 169, 173-175, 178, 180, 181, 183,
　　　205-207
　　結束型──　　175
　　橋渡し型──　　175
10月14日事件　　52
宗教政党　　208, 214, 216, 222
自由党　　28
住民
　　──参加　　18, 20, 55, 57, 58, 65, 73, 97, 133,

　　　139, 166, 177
　　──組織（PO）　　63, 65, 90-92, 95-105, 142,
　　　143, 147
　　──団体　　64
主成分分析　　214
上院議員　　28, 29, 38, 40, 178
情実政治　　173, 174, 183
ジョグジャカルタ特別州　　59
新人民軍（New People's Army: NPA）　　64
ステークホルダー　　2, 12, 24, 97, 136, 142, 159,
　　　160, 163, 166, 168, 169
スハルト
　　──権威主義体制　　21, 33, 109, 110
　　──政権　　10, 57, 58, 188
　　──体制　　34, 35, 49, 51, 59, 61, 109, 110, 112,
　　　114, 122, 207
制限列挙方式　　132
政治王国　　10, 19, 20, 27, 28, 35, 36, 38, 40, 41,
　　　43, 72, 75, 153
政治家一族　　10, 11, 27, 28, 31, 34, 35, 40, 51, 63,
　　　72, 78, 82, 84, 99, 100, 102, 106, 153
政治ボス　　54, 64
政治マシーン　　31, 52, 116
世界銀行　　1, 18, 109
説明責任（アカウンタビリティ）　　58, 106, 166,
　　　177, 205, 208
選挙マシーン　　31
1999年地方分権計画および手順規定法（地方分権
　　　推進法，タイ）　　54, 73, 86, 134
総会　　90, 94-101
村落委員会　　146, 147

〈タ　行〉────────────────

タイ王国憲法
　　1997年──（1997年憲法／97年憲法）　　49,
　　　54, 57, 65, 71, 72, 73, 78, 133, 138
　　2007年──（2007年憲法）　　54, 133, 134, 149
タクシン政権　　55
タノーム政権　　52

タムボン　24, 72, 74, 80, 85, 128, 130, 131, 150
──自治体　6, 8, 21, 22, 71, 73, 76, 78,
　130-133, 135, 137-139, 142, 143, 147, 149, 151
──評議会　74, 86, 138
地域開発庁長官　61
地方開発評議会（Local Development Council:
　LDC）　63, 89-105, 154, 160, 163, 167
地方ガバナンス・パフォーマンス管理システム
　（Local Governance Performance Management
　System: LGPMS）　22, 98, 156, 161, 177
地方教育委員会　89
地方行政　20, 34, 36, 64, 71, 76-78, 84, 89, 104,
　128, 129, 139
──局　128, 131, 132
──法　188
「地方行政」と「地方分権」　76, 77, 82, 85
地方自治　1-3, 10, 18, 54, 77, 89, 134
──振興局　132, 136, 143, 147, 150
地方自治体のよい統治業務運営原則　54
地方政府法　31, 61, 63, 89-94, 96, 105, 153-156,
　158, 159, 162, 163
地方特別会議　63, 89-92
地方入札委員会　89
地方分権　1-3, 6, 20, 52-54, 128, 133-135, 137,
　139, 149, 158, 165, 173, 183, 203
──委員会　134, 139
──化　18, 20, 27, 37, 49, 71, 112, 116, 122,
　188, 207, 208, 220
──改革　36
地方保健委員会　89
チャオポー　37
中央集権　1, 153
直接・間接選挙　75, 78
直接選挙　75, 78, 84-86, 113, 128, 193
強い社会　54
「強い社会，弱い国家」論　30
テーサバーン　6, 8, 21, 22, 71-73, 76, 82, 130,
　131, 134, 135, 137-139, 142, 143, 146, 147
──・タムボン　72, 86, 130, 131, 133, 135,

139
──・ナコーン　86, 130, 131
──・ムアン　86, 130, 131
投資計画（投資プログラム）　90, 94, 95
闘争民主党（PDI-P）　208
特別割当金　189, 190, 201

〈ナ　行〉

内務自治省　91, 92, 98, 105, 156, 161, 162, 169,
　177
内務省　8, 57, 71, 75, 128, 131, 132
内務大臣　41, 57, 111, 112
ナクレーン　36
認証　92
──ガイドライン　92
──手続き　91, 92
年次行動計画　192, 193

〈ハ　行〉

パトロネージ　31
パトロン・クライアント関係　28, 29, 52, 64,
　74, 80, 92, 153
パフォーマンス　8, 18, 20-24, 36, 43, 55, 65, 76,
　77, 92, 93, 97-100, 110, 127-130, 132, 135, 137,
　139, 140, 143, 147, 149, 150, 154, 156-158, 160-
　163, 166-169, 173-175, 177, 179-185,
　205-210, 212-218, 220, 222, 223
バランガイ　62, 90, 91, 96
──長（キャプテン）　19, 62, 95, 131, 159,
　178
バリオ　62
バンコク都　85, 127, 130, 134, 150
非政府組織（NGO）　22, 31, 52, 59, 63, 65, 166-
　168, 178, 206, 214
ビック・バン　57, 109
ピープル・パワー　49
評議員　91, 95-97, 102
票の請負人　65
フィリピン共産党（旧）（Partido Komunistang Pili-

pinas: PKP）　53

フィリピン共産党（新）（Communist Party of the
　　Philippines: CPP）　64

フィリピン1987年憲法　61

福祉正義党（PKS）　208, 214, 216

プラチャーコム　54, 133

分権化　20, 31, 42, 49, 50, 58, 61, 63, 64, 71, 72,
　　74, 77, 84, 85, 92, 104, 109, 114, 193

ポークバレル（優先開発支援基金）　29, 30, 40,
　　153

ボシズム（論）　28, 30

補助金　187-194, 196-202

〈マ　行〉————————

マニラ首都圏ケソン市　94, 103

マルコス
　　——政権　43, 52
　　——体制　52
　　——独裁政権　89, 104

マルチレベル分析　182

民主化　1, 6, 10, 21, 27, 29, 37, 38, 42, 49, 52, 64,

104, 109, 110, 112, 114, 115, 207-209, 220

民主主義　18, 28, 57, 109, 173, 183
　　議会制——　33
　　草の根——　84
　　参加——　103
　　地方——　18, 23, 24
　　半分の——　37, 41
　　——体制　27, 29
　　——の学校　78

民族覚醒党（PKB）　208, 214, 216

ムスリム・ミンダナオ自治地域　93

ムスレンバン　59

〈ヤ・ラ行〉————————

弱い国家　50

立憲革命　36, 50

レントシーカー　30

レントシーキング　29, 53, 58

ロビー　118, 119, 120, 187, 189, 190, 193, 194,
　　197, 199-201

ロビイング　213, 216

《執筆者紹介》（＊は編著者）

＊永 井 史 男（ながい　ふみお）［序章・第6章・あとがき］

　　1965年生まれ．京都大学大学院法学研究科博士後期課程単位取得退学，修士（法学）．

　　現在，大阪市立大学大学院法学研究科教授．

　主要業績

　『自治体間連携の国際比較——平成の大合併を超えて——』（共編著），ミネルヴァ書房，2010年．
　『変わりゆく東南アジアの地方自治』（共編著），JETRO アジア経済研究所，2012年．「序論　変動
　期東南アジアの内政と外交」『国際政治』185，2016年．『政治学入門』（共編著），ミネルヴァ書房，
　2019年．

＊岡 本 正 明（おかもと　まさあき）［序章・第1章・第5章・第10章］

　　1971年生まれ．京都大学大学院人間環境学研究科博士後期課程研究指導認定退学，論文博士（地域
　　研究）．

　　現在，京都大学東南アジア地域研究研究所教授．

　主要業績

　『暴力と適応の政治学——インドネシア民主化と安定の地方構造——』京都大学学術出版会，2015
　年．「もう一つの油戦争——不健康なパーム油という言説，その対抗言説の誕生と発展——」『東南
　アジア研究』55(2)，2018年．『教養の東南アジア近現代史』（共著），ミネルヴァ書房，近刊．

＊小 林　　盾（こばやし　じゅん）［序章・第8章］

　　1968年生まれ．シカゴ大学大学院社会学研究科博士課程修了，修士（社会学）．

　　現在，成蹊大学文学部教授，成蹊大学社会調査研究所所長．

　主要業績

　『ライフスタイルの社会学』東京大学出版会，2017年．*Contemporary Japanese Sociology*（共編
　著），Sage，2017．『変貌する恋愛と結婚』新曜社（共編著），2019年．

西 村 謙 一（にしむら　けんいち）［第2章・第4章］

　　1961年生まれ．大阪大学大学院法学研究科博士前期課程修了．

　　現在，大阪大学国際教育交流センター准教授．

　主要業績

　『東アジア市民社会の展望』（共著），御茶の水書房，2009年．『変わりゆく東南アジアの地方自治』
　（共著），JETRO アジア経済研究所，2012年．

船 津 鶴 代（ふなつ　つるよ）［第3章］

　　1966年生まれ．東京大学大学院人文社会系研究科博士課程単位取得退学．

　　現在，日本貿易振興機構アジア経済研究所主任研究員．

主要業績

『アジア諸国における中間層の生成とメカニズム』（共編著），JETRO アジア経済研究所，2003年．『タイの政治・行政の変革1991年～2006年』（共編著），JETRO アジア経済研究所，2008年．『変わりゆく東南アジアの地方自治』（共編著）JETRO アジア経済研究所，2012年．『タイ2011年大洪水──その記録と教訓──』（共編著），JETRO アジア経済研究所，2013年．

籠 谷 和 弘 （かごや　かずひろ）［第5章・第6章・第9章］

　1969年生まれ．東京工業大学大学院社会理工学研究科博士後期課程退学．修士（工学）．
　現在，関東学院大学法学部教授．

主要業績

『創造する＜平和＞──共同性への模索と試み──』（共著），関東学院大学出版会，2008年．*Innovative Trends in Public Governance in Asia*（共著），IOS Press，2011．『ソーシャルメディアでつながる大学教育』（共著），ハーベスト社，2013年．

菊 地 端 夫 （きくち　まさお）［第7章］

　1976年生まれ．明治大学大学院政治経済学研究科博士後期課程修了．博士（政治学）．
　現在，明治大学経営学部准教授．

主要業績

Comparative Governance Reform in Asia: Democracy, Corruption, and Government Trust（共著），Emerald，2008．*Public Administration in East Asia: Mainland China, Japan, South Korea, Taiwan*（共著），CRC Press，2010．『政治・行政への信頼と危機管理』（共著），芦書房，2012年．

大 﨑 裕 子 （おおさき　ひろこ）［第8章］

　1982年生まれ．東京工業大学大学院社会理工学研究科博士後期課程修了．博士（学術）．
　現在，東京大学社会科学研究所特任助教．

主要業績

『ソーシャル・キャピタルと格差社会──幸福の計量社会学──』（共著），東京大学出版会，2014年．「一般的信頼のマルチレベル規定構造の変化──社会の工業化，ポスト工業化による価値変化の影響──」（共著），『理論と方法』31(1)，2016年．

長谷川拓也 （はせがわ　たくや）［第9章］

　1980年生まれ．筑波大学大学院人文社会科学研究科博士課程修了．博士（国際政治経済学）．
　現在，外務省専門分析員，京都大学東南アジア地域研究研究所連携研究員．

主要業績

「ポスト・スハルト期インドネシアの反汚職運動──西スマトラ州を事例として──」『筑波地域研究』39，2018年．『東南アジアの地方自治サーヴェイ』（共著），アジア経済研究所，2018年．

砂 原 庸 介（すなはら　ようすけ）［第10章］

　1978年生まれ．東京大学大学院総合文化研究科博士後期課程単位取得退学，博士（学術）．

　現在，神戸大学大学院法学研究科教授．

主要業績

『地方政府の民主主義』有斐閣，2011年．『分裂と統合の日本政治』千倉書房，2017年．『新築がお好きですか？』ミネルヴァ書房，2018年．

シリーズ 転換期の国際政治 11

東南アジアにおける地方ガバナンスの計量分析
──タイ，フィリピン，インドネシアの地方エリートサーベイから──

2019年7月30日　初版第1刷発行　　＊定価はカバーに
　　　　　　　　　　　　　　　　　　表示してあります

編著者　　永　井　史　男
　　　　　岡　本　正　明 ©
　　　　　小　林　　　盾

発行者　　植　田　　　実

印刷者　　藤　森　英　夫

発行所　株式会社　晃　洋　書　房
〒615-0026　京都市右京区西院北矢掛町7番地
　　　　　電話　075 (312) 0788番(代)
　　　　　振替口座　01040-6-32280

装丁　尾崎閑也　　　　　印刷・製本　亜細亜印刷㈱
ISBN978-4-7710-3246-0

JCOPY 〈(社)出版者著作権管理機構 委託出版物〉
本書の無断複写は著作権法上での例外を除き禁じられています.
複写される場合は，そのつど事前に，(社) 出版者著作権管理機構
(電話03-5244-5088，FAX03-5244-5089，e-mail:info@jcopy.or.jp)
の許諾を得てください.

大串和雄 編著
21 世 紀 の 政 治 と 暴 力
——グローバル化, 民主主義, アイデンティティ——

A 5 判 272頁
本体3,800円(税別)

酒井啓子 編著
途上国における軍・政治権力・市民社会
——21世紀の「新しい」政軍関係——

A 5 判 328頁
本体4,000円(税別)

菅　英輝 編著
冷 戦 変 容 と 歴 史 認 識

A 5 判 320頁
本体4,500円(税別)

増島　建 著
開発援助アジェンダの政治化
——先進国・途上国関係の転換か?——

A 5 判 314頁
本体3,800円(税別)

玉田芳史 編著
政 治 の 司 法 化 と 民 主 化

A 5 判 292頁
本体4,000円(税別)

葛谷彩・小川浩之・西村邦行 編著
歴 史 の な か の 国 際 秩 序 観
——「アメリカの社会科学」を超えて——

A 5 判 258頁
本体3,000円(税別)

月村太郎 編著
解 体 後 の ユ ー ゴ ス ラ ヴ ィ ア

A 5 判 316頁
本体4,300円(税別)

菅英輝・初瀬龍平 編著
ア メ リ カ の 核 ガ バ ナ ン ス

A 5 判 328頁
本体4,500円(税別)

劉　仙姫 著
朴正煕における民族主義の本質
——1970年代の核開発と「自主韓国」——

A 5 判 218頁
本体3,500円(税別)

菅　英輝 著
冷戦期アメリカのアジア政策
——「自由主義的国際秩序」の変容と「日米協力」——

A 5 判 348頁
本体4,800円(税別)

酒井啓子 編著
現 代 中 東 の 宗 派 問 題
——政治対立の「宗派化」と「新冷戦」——

A 5 判 282頁
本体3,800円(税別)

金子由芳 著
ミ ャ ン マ ー の 法 と 開 発
——変動する社会経済と法整備の課題——

A 5 判 228頁
本体2,800円(税別)

アラン・ハンター著／佐藤裕太郎・千葉ジェシカ 訳
人 間 の 安 全 保 障 の 挑 戦

A 5 判 226頁
本体2,500円(税別)

============ 晃 洋 書 房 ============